111 GRÜNDE, DIE EISBÄREN BERLIN ZU LIEBEN

Marcel Stein

111 GRÜNDE, DIE EISBÄREN BERLIN ZU LIEBEN

Eine Liebeserklärung an den großartigsten Eishockeyclub der Welt

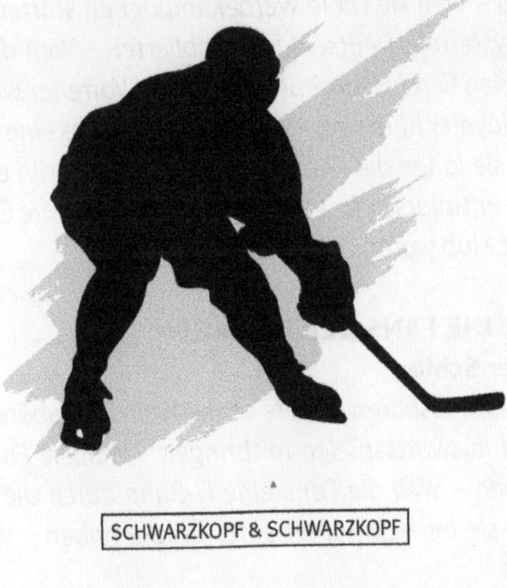

SCHWARZKOPF & SCHWARZKOPF

INHALT

Was mir die Eisbären bedeuten

Vorwort von Sven Felski

Die Wende lag noch nicht lange zurück, ich muss 19 gewesen sein, da sprachen mich bei der U20-Weltmeisterschaft zwei Agenten an. Für die San Jose Sharks arbeiteten sie, suchten talentierte Spieler, in denen sie das Potenzial für die NHL sahen. Die wussten wirklich eine ganze Menge über mich und sogar mehr über meine Familie als ich selbst. Etwa die Schuhgröße meines Bruders. Sie versuchten, es mir schmackhaft zu machen, nach Nordamerika zu gehen. Natürlich klang das interessant. Aber ich kannte noch nicht mal mein eigenes Land richtig. Wo San Jose lag, wusste ich damals erst recht nicht, und so setzte sich in mir die Überzeugung durch, dass ich zu Hause noch am besten aufgehoben bin. In Berlin, bei den Eisbären.

Wer weiß, wie alles gelaufen wäre, hätte ich damals zugesagt. Alles nur Theorie, mich beschäftigt das nicht. Denn für mich gibt es keinen Grund, irgendetwas zu bereuen. Ich bin sehr glücklich, wie alles gelaufen ist. Meine gesamte Karriere konnte ich bei meinem Klub verbringen, als Kind habe ich dort angefangen, wurde immer angeleitet von qualifizierten Trainern, habe als Profi 1.000 Spiele absolviert, dazu 159 Länderspiele und durfte zwei Mal bei den Olympischen Spielen dabei sein. Ich wollte immer gegen die

Besten spielen, das konnte ich auch. Nach der Zeit als Aktiver leite ich nun die Eisbären Juniors. Die Eisbären sind mein Verein, sie sind mein Leben.

Genau betrachtet war mein Leben, meine Zeit bei den Eisbären sehr wechselvoll. Dafür aber bin ich dankbar. Ich musste zuerst lernen zu verlieren, um später dank dieser Erfahrungen gewinnen zu können. Das empfand ich immer als perfekten Werdegang. Hautnah konnte ich alles miterleben, die schweren Jahre nach der Wende, den ständigen Mangel an Geld, den ich selbst oft zu spüren bekam und schon mal sechs Monate auf mein Gehalt warten musste. Ich durfte dabei sein, als der Kult um den Klub entstand. Ich durfte erleben, wie plötzlich der Aufschwung begann. Und ich war froh, als die Eisbären endlich einen Weg fanden, dem finanziellen Mangel zu entgehen und sich neu aufzustellen.

In diesen ganzen Jahren prägten die Erlebnisse mich, die vielen Trainer, die Niederlagenserien in meiner frühen Karriere. Damals wurden wir oft belächelt. Das drehte ich irgendwann, die Siege wurden erst mehr, dann fast Gewohnheit. Schließlich durfte ich den ersten Meistertitel feiern. Von ganz unten hatten wir es ganz nach oben geschafft. Da wurden Träume wahr, und zwar nicht nur meine. Weil so viel Charakter in der Mannschaft steckte, konnten wir unsere Leistungen bestätigen und weiter Meisterschaften einheimsen; ich durfte meinen Teil dazu beitragen, die Eisbären zu einer echten Marke werden zu lassen. Zu einem Eishockeyklub, den es so in Deutschland nicht noch einmal gibt. Klar haben die anderen auch Tradition und Titel vorzuweisen, aber in meinem Studium wurde mir vor Augen geführt, wie sehr die Eisbären das deutsche Eishockey mit ihrer Geschichte und ihren Erfolgen beeinflusst haben. Wie sie damit ein Bekanntheitsniveau erreichten, das Fußballklubs aus der ersten und zweiten Liga gleicht. Dass die Eisbären sich in dieser Dimension bewegen, war mir vorher nicht bewusst gewesen.

Nun ist es meine Aufgabe, alles dafür zu tun, dass die Zukunft weitere große Momente parat hält für den Klub. Ich will neuen Generationen von Eishockeyspielern zu tollen Karrieren verhelfen und so etwas von dem zurückgeben, was mir zuteil geworden ist. Ich hoffe, dass ich dieser Verantwortung gerecht werden kann.

KAPITEL 1

Ein Klub und sein Kult

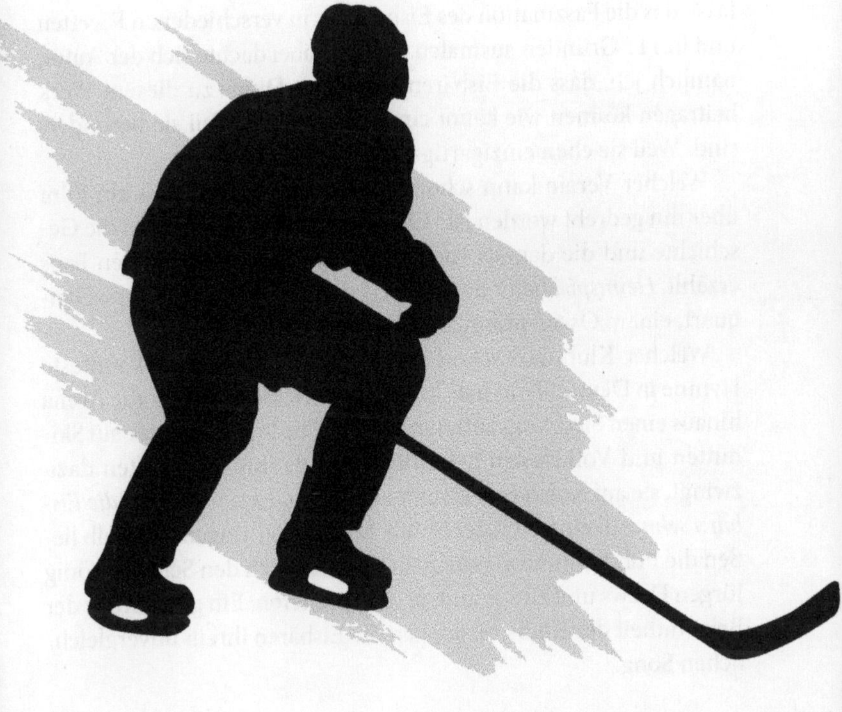

GRUND 1

Weil 111 Gründe nicht genug sind

Als Erstes muss eine Frage gestattet sein. Ist hier etwas schiefgelaufen? Oder habe ich am Ende alles richtig gemacht. Das hängt natürlich stark vom Betrachter ab, eines aber ist klar in diesem Fall: Grundlos bin ich nicht so vorgegangen, wie ich es getan habe. Deshalb kommen in dieser Auflistung der 111 mutmaßlich besten Aspekte, die Eisbären zu lieben, ein paar der allerbesten, vermutlich die allerbesten, gar nicht als eigene Gründe vor. Was? Wie bitte? Ich verstehe das Entsetzen, aber der Reihe nach.

Irgendwann, vor nicht allzu langer Zeit, da wurde ein Buch verfasst, das die Faszination des Eishockeys in verschiedenen Facetten und in 111 Gründen ausmalen wollte. Dabei dachte sich der Autor, nämlich ich, dass die Eisbären so schöne Dinge zu diesem Werk beitragen können wie kaum ein anderer Klub. Weil sie besonders sind. Weil sie eben einzigartig sind.

Welcher Verein kann schon von sich behaupten, dass ein Film über ihn gedreht worden ist? Ein Kinofilm, der mitfühlend die Geschichte und die damals vorherrschende Stimmung bei den Fans erzählt. *Heimspiel* heißt das Werk, gedreht wurde es von Pepe Danquart, einem Oscar-prämierten Filmemacher.

Welcher Klub darf schon sagen, dass er die wohl bekannteste Hymne in Deutschland hat? Eine Nummer, die weit über die Arena hinaus einen Siegeszug antreten konnte. Die ihre Anhänger auf Skihütten und Volksfesten gefunden hat. Die ihre Interpreten dazu zwingt, sie auf Konzerten immer zu spielen. *Hey, wir woll'n die Eisbärn sehn* will einfach jeder hören. Sogar jeder singen. Deshalb ließen die Puhdys ihren Gassenhauer selbst durch den Schlagerkönig Jürgen Drews und einige andere interpretieren. Ein gutes Stück der Bekanntheit des Klubs verdanken die Eisbären ihrem unvergleichlichen Song.

Welcher Verein liegt schon richtig, wenn er damit kokettiert, in der kleinsten Liga der Welt gespielt zu haben? Ja genau, Weißwasser. Aber um die geht es hier nicht, sondern um den anderen Teil der kleinsten Liga der Welt. Die andere Seite der Dynamos aus der DDR, die im ewigen Duell den Meistertitel des Ostens unter sich ausspielten. Wo der Vizemeister schon der Letzte war.

Welcher Klub aus der DEL ließ denn bitte schön mal eine Frau mitspielen? Mehr aus Gag, okay. Auch nicht im einem Punktspiel, na gut. Aber Maren Valenti durfte sich mal zeigen, ein paar Sekunden, ja fast eine Minute lang. Für die Aufmerksamkeit war es gut, die erhielten die Eisbären damals wie erwartet.

Welcher Verein fing denn in Deutschland damit an, sich farblich zu verändern? Optisch nicht zum Vorteil, aber für einen guten Zweck. Pinkfarbene Trikots, allerlei andere Ausrüstungsgegenstände ebenso getüncht in Signalkolorierung. Um zu helfen, Geld zu sammeln für den Kampf gegen Brustkrebs.

Welcher Klub lieferte denn Spiele ab, die unvergesslich bleiben? Mannheim auch, ja. Aber die Eisbären haben sie gewonnen. Gedreht und gewonnen. 2012, in Mannheim, in Spiel vier, bei 1:2 Rückstand in der »Best of five«-Serie, im letzten Drittel auferstanden aus Ruinen, nach 2:5 binnen 14 Minuten ausgeglichen, in der Verlängerung gewonnen. Krass. Ein Spiel später wieder Meister geworden. Oberkrass.

Welcher Verein lockte denn eine West-Berliner Eishockey-Ikone in den Osten, um die Ikone dort weiter verehren zu lassen? Mit Lorenz Funk erlebten die Eisbären vieles, die zweite Liga, die Europa League. Ein uriger Typ, der Ideen hatte, der die Berliner aus dem Keller in die Beletage führte. Dem nur das Geld dabei ein wenig ausging, was an seinem Status jedoch nicht kratzte. Zumindest bei den Fans.

Welcher Klub hat denn einen Hallensprecher, der darauf achtet, dass der Genitiv nicht in Vergessenheit gerät? Uwe Schumanns Ansagen mit dem scharf betonten »s« bei der Verkündung von

Strafzeiten ist vielleicht nicht legendär, aber ein Beitrag zur Volksbildung. Möge er lange erhalten bleiben.

Mit acht Punkten also – erwähnt wurden sie in noch viel mehr – schafften es die Eisbären in das zuerst erschienene Buch über die »111 Gründe, Eishockey zu lieben«. Was es ein wenig komisch aussehen lassen würde, diese Gründe nun erneut in den Kanon aufzunehmen. Deshalb sollen sie hier nur erwähnt sein, nicht verschwiegen oder gar vergessen. Für die ganze Pracht der ersten Acht bleibt nur eine plumpe Kaufempfehlung. Und vielleicht die Chance, dass wir uns definitiv an mehr als an »111 Gründen, die Eisbären Berlin zu lieben« erfreuen können. Das ist nicht richtig oder falsch, sondern einfach nur toll. Finde ich zumindest.

GRUND 2

Weil die Eisbären sich in zwei Systemen behaupteten

Geschichte, die gibt es bei den Eisbären gleich in zwei Varianten. Sie gehört zwar zusammen, zeigt sich aber im unterschiedlichen Gewand. Auf der einen Seite wäre, ach, nennen wir es unverfänglich den ersten Teil. Dem gegenüber steht der zweite Teil. Man könnte auch sagen: Die frühe und neuere Geschichte bei den Eisbären sind zwei Dinge für sich. Die eine spielte in Hohenschönhausen, vorzugsweise vor der Wende. Die andere begann später in Hohenschönhausen, erreichte ihren Höhepunkt aber im Friedrichshain und findet bis auf unbestimmte Zeit dort ihre Fortführung.

Beide Geschichten erzählen von Sieg und Niederlagen, von Tränen und Triumphen, von Aussichtslosigkeit und Hoffnung. Hauptsächlich erzählt die eine davon, wie es dem Klub einst im Osten erging nach seiner Gründung 1954, die andere davon, wie sich im Westen alles gestaltete. Hier in diesem Punkt und auch in der ganzen Sammlung geht es weniger darum, die eine oder die andere Geschichte in allen Details zu rekonstruieren, sondern markante Entwicklungen hervorzuheben und auszuführen, warum sie die Eisbären eben besonders machen. Dass sie sich im Osten und im Westen behaupten konnten, als einer der ganz wenigen Klubs aus der früheren DDR in einer großen, publikumswirksamen Sportart in beiden Systemen Meister werden konnten, gehört zweifelsfrei dazu.

Anfangs hatte das Eishockeyleben in der DDR eine Normalität wie anderswo auch. Eigenartig wurde es erst mit dem Leistungssportbeschluss der DDR von 1969, der eine Förderung medaillenintensiver Sportarten als oberste Priorität festschrieb. Eishockey mit dem hohen Aufwand an Ressourcen und Spielern und dem geringen Ertrag von einer Plakette sowie höchster Dominanz einiger weniger Länder fiel da schnell durch. Doch mit dem Chef des Ministeriums für Staatssicherheit, Erich Mielke, fand sich ein einflussreicher Fan, der den völligen Kollaps des DDR-Eishockeys verhinderte. Auf Sparflamme ging es weiter, im Zwei-Klub-System wurde die Meisterschaft zwischen Eisbären-Vorgänger SC Dynamo Berlin und SG Dynamo Weißwasser ausgespielt.

Die Berliner und die Weißwasseraner hatten vor allem Glück, als Polizeiklubs besonderen Schutz zu genießen. Ihr eigenes Zutun, sich in dem System zu behaupten, fällt demnach eher gering aus. Die Anzahl der Titel, errungen gegen einen einzigen Gegner ab der Saison 1970/71, genießt dann eher auch nostalgischen Wert als sportliche Bedeutung. Aber um nichts zu vernachlässigen: Zwölf waren es bei den Berlinern, acht bei Weißwasser.

Ganz anders verhielt sich alles ab 1990. Die später in Eisbären umbenannten Berliner mussten plötzlich als Klub selbst ums Überleben kämpfen. Was ihnen wesentlich besser gelang als Weißwasser. Der Schutz eines Mächtigen fehlte nun, sodass die Berliner oft mächtig ins Schwitzen kamen ob unbeglichener Rechnungen bei zahlreichen Gläubigern.

Irgendwie mogelten sie sich aber immer durch, schrammten haarscharf an der einen oder anderen Insolvenz vorbei und hatten letztlich wieder Glück, dass der US-Milliardär Philip F. Anschutz mit der Macht des großen Geldes den Klub übernahm. Anders als früher brauchte es in der Bundesliga jedoch mehr, um nach oben zu kommen. Das mit nahezu gleichen Mitteln geführte Duett in der DDR führte sowieso irgendwann zum Titel. Nun war Geschick gefragt, denn Geld hatten andere auch. Hier bewiesen die Eisbären also wirklich ihre Qualität, auf gleich mehreren Ebenen: Konzept, Scouting, Transfers. Damit behaupteten sich die Berliner nicht nur, sondern wurden zum Trendsetter.

In einer Weise, die kein anderer großer Ostklub kopieren konnte. Lediglich der SC Magdeburg schaffte es 2001 im Männerbereich, im Handball gesamtdeutscher Meister zu werden. Die Eisbären waren etwas später dran, gewannen nach den ersten drei Titeln in Hohenschönhausen aber noch vier weitere in der neuen Großarena an der Spree. Ära eben, und wohl für immer einzigartig. Denn dass ein Klub, der in der DDR schon etabliert war und Titel gewann, sich in Zukunft aufrafft und dies auch in der Bundesrepublik tut, ist mehr als unrealistisch.

GRUND 3

Weil rund um den Klub eine besondere Identität entstanden ist

Das Gefühl von Einzigartigkeit ist kein seltenes, eher lässt es sich in hoher Verbreitung finden. Was den Zustand der Einzigartigkeit in gewisser Weise als Trugbild entlarvt. Sicher, jeder Mensch steht für sich als Individuum, Unterschiede in Charakter und Verhalten lassen sich dennoch nach Typen klassifizieren. Und obwohl jeder Sportverein sein Wesen und seine Seele als etwas Besonderes herausstellt, fallen auch hier die Differenzen oft in einen kaum messbaren Bereich. Gravierend hebt sich kaum ein Klub von der Masse ab in dem, was er und wie sich das Leben um den Verein darstellt. In Zeiten der vollkommenen Kommerzialisierung des Sports erscheint das auch schwer möglich. Es gibt aber noch ein paar Klubs, die sich ihre Seele bewahren konnten.

Natürlich hat sich auch bei den Eisbären viel verändert. Spätestens mit dem Umzug in die große Arena an der Spree 2008 ging einiges vom Flair des alten Kults verloren. Doch die besondere Identität, die sich nach Wende entwickelt hat, sie verschwand nicht. Alles, das Leben rund um den Klub, wurde transformiert, auf eine neue Ebene gehoben. Massenkompatibel gemacht, um die schöne neue Welt der Großarena mit genügend Leuten zu füllen. Na klar, der Kommerzgedanke breitete sich immer weiter aus. Aber bei den Eisbären fühlte sich das trotzdem noch nach Kommerz mit Herz an. Weil die Fanbasis den Kult auch in die neue Zeit trug.

Kult, den gibt es noch. Selbst heute, wenn auch auf etwas andere Weise als einst. Im Osten liegt die Tradition, die Geschichte der Eisbären als SC Dynamo. Erst als die Republik wieder vereint war, entstand der Kult um den Klub. Als Folge der Wende, als Resultat der Veränderungen in der Gesellschaft. Als Abgrenzung, als Schutz. In vielen Essays über die tatsächliche Einzigartigkeit des Klubs und seines Anhangs wurde über die Jahre von einem Mikrokosmos gesprochen, der sich gebildet hat mit dem Wechsel der politischen Systeme. Nicht sofort, es dauerte ein wenig. So lange, bis die Leute im Osten realisierten, dass neben den blühenden Landschaften doch viel verwelkt. Gerade in Gegenden wie Hohenschönhausen, der Heimat der Eisbären, geprägt von einfachen Arbeitern, machte sich das bemerkbar. Ein Land wurde abgewickelt, viele Leben gleich mit. So fühlte es sich zumindest an.

Wehren konnten sich viele dagegen nicht. Frust und Wut stauten sich an, aus der Euphorie erwuchs Verbitterung. Das vereinte viele Menschen im Osten. Ein paar fanden ein Ventil, um ihre Gefühle auszuleben, sich auch mal von ihnen frei zu machen. Bei den Eisbären, in einer DDR im Kleinformat und mit Wellblechdach. Hier durften die, die draußen kaum mehr ihren Platz fanden, den Ton angeben. Mehr und mehr bildete sich eine Form von Identifikation mit dem Klub, der in der Liga auch mit dem Image des Ostens, des Stasi-Vereins stigmatisiert wurde und gegen viele Unbilden ankämpfen musste. Vor allem aber unter Gleichgesinnten, die sich gemeinsam stärker fühlten. In der zweiten Saison nach der Wende, in der zweiten Liga, wurden Spiele der Eisbären zum Ereignis, weil die Fans des sportlich über viele Jahre meist unterlegenen Klubs nichts an Ergebnissen maßen, sondern begannen, ihre Mannschaft bedingungslos zu unterstützen, selbst wenn der Rückstand mal wieder auf acht Tore gewachsen war. Mit gewisser Selbstironie wurde immer der Kampf zelebriert, das Aufbäumen gegen einen größeren Gegner. Auf dem Eis, auf den Rängen.

Bei den Eisbären zu sein, das fühlte sich nach prallem Leben an, nach dem Abstreifen der gesellschaftlichen Bürden, die einen draußen vor der Halle fesselten. Das Publikum glich einer Protestbewegung. Daraus entstand ein großer Zusammenhalt, ein Lebensgefühl, Kult eben. Einiges vom Ost-Bezug dieser Jahre ist immer noch sehr lebendig. Obwohl die Identifikation der neuen Fans, die sich in der Zeit seit dem Umzug dem Klub anschlossen, kaum mehr aus den Gründen der Phase nach der Wende gespeist wird. Statt der Geschichte üben Erfolg und das auf Kontinuität basierende Vereinskonzept große Anziehungskraft aus. Doch wer erst einmal in der Arena ist, bemerkt schnell, dass die Zutaten, die einst den Kult um den EHC aufleben ließen, bei den Eisbären nach wie vor ihren Platz haben. Sie lassen sich sehen auf Plakaten, hören bei Gesängen, spüren bei der Unterstützung der Mannschaft auch in schwierigen Situationen. All das fühlt sich noch immer einzigartig an.

GRUND 4

Weil die Eisbären in der ersten Nachwende-Saison abgestiegen sind

Neu anzufangen ist meistens schwer und oft eine Reise ins Ungewisse. Bei den Eisbären reicht dieser Vergleich kaum aus, um zu beschreiben, was sich 1990 abspielte. Die Welt veränderte sich, Osten und Westen verschmolzen mit der Wende. Zwei Eishockeyklubs aus dem Osten suchten dabei ihren Platz in der neuen Welt, die so rein gar nichts mit der vorherigen Realität zu tun hatte. Sicher, man betrieb in beiden Teilen Deutschlands denselben Sport. In der DDR aber duellierten sich nur zwei Teams. Was sollte also passieren?

Erst einmal Erstaunliches, im westdeutschen Eishockey machte man dem Beinamen der Sportart als schnellstem Mannschaftssport der Welt alle Ehre. Unbürokratisch nahm der DEB die zwei Ostklubs in die Bundesliga auf. Noch vor der offiziellen Wiedervereinigung spielten die Dynamos aus Berlin und Weißwasser mit den Klubs aus dem Westen mit. Als DDR-Bürger, zumindest bis zum 3. Oktober. Und noch besser, sogar anschubfinanziert durch das DDR-Innenministerium. Denn so schnell konnten sie keine Sponsoren und damit kein Geld beschaffen. Wie auch? Übung hatten sie darin nicht. Und die Hilfe aus dem Westen, die kam bei den Berlinern mit Lorenz Funk ja erst ein wenig später. Obwohl das Geld auch mit ihm nicht reichte.

Aber gut, in der ersten Saison wenigstens war Geld nicht das größte Problem. Die Umstände waren es. In der DDR hatten die Spieler in der letzten Saison gerade einmal zwölf Liga-Partien absolviert. Zuvor waren es noch weniger. Nun lagen 44 Punktspiele vor dem EHC Dynamo, wie er damals hieß. Plus Play-down. Was am Ende 52 Partien machte und den Abstieg in die zweite Liga bedeutete. Eine recht folgerichtige Tatsache. Sportlich wusste niemand, wie die Mannschaft einzusortieren ist. Liga-Spielstress mit zwei Partien am Wochenende war völlig ungewohnt. Mit einer richtigen Saison konnte niemand etwas anfangen. Zumal Dynamo mit einer Truppe ohne Ausländer startete.

Das ging zwar bei der West-Liga-Premiere am 14. September 1990 noch gut, vor 3.000 Zuschauern gelang ein 1:1 gegen die Düsseldorfer EG, den Meister. Steffen Ziesche erzielte das erste Tor der neuen Zeitrechnung. Doch Niederlagen wie das 0:12 im ersten Derby gegen die Preussen zeigten schnell, was für die Berliner zum Alltag werden würde. Daheim ging zwar oft alles gut, doch auch mit den später verpflichteten Russen Sergei Jaschin und Wladimir Schaschow geriet das Team gerade auswärts oft zweistellig unter die Räder. »Wir haben so viele Hiebe bekommen«, sagte Hartmut Nickel einmal, der erste Trainer nach der Wende.[1] Er wusste, dass diese Mannschaft in so kurzer Zeit gar nicht den Trainingszustand erreichen konnte, der notwendig war, um in einer so langen Saison zu bestehen. Er wusste auch, dass die zwei vorgenommenen Trainerwechsel daran nichts ändern würden. Unter Funk und Gerhard Kießling wurde nichts besser.

Beide Ostklubs ordneten sich erwartungsgemäß am Tabellenende ein, die Berliner als Letzter mit den meisten Gegentoren aller Teams. Im Play-down verlor der EHC zuerst gegen Landshut und wurde dabei sogar als Einnahmequelle quasi missbraucht. Landshut verlor Spiel vier, sagen wir nicht wirklich unglücklich, um dann lieber daheim alles klarzumachen in der Serie und nebenbei noch ein bisschen Geld zu verdienen durch die Zuschauereinnahmen. In der zweiten Runde unterlagen die Berliner den Mannen aus Weißwasser und standen als erster Absteiger fest. Die Lausitzer verloren schließlich die Relegation und hätten ebenso absteigen müssen, doch der Rückzug von Eintracht Frankfurt rettete sie. Vorerst, der Abstieg folgte ein Jahr später.

Der EHC hatte seine Lektion da längst gelernt, den einzigen Abstieg in der Klubgeschichte verarbeitet und das wohl einzige finanziellen Plus seit der Wende, angeblich 200.000 Mark, so gewinnbringend eingesetzt, dass die Berliner gleich wieder aufsteigen konnten. Aber das ist eine andere Geschichte. Und ungewiss blieb lange trotzdem vieles.

GRUND 5

Weil sie sofort wieder aufgestiegen sind

Manchmal wirken die alten Besen doch Wunder. Oder anders gesagt: Sie kehren einfach gut. Zumindest besser als die neuen. Jedenfalls kehrte der alte zurück. Also auf seinen Posten, in diesem Fall als Trainer des EHC Dynamo. In der Bundesliga durfte Hartmut Nickel irgendwann nicht mehr hinter der Bande stehen in der ersten Saison nach der Wende. Zwei Übungsleiter später war er wieder da und ging mit den Berlinern in die erste und einzige Zweitligasaison der Klubgeschichte.

Natürlich wurde nicht alles wieder auf Anfang gestellt, also mit Nickel und dem kompletten Team nur eine Liga tiefer wieder neu gestartet. Es war schon einiges passiert. Keine Russen mehr, dafür ein paar Kanadier. Da zeigte sich die Ausprägung des Westens, mit Lorenz Funk fungierte nun ein Mann mit besten Kontakten als Manager. Der holte auch gleich noch ein paar altgediente und eben damit erfahrene Spieler aus dem Westen, die das Gerüst mit alten Dynamo-Spielern deutlich stabilisierten.

Sein Coup aber waren die Verpflichtungen von Mark Jooris und Scott Metcalfe. Der eine bleibt in Erinnerung, weil er als Bundesliga-Topscorer in die zweite Liga kam. Mehr ein Versehen, der Knabe hatte sich einfach verzockt und erst nach Klubs gesucht, als sein bisheriger Arbeitgeber in Frankfurt, der lange von der Pleite bedroht, dann tatsächlich bankrott war. Dumm nur, das die damals noch raren Ausländerstellen überall schon vergeben waren.

Ein Glück für den EHC, der sich so seinen kommenden Topscorer angelte. Nicht minder schlug der andere ein. Metcalfe, der erst im Laufe der Saison kam, war ein Kämpfer, einer der ebenso in guter Erinnerung bleiben wird, weil er den Anfeindungen der Berliner als Stasiklub mit seinem in eine Kamera gebrüllten »Ich bin 100 Prozent Stasi« mal etwas Originelles entgegensetzte. Etwas, was gewissermaßen auch zum Nachdenken anregte.

Mit Metcalfe verbinden sich unter anderem die ersten Anzeichen, dass sich um den Klub ein Kult entwickelte. In dieser Zweitligasaison passierte etwas in Hohenschönhausen, die Zuschauer kamen, bejubelten zunächst ausgelassen Siege. Endlich wurde wieder gewonnen nach der Abstiegssaison. Als dann die Niederlagen zurückkehrten, wurde gelitten, aber genauso leidenschaftlich. Und mit Partystimmung. Draußen veränderte sich der Osten gerade. Allen wurde klar, dass der Westen nicht nur ein großes Versprechen ist, sondern in erster Linie ein knallhartes Geschäft. Ohne Anspruch auf einen Platz in der angeblich besseren Welt. Das Gefühl von gemeinschaftlich zerplatzenden Träumen brachte die Fans in Hohenschönhausen zueinander. Nur in der Eishalle hielten alle noch zusammen. Das trug die Atmosphäre in die Euphorie. Dass Vor- und Zwischenrunde nur mit großem Zittern überstanden wurden, spielte dabei keine Rolle.

Erst in der Aufstiegsrunde mutierte das Zittern in eine kribbelnde Vorfreude auf jede Partie, die Berliner wirkten wie verwandelt, gewannen Spiel um Spiel. In der vorletzten Partie in Ratingen machten sie den Aufstieg beim großen Konkurrenten sogar vorzeitig klar mit einem 4:1. Gut 500 Fans, viele aus den damals neu entstandenen ersten Fanklubs, waren mitgereist und feierten gemeinsam mit Spielern und Verantwortlichen den direkten Wiederaufstieg.

Diese Saison in der zweiten Liga bewirkte viel bei den Hohenschönhausern. Der Klub gewann eine ganz spezielle Identität durch seine Fans. Die nicht nur ihrem Klub huldigten, sondern in gewisser

Weise eine Selbsthilfegruppe für Wende-geschädigte Gemüter bildeten und darüber zu neuem Mut fanden. Sogar mehr Zuschauer als in der ersten Bundesligasaison hatten den Winter in der zweiten Liga genossen. Siege gab es später nur noch selten zu feiern. Nach dem Aufstieg blieben die Berliner lange ein Kellerkind. Dafür eines mit bester und weitgehend ergebnisunabhängiger Kult-Stimmung. Und Hartmut Nickel musste schon bald feststellen, dass der Glaube der Verantwortlichen an die neuen Besen ziemlich stark ist.

GRUND 6

Weil die Derbys einzigartig waren

Eine Saison muss differenziert betrachtet werden. Ergebnisse reihen sich aneinander, über Monate. Am Ende werden alle Zahlen eingeordnet, nüchtern, sachlich. Gefühle geben diese Resultate nicht wieder. Dabei rücken die Daten einer Saison manchmal in den Hintergrund; wie die Monate des Kämpfens und Leidens enden, dargelegt in einer Tabelle, ist dann einfach zweitrangig. Titelerfüllt und begleitet von ständigem Jubel, egal. Ein Ritt durch die Hölle, was soll's. Der Fokus kann auch ganz woanders liegen. Auf ein paar wenigen Spielen. Die vielleicht nicht dabei helfen, einen Platz im Play-off zu ergattern, die aber dennoch alles bedeuten. Zumindest, wenn es in der Stadt einen Konkurrenten gibt.

Für die jüngeren Fans der Eisbären darf einem wirklich leidtun, dass sie in diesen Genuss sicher nicht mehr kommen werden. Realistisch betrachtet scheint das ausgeschlossen. Doch das gab es einmal, Derbys. Es gab Zeiten, die viele der älteren Fans nur wegen dieser Spiele vermissen. Die zwar sonst lange keine goldenen waren, in denen die Duelle mit dem Stadtrivalen aber immer einen unbeschreiblichen Reiz boten. Nur eine gute Dekade dominierte diese Rivalität den Sport in der Hauptstadt. Kein anderes sportliches Duell brachte in Berlin über eine so lange Periode die Gegensätze zweier Platzhirsche im gleichen Revier zum Ausdruck.

Großer Triumphator am Ende sind die Eisbären, keine Frage. Moralischer Sieger. Aber ganz ehrlich, auch glücklicher Gewinner. Denn den EHC gibt es noch, und zwar weil er mit Anschutz einen Investor fand. Den Berlin Capitals, die auch mal BSC Preussen und Preussen Devils hießen, spielte das Schicksal härter mit. Sie ertranken in der Misswirtschaft der Klubbosse, verschwanden von der großen Bühne des Eishockeys, auf der sie lange einer der großen Spieler waren. Sie fanden keinen Investor. Allein wegen der Derbys fühlt sich das noch immer bedauerlich an, sie fehlen. Denn selbst wenn es immer einen großen Gegner gab für den EHC, dieses Derby-Gefühl stellt sich nur ein in der eigenen Stadt.

Als sportlicher Sieger der Stadtmeisterschaft durften die Caps in die Berliner Eishockey-Historie eingehen. Offizielle Liga-Pflichtspiele gab es 48 zwischen beiden Klubs, 18 gewannen die Eisbären, 28 die Capitals, zwei Partien endeten unentschieden. Zwar standen sich die Klubs noch etwas öfter gegenüber, im Europapokal etwa und im Sommerturnier (23:33 Siege lautet dann die Bilanz). Doch die Liga ist das einzige Maß, das hier zählt. In der trafen die neuen Kontrahenten zum ersten Mal am 21. September 1990 aufeinander, in Hohenschönhausen. Die Eisbären, die da noch als Dynamo firmierten, waren noch weit entfernt vom Kult, Fans kamen auch nur spärlich. Dafür rückten 3.000 Anhänger aus Charlottenburg an. Der Westen übernahm den Osten, bei 3.800 Zuschauern in der Halle war von den Eisbären-Fans nicht mehr viel zu hören. Angesichts des 0:12 sowieso nicht. Es setzte die höchste Niederlage aller Derbys gleich zum Auftakt.

Die Rivalität zwischen beiden Klubs hatte da noch überschaubare Ausmaße, man musste sich erst einmal aneinander gewöhnen. Lernen, was es heißt, im selben Markt um die Vorherrschaft zu kämpfen. Klar, die Situation zwischen Ost und West half dabei, dass die Abneigung recht schnell wuchs. Auch bei den Fans. Die in Hohenschönhausen waren für die aus Charlottenburg bald nur noch die Hooligans, andersherum sah der Fan aus dem Osten den Anhang im betuchten Westen eher als Tennis-Publikum. Die Herkunft dominierte die Rivalität, spielte mit in die sportliche Ebene. Klassenkampf mit anderen Mitteln, dazu wurde das Derby irgendwann.

Noch vorher aber durften auch die Eisbären ihren ersten Sieg feiern, erstaunlicherweise gleich nach dem 0:12. Die Retourkutsche erfolgte beim ersten Spiel in der Eishalle an der Jafféstraße gut einen Monat später. Mit 3:1 setzte sich der EHC durch, Sergei Jaschin, der gerade erst geholt worden war, traf doppelt, dazu erzielte Thomas Graul einen Treffer. Doch noch vor Ablauf des Jahres kam der Zündstoff in die Derbys, der diese später auf eine andere Ebene hob. Am 16. Dezember 1990 gewannen die Eisbären 3:2 im Welli, doch zwei Massenschlägereien, maßgeblich provoziert durch ein äußerst unfaires und hartes Auftreten der Caps, ließen die Partie aus den Fugen geraten. Selbst auf die Ränge übertrug sich das unsportliche Verhalten der West-Berliner. Auch dort kam es zu Handgreiflichkeiten. »Das war ein Kampf Ost gegen West, Arm gegen Reich. Die wollten uns verprügeln. Wir haben gezeigt, dass wir's besser können«, sagte EHC-Stürmer Guido Hiller.[2]

Für dieses Spiel passte die Aussage, besser konnten es über die nächsten Jahre aber die Preussen. In der ersten Saison gewann jeder zwei der vier Partien, wenn auch das Torverhältnis klar für die Charlottenburger sprach. In den Jahren danach, durch den Abstieg in der ersten Bundesliga-Saison gingen die Derbys erst im Oktober 1992 weiter, mussten die klammen und schwach besetzten Eisbären viele herbe Klatschen einstecken. Der Umgangston auf der Vorstandsebene der Klubs machte dabei die Musik, man hatte nicht viel füreinander übrig und posaunte das auch heraus. Futter für die Brisanz der Spiele, für die Stimmung unter den Fans. »Ausländer bleiben, Preussen vertreiben« hieß es etwa bei den EHC-Fans. Andersherum kaprizierte sich viel auf die Vergangenheit, Stasi und so weiter. Die Spannungen zwischen den Klubs gingen schließlich so weit, dass die Preussen-Fans ab dem 20. November 1992 nur noch mit gecharterten Bussen zu Spielen nach Hohenschönhausen fuhren. Spätestens jetzt waren beide Seiten verhasst. Ausgerechnet jetzt musste Caps-Torhüter Klaus Merk auch noch ein Tor gegen die Eisbären erzielen, als diese ihren Torhüter vom Eis genommen hatten. Es war der Treffer zum 3:1, fast ein Jahr später gelang ihm das erneut, wieder im Derby. Es waren die beiden einzigen Treffer seiner Karriere.

Über die Jahre spitzte sich die Atmosphäre bei den Spielen öfter zu. In Charlottenburg sperrte die Polizei die Fans der Eisbären schon mal regelrecht in einen Block, ließ niemanden an Getränkestände oder auf die Toilette. Sogar eine Sondersendung des Lokalfernsehens beschwor das herauf. Wenig zu lachen also für die gebeutelten Fans aus Hohenschönhausen, die sich Saison um Saison am Ende der Tabelle wiederfanden. Auch in den Derbys gab es zwei Jahre lang nichts zu holen, keinen einzigen Punkt. Erst am 10. November 1995 brandete wieder riesiger Jubel auf, als Andrei Lomakin beim 4:3 nach Verlängerung in der Jafféhalle an allen vier Toren beteiligt gewesen war. Drei erzielte er selbst, eines legte er Sven Felski auf.

Es folgten immer wieder schmerzlich hohe Niederlagen. Erst mit dem Bosman-Urteil und der stark veränderten Eisbären-Mannschaft stellte sich eine sportliche Gleichwertigkeit ein, die nicht nur für ein Spiel ausreichte. Gleich das erste Duell der Saison 1996/97, ein 2:2, gilt als eines der besten Derbys überhaupt. Allerdings setzte es im nächsten Spiel erneut eine derbe Pleite, 2:10 verlor man in Charlottenburg. Die Eisbären waren kurz zuvor erstmals ins Playoff eingezogen, hatten sogar eine Feier dafür am Kurfürstendamm organisiert. Zwar wurde die auch durchgezogen, aber na ja. Viel wichtiger war schließlich, dass beide Klubs zum ersten und letzten Mal anschließend im Viertelfinale aufeinandertrafen. Dort dominierten die Eisbären mit 3:1 Siegen, erstmals hatten sie die Stadtmeisterschaft gewonnen.

Ein unbeschreibliches Gefühl, zumindest für eine kurze Zeit waren die Eisbären die Nummer eins im Berliner Eishockey. Ein weiteres Mal noch konnten die Mannen aus dem Osten die Stadtmeisterschaft gewinnen, in der Saison 1998/99 war das. Unter anderem ein 5:1 in der Jafféhalle gelang dabei, im Publikum waren mehr als 3.000 EHC-Anhänger gewesen. Danach teilten sich in allen weiteren Saisons beide Teams die Punkte gerecht auf. Selbst in der letzten Spielzeit, in der beide Klubs gemeinsam in der DEL aktiv waren. Da hatten die Caps schon erhebliche Probleme gehabt, ein Team zusammenzubekommen, die finanziellen Nöte erdrückten den Klub. In einer erstaunliche Weitsicht zeigenden Aktion trugen die Fans der Eisbären das Derby mit einem symbolischen Trauermarsch vom Westkreuz zur Deutschlandhalle, wo inzwischen gespielt wurde, zu Grabe. Ein letzter Sieg der Caps (3:5) beendete ein Jahrzehnt der Rivalität, die nur einmal quasi ausgesetzt wurde. Am 10. Oktober 1998 (5:4 n.P.) hielten sich alle zurück, weil kurz zuvor der Caps-Profi Stephane Morin bei einen Spiel zusammengebrochen und gestorben war.

Ohne das Derby musste ein neuer Kontrahent her, mit Mannheim ergab sich auch schnell eine neue Rivalität, auf die sich viel projizieren ließ. Doch so wie mit den Caps, so wurde es nie mehr. Ein Rest vom Derby lebt aber noch, wenn die Fans zur Mitte des Spiels ihr »Ost-, Ost-, Ost-Berlin« anstimmen, dann folgt auch ein »Wir hassen den BSC«.

GRUND 7

Weil sich immer wieder ein großer Rivale fand

Ab und zu ergibt sich eine zufällige Parallelität. Als dieser Grund hier entstand, lagen vor den Eisbären gerade zwei Partien gegen die Adler Mannheim. Ein Spiel daheim, eines zwei Tage später in der Kurpfalz. Gar nicht so lange her, dass solch einem Wochenende allenthalben entgegengefiebert worden wäre bei den Berlinern, bei ihrem Anhang. Mannheim, das war das letzte große Feindbild des EHC. Im Prinzip ist es das auch immer noch. Nur nimmt die Gegenwart des Augenblicks gerade ein großes Stück der Brisanz aus der Rivalität. Im Januar 2017 zitterten die Berliner jedem Spiel entgegen, und nach sieben Niederlagen in Folge stand vor dem Doppel-Mannheim-Wochenende eher die Frage, wie hoch die nächsten Pleiten ausfallen.

In den besseren Tagen, da bildeten die Spiele gegen die Adler die Höhepunkte der Saison. Zumindest der Hauptrunde, falls es danach nicht noch weitere Begegnungen gab. Geografisch bedingt ist diese besondere Rivalität nicht zu erklären. Weiter entfernt von Berlin als Mannheim liegen nur wenige DEL-Standorte. Doch in einer anderen Hinsicht sind sich die beiden Klubs am nächsten: in der Titelanzahl in der DEL. Den Eisbären mit sieben folgen die Adler mit sechs Meisterschaften. Das Rennen um die Vorherrschaft in der Liga bot einst den Treibstoff dieser Fehde. Angefangen hatte sie aber auf viel kleinerem Niveau.

Sie stand auch mehr im Schatten einer anderen Beziehung. Seinerzeit bündelten die Berliner Derbys alle Energie, alle Leidenschaft, allen Ekel und alle Abscheu. Die Preussen, Devils, Capitals oder einfach die Charlottenburger, sie waren der verhasste Kontrahent, an dem sich alles rieb. Sie hatten Weißwasser als den großen Gegenspieler abgelöst. Womit die wichtigsten Rivalen in der Eisbären-Geschichte genannt wären. In drei Epochen also lassen sich sehr besondere Kontrahenten der Berliner ausmachen. In der DDR, im ersten Jahrzehnt nach der Wende und im Jetzt. Ein spezieller Rivale fand sich folglich immer.

In der DDR war das fraglos durch die Situation bedingt. Schon seit den 50er-Jahren gingen die Titel ausschließlich an die Eishockey-Kaderschmieden von Dynamo. Ab 1970 war das sogar zwangsläufig, weil die Oberliga auf die Dynamos aus Berlin und Weißwasser geschrumpft worden ist. Es gab schlicht keine anderen Gegner, auf die irgendetwas hätte projiziert werden können. In insgesamt 234 Ligaspielen standen sich beide Klubs gegenüber, 109 Mal gewannen die Berliner, 95 Mal die Lausitzer, 30 Partien endeten unentschieden. Selbst nach der Wende trafen beide Vereine noch aufeinander, von elf Duellen gewannen die Eisbären zwei, spielten zweimal unentschieden und verloren sieben Mal. Gegen kein anderes Team spielten die Hohenschönhauser öfter als die Lausitzer.

Wie beim Übergang von den Caps zu den Adlern war auch der Wechsel von Weißwasser zu den Westberlinern einer mit zeitlichen Parallelen. Nach der Wende kollidierten Berlin Ost und Berlin West sehr schnell auf dem Eis. Die einstige Verbindung mit den anderen Ex-Dynamos geriet in den Hintergrund. Über Jahre entschieden die Spiele gegen die Charlottenburger, wie sich eine Saison im Nachhinein anfühlte. Während die Caps immer noch Hassobjekt Nummer eins waren, verursachte das Finale 1998 bereits einen bleibenden Schaden. Als Favorit stolzierten die Berliner in die Serie gegen die Adler, verloren aber die ersten beiden Partien ziemlich ernüchternd. Mit Spiel drei gelang noch einmal ein Statement und ein Eintrag in die Geschichtsbücher, denn mit 8:7 setzten sich die Eisbären da durch. In die Serie brachte sie das aber nur bedingt zurück, im nächsten Spiel schon feierte Mannheim den zweiten Titel in der DEL und durfte sich erstmals DEL-Rekordmeister nennen.

Nur ein Jahr später wuchs die Abneigung deutlich an. Wieder machten sich die Eisbären leicht favorisiert gegenüber den Mannheimern in das Play-off auf. Schon im Halbfinale kreuzten sich diesmal die Wege. Was erneut bitter endete. Mit 0:6 und 3:9 kassierten die Eisbären zwei ihrer höchsten Play-off-Niederlagen in dieser Serie. Die war wieder nach vier Spielen entschieden, Mannheim bejubelte kurz darauf den Hattrick.

Beim nächsten Duell stellten sich die Verhältnisse entgegengesetzt dar: Mannheim, mittlerweile vierfacher Titelträger der DEL, war der Favorit. Nur setzten die sich als solcher auch durch. Spätestens da hatte die Abneigung die Ausmaße einer echten Rivalität angenommen. Zumal die Caps ihre letzte Saison in der DEL spielten und in der Versenkung verschwanden. Für die Eisbären war es der Beginn eines Aufstiegs, der beide Klubs 2005 im Finale erneut aufeinandertreffen ließ. Die Fehde lebte nun, hatte sich über Jahre entwickelt und entlud sich in einigen der leidenschaftlichsten Partien eines EHC-Teams. In nur drei Spielen überfuhren die Eisbären die Adler und holten sich den ersten Titel nach der Wende.

Von da an schmeckten dem Team und dem Anhang Siege gegen die Adler immer etwas besser als gegen alle anderen Kontrahenten. Es knisterte einfach mehr als gegen Köln oder Düsseldorf, gegen Nürnberg oder Hamburg. Zwar wurde öfter versucht, zwischen den Berlinern und den Hamburgern so etwas wie ein Derby zu etablieren wegen desselben Klubbesitzers. Es fühlte sich jedoch immer konstruiert an, die richtige Würze für eine Rivalität ergab sich kaum. Dazu war Hamburg sportlich zu weit hinter den Eisbären und geografisch zu weit weg.

Der EHC begann derweil seinen Wettlauf mit den Adlern um die DEL-Rekordmeisterschaft, indem die Berliner gleich den zweiten Titel folgen ließen, Mannheim 2007 aber noch einmal nachlegte. Mit den Meisterschaften 2008 und 2009 holte der EHC auf 4:5 auf. Und demütigte die Adler 2009 im Halbfinale weniger mit dem Seriensieg in vier Spielen als mehr mit der Aussage von Stürmer Florian Busch, die Verteidiger der Mannheimer hätten einen Wendekreis wie Öltanker und seien daher kaum eine Hürde. Das brachte den Gegner auf, doch nur für ein Spiel reichte die Energie.

Mit der nächsten Serie von diesmal drei Titeln zogen die Eisbären an den Adlern vorbei, auf dem Weg zum Rekord ließen sie die Kurpfälzer erneut sehr schlecht aussehen. Im Finale 2012 trafen beide Klubs als fünffache Titelträger aufeinander, Mannheim lag 2:1 in Führung und hätte daheim die Serie beenden können. Alles deutete auch darauf hin, mit 5:2 führten die Adler wenige Minuten vor Schluss. Letztlich glichen die Eisbären aus und setzten sich in der

Verlängerung mit 6:5 durch. Ein Spiel später krönten sie die Aufholjagd mit der sechsten Meisterschaft. Pikantes Detail dabei: Die Adler hatten vor der Saison einen provokanten Werbespot drehen lassen, in dem Verteidiger Denis Reul ein Auto mit Eisbären-Logo mit einem Check zerstörte. Ein deutlicher Ausdruck der Verhältnisse.

Die konnten die Adler aus ihrer Sicht trotz eines weiteren Titels 2015 noch immer nicht zurechtrücken. 7:6 steht es nach der Saison 2016/17 für die Berliner, die gegen keinen anderen Klub in der DEL so oft aufliefen wie gegen die Adler, und zwar in 123 Duellen bei 60 Siegen, zwei Unentschieden und 61 Niederlagen. Zuletzt, wie gesagt, litt dabei die sonst von gegenseitiger Antipathie aufgeheizte Atmosphäre unter der sportlichen Krise der Eisbären. Dass sie die mit einem 3:2 nach Verlängerung ausgerechnet gegen die Adler ein bisschen lindern konnten und auch zwei Tage später beim 3:4 nach Penaltyschießen einen Punkt mitnahmen, tat der Seele wirklich gut. Noch besser aber fühlte sich an, was keiner erwartet hatte. Und was dazu führte, dass dieser Grund letztlich viel später fertiggestellt werden konnte als gedacht. Denn im Viertelfinale trafen beide Klubs später noch einmal aufeinander. Zum siebten Mal. Es wurde eine epische Serie über sieben Spiele, als Achter der Hauptrunde warfen die Berliner den Zweiten aus dem Play-off. Mitten in der großen Berliner Depression lebte die Rivalität auf und erinnerte tatsächlich an große Zeiten.

GRUND 8

Weil die Eisbären der Fußabtreter der Liga waren

Fußabtreter der Liga. Puh, das klingt hart. Doch wie heißt es in einer bekannten Werbung: »Nichts ist härter als die Wahrheit.« Stimmt. Und die wurde ja auch schon mal auf andere Weise formuliert, was sich für den hier beschriebenen Teil der Geschichte der Eisbären nicht wesentlich freundlicher anhörte. »Wir sind vom Scheißhaus ins Penthouse umgezogen«, sagte Lorenz Funk, der langjährige Manager, nach dem ersten Platz in der Meisterrunde 1998.[3] Endlich richtig oben angekommen, fiel der Blick zurück ein bisschen leichter.

Einfach war die Zeit bis zum Ende der Saison 1995/96 nicht für die Berliner. Erst mit dem Bosman-Urteil änderte sich alles. Vorher hatten die Eisbären höchstens in den Derbys, wenn auch da nur selten, einen Grund für sportlich indizierten Jubel – und nur um diesen geht es hier. Oder in der Zweitliga-Saison, in der man gleich wieder den Aufstieg schaffte. Und natürlich in den Play-downs, aber dazu später. Ansonsten gab es regelmäßig auf den Sack. Ordentlich. Der Platz am Tabellenende wurde zum Stammplatz für die Eisbären.

Anfangs, wir hatten das bereits erwähnt, waren sie dem Wettbewerb nicht gewachsen. Der Übergang von der Zwei-Klub-Liga in der DDR in eine richtige Liga konnte nicht gelingen. Viele Spiele, lange Reisen, das war keiner gewohnt. Der neue Rhythmus hinterließ Spuren, oft zweistellige. Unvermeidlich war der Abstieg nach der ersten Saison im Westen. Immerhin aber konnten die Eisbären sich sofort zurückkämpfen und gehören seit September 1992 permanent zur Eliteklasse des deutschen Eishockeys.

Elitär ging es beim EHC in den Folgejahren jedoch ganz gewiss nicht zu. Sie rumpelten durch die Liga, Jahr für Jahr. In dieser Zeit stand ihr Name als Synonym für Verlierer. Weder Konkurrenz noch Öffentlichkeit nahmen den Klub richtig ernst. Letzter waren die Eisbären im Frühjahr 1993 nach der Punkterunde. Ein Jahr später kam man wenigstens als Vorletzter ein. Beide Jahre taugten dennoch für etwas Legendäres, in der ersten Runde des Play-down wurde jeweils Schwenningen mit zweimal 4:0 Siegen abgefertigt.

Das hatte etwas Wundersames, ließ den Respekt für den Klub aber auch nicht wachsen. Mit seinem Schleuderkarussell auf dem Trainerposten sorgte der EHC ebenso für negativen Gesprächsstoff wie mit Arbeitsrechtsprozessen. Spott und Häme von allen Nicht-Fans wurden zu treuen Begleitern. Erst recht in der ersten DEL-Saison. Die schloss der Klub mal wieder als Letzter ab. Wahrscheinlich ist sie die sportlich erschütterndste Spielzeit der Eisbären seit der Wende. Eine oft lustlose Mannschaft schlitterte über das Eis, sie spielte gegen den Trainer, ließ sich daheim einmal 13 Gegentore einschenken (4:13 gegen Krefeld). Es war an sich grausam, was da passierte. Immerhin, absteigen konnte mit der Gründung der DEL vorerst niemand. Dass die Eisbären als einziges Team der 17er-Liga das Achtelfinale verpassten, war für den ohnehin dauerklammen Klub gar nicht mal so schlecht. Es wurden nämlich keine Play-off-Prämien fällig.

Zwar bot die nächste Saison ein paar Lichtblicke. Obwohl man mit Spielern anfing, die allgemein als schwächste Ausländer der Liga eingestuft worden waren, punktete das Team im Herbst 1995 achtmal in Serie. Eine ganz ungewöhnliche Phase, die es bis dahin für den Klub noch nicht gegeben hatte in der ersten Liga. Für eine Play-off-Teilnahme, für die Platz 16 nötig gewesen wäre, reichte es trotzdem ganz knapp nicht. Vorletzter von 18 Teams wurden die Eisbären im Frühjahr 1996. Die Zeiten, in denen die Berliner ihre Tage als Fußabtreter fristeten, endeten an diesem Punkt allerdings. Sie erwiesen sich als clever genug, das Bosman-Urteil zu nutzen – und sich auf diese Weise sportlichen Respekt zu erarbeiten.

GRUND 9

Weil die Berliner ein Gerichtsurteil geschickt für sich nutzten

Drei Italiener, drei Schweden, ein Grieche, zwei Engländer, ein Österreicher, ein Finne, zwei Iren. Was könnte das wohl bedeuten? Vielleicht eine Auswahl kulinarischer Besonderheiten, die sich im

Umkreis der Heimspielstätten des EHC Eisbären so finden ließen im Laufe der Jahre? Eher nicht, denn einige dieser Nationen sind nicht gerade für große Gaumenfreuden bekannt. Nein, was diese Länder gemeinsam haben, in einem Fall muss es bald »hatten« heißen, ist eine übergeordnete Zusammengehörigkeit. Eine, die ab einem gewissen Punkt sehr bedeutsam wurde. Und die es möglich machte, dass sie in einem Eishockeyteam plötzlich zusammengeführt werden konnten. Na, die Fährte aufgenommen?

Genau, bei dieser illustren Mischung handelt es sich tatsächlich um einen Blick auf die offiziellen Herkunftsländer der Spieler des EHC Eisbären aus der Saison 1996/97. Und es sind noch nicht einmal alle. Drei Kanadier und ein Russe standen ebenfalls damals im Kader. Doch die Erstgenannten verband der Umstand, dass sie alle als EU-Bürger für die Berliner spielten. Das war eine Zäsur im deutschen Eishockey. Im Sport allgemein kam es zu großen Umwälzungen.

Nicht etwa wegen der Berliner, nein, sie nutzten nur die Möglichkeiten so konsequent wie kein anderer. Der Europäische Gerichtshof hatte 1995 nach einer Klage des belgischen Fußballspielers Jean-Marc Bosman ein uneingeschränktes Arbeitsrecht für Sportler in der Europäischen Union erklärt. Die Folgen davon konnten bei den Eisbären am schnellsten und radikalsten beobachtet werden. Sie witterten die große Chance, ihren Status grundlegend zu ändern. »Wir haben genug davon, immer nur Letzter oder Vorletzter in der DEL zu sein«, sagte Manager Lorenz Funk.[4] Beschränkungen gab es faktisch nicht mehr, wenn Spieler mit einem EU-Pass gefunden werden konnten. Also wurde gesucht.

Das war nicht schwer, Nordamerika ist voller Einwanderer früherer Generationen aus Europa. So kamen dann auch alle Italiener, Iren, Engländer, Griechen und Österreicher im EHC-Team eigentlich aus Kanada. Mit dem Zweitpass der Urahnen in der Tasche spielten sie aber als EU-Bürger. Das erinnert an die Praxis, die Jahre später mit den Einbürgerungen von Nordamerikanern in Deutschland einsetzte.

Um diesen Umbruch, den größten in der Klubgeschichte, vollziehen zu können, wurden nach der Spielzeit 1995/96 zunächst 18 Spieler weggeschickt. Die meisten davon Deutsche, denn es galten zuvor enge Begrenzungen für Ausländer. In der ersten Saison nach dem Bosman-Urteil standen dafür nun 17 Importprofis im Kader. Das war kaum teurer, als viele deutsche Spieler zu beschäftigen, doch dafür stieg die Qualität enorm. Für viele gute deutsche Profis fehlte den Eisbären nämlich vor dem Bosman-Urteil das Geld. Sportlich agierten sie seit der Wende am Rande der Bedeutungslosigkeit. Mit ihrem Kalkül sorgten sie umgehend dafür, dass sie erstmals eine konkurrenzfähige Mannschaft auf das Eis bringen konnten. Für nur etwas mehr Geld als zuvor gab es plötzlich acht Spieler mit NHL-Erfahrung in Hohenschönhausen zu sehen. Andrew McKim und Chris Govedaris hießen die Top-Scorer, Thomas Steen war der Star.

Deutsche gab es nur noch eine Handvoll, und eine Rolle spielten die eigentlich nicht. Deutsch wurde zur Fremdsprache in einer Kabine, in der nun offiziell zehn Nationen vereint waren. In der letztlich wegen der nordamerikanischen Herkunft der meisten Importe überwiegend englisch gesprochen wurde. Deutsche wurden über Nacht zu Spielern zweiter Klasse gemacht, eine ganze Generation von Nachwuchsspielern verlor ihre Zukunft. Gestört hat es zumindest anfangs erst einmal niemanden, nirgends. Jeder wollte Erfolg – und die Eisbären hatten zum ersten Mal welchen. Das ließ auch die Fans in Hohenschönhausen jubilieren, sie standen hinter ihrem Team. Die neu zusammengewürfelte Mannschaft fand schnell zusammen, und der Klub schoss von Platz 17 in der Vorsaison auf Platz vier nach der Meisterrunde nach oben. Im Viertelfinale des Play-off schlugen die Männer aus dem Osten der Stadt sogar den Lokalrivalen im Westen, die Capitals. Zwar war im Halbfinale gegen Kassel Endstation, doch schon in der folgenden Saison zogen die Eisbären ins Finale ein. Woher die Spieler kamen, interessierte die Fans da nicht. Hauptsache, sie spielten gut und schossen Tore.

GRUND 10

Weil sie nach dem Konzept SOS lebten

Geld ist mit Eishockey auf höchstem Niveau in Deutschland nicht zu verdienen. Eher kostet es welches, dieses zu betreiben. Oder betreiben zu lassen. Denn in der Regel sind diejenigen, die das Geld geben, nicht diejenigen, die Eishockey spielen. Lieb und teuer ist ihnen der Sport dennoch, aus Enthusiasmus wird das Geld investiert, aus Leidenschaft. Regelmäßig muss am Saisonende nachgeschossen werden, damit die Bilanz stimmt. Denn an sich leben die Klubs in Deutschland über dem, was sie erwirtschaften. Würden die Gesellschafter nicht bürgen, wäre es das Ende für viele Klubs.

Wer sich ein bisschen informiert, das ist nicht schwer, der stößt auch auf die Zahlen, mit denen die Eisbären arbeiten. Als Fan darf man da gar nicht so genau hingucken, sonst wird einem schwindelig. Sonst setzt die Angst ein, dass das irgendwann nicht mehr so weitergehen wird. Von April 2014 bis April 2015 stieg der nicht durch Eigenkapital gedeckte Fehlbetrag der Berliner von 48,5 auf gut 52 Millionen Euro. Richtig gelesen. So viel Geld lässt sich nicht mal mit einem Jackpot beim Lotto als Gewinnsumme sicher kalkulieren. Jedes Jahr wächst der Berg, meist um etwa zwei Millionen, mal mehr, mal weniger.

Man darf davon ausgehen, dass die Bilanzen so aussehen, weil es steuerlich gut passt. Oder dass es vielleicht nicht viel ausmacht, dieses jährliche, fast schon strukturelle Minus. EHC-Besitzer Philip F. Anschutz gehört die Arena, das Areal drum herum wurde von Anschutz entwickelt. Mit den Eisbären begann für Anschutz das große Geldverdienen. Jetzt ist der Klub Mieter in der Arena, alles wird schon so sein, dass es sich für den Besitzer lohnt, die bei solchen bilanziellen Fehlbeträgen notwendigen Patronatserklärungen abzugeben. Das Minus ließe sich also zum Prinzip erheben.

Neu ist das nicht, früher hatte es sogar einen Namen. Konzept SOS nannte der einstige Generalbevollmächtigte Martin Müller die Strategie. Damals ließ sich fast wöchentlich von den Berlinern behaupten, sie seien gerade wieder auferstanden aus Ruinen. In der Saison 1995/96 mussten gleich 16 Konkursanträge abgewendet werden. Der Klub sehnte sich nach Erfolg, setzte das Bosman-Urteil so konsequent um wie kein anderer. Doch das Geld, das man ausgab, war eigentlich gar nicht da. Monatelang gab es über mehrere Jahre verteilt für die Spieler kein Gehalt.

Müller wollte etwas dagegen unternehmen. Sieg oder Sibirien, also SOS, betitelte er das Projekt, die Eisbären finanziell auf ein solides Fundament zu stellen. Doch erst einmal begann mit jeder Saison aufs Neue eine Hängepartie. Das Ende drohte dem Klub ständig, die Angst vor der Pleite war allgegenwärtig. Mehr als einmal war fast schon Schluss. Im Laufe von Müllers Amtszeit mussten mehrere Dutzend Insolvenzanträge abgeblockt werden. Arm, aber sexy heißt das in Berlin, sexy in diesem Fall durch Erfolg. Und für Erfolg kann man nicht sparen.

Als Anschutz kam, war das der Sieg, der sprichwörtlich die Verbannung nach Sibirien obsolet machte. Als der Amerikaner 1999 einstieg als Gesellschafter und die Schulden übernahm, herrschte endlich Sicherheit bei den Profis. Sie konnten nun mit regelmäßigen Gehaltszahlungen planen.

Anschutz schmiss Müller aber Anfang 2001 raus, obwohl der kurz darauf sowieso gehen wollte. Zu viele Unregelmäßigkeiten aus der SOS-Zeit kamen nach und nach ans Licht. Der Gerichtsvollzieher war Stammgast in der EHC-Geschäftsstelle. Selbst bei Anschutz kamen Zweifel auf, ob dieser Berg an Verbindlichkeiten nicht doch zu groß ist, um in die Zukunft aufzubrechen. Doch die Arena als Ziel überlagerte alles.

Damals stellte Anschutz auch eine interessante Rechnung an. »Idealerweise müssen die Arena und die Eisbären 25 bis 30 Jahre funktionieren, bis wir das gesamte Geld wieder verdient haben«, sagte Detlef Kornett, der einstige Europachef von Anschutz.[5] Lässt sich am Ende doch Geld verdienen mit dem Eishockey? Also zumindest, wenn einem auch die Halle gehört, in der gespielt wird? Die Bilanz der Eisbären sagt etwas anderes, doch man muss davon ausgehen, dass sie nicht die ganze Geschichte erzählt.

GRUND 11

Weil ein US-Amerikaner den Klub rettete

Personenkult ist nicht jedermanns Sache, als Fan des EHC Eisbären darf man aber im Stillen schon mal eine kleine Dankesbekundung an den reichen Onkel aus Amerika senden. Ohne den, das wissen alle, könnte sich mit erstklassigem Eishockey in Berlin seit geraumer Zeit niemand mehr die selbige vertreiben. Auch von dieser Stelle also zunächst ein Dankesgruß über den großen Teich, danke, lieber Philip F. Anschutz für das Engagement bei den Eisbären Berlin.

Viel wurde kolportiert in den vergangenen Jahren, wie sehr der US-Milliardär dem Klub zugeneigt sei. Auf persönlicher Ebene. Was daher rührt, dass er die Stimmung immer so toll fand früher im Wellblechpalast. Bei seinen seltenen Besuchen, ja, da hat er sich tatsächlich mal unter die Fans auf den Stehplatztribünen gemischt, um diese Atmosphäre noch besser aufsaugen zu können. Mit Begleitschutz, versteht sich. Aber die Geste zählt. Das Erlebnis. Onkel Phil ist Sportfan, das versicherten seine Angestellten im Laufe der Jahre immer wieder, und die Eisbären, die seien ihm ans Herz gewachsen. Oft habe man ihm Spielberichte übermittelt.

So innig die emotionalen Bande zwischen Denver und Berlin auch sein mochten. Für das Interesse der Anschutz Entertainment Group an den Eisbären sprachen immer nur nackte Zahlen. »Unsere Ambition war zunächst, ins europäische Eishockey-Geschäft einzusteigen und nach einer Weile zu sehen, an welchen Standorten sich die ganze Geschäftsidee umsetzen lässt«, erläuterte einst Detlef Kornett, damals Anschutz-Europachef.[6] Bei einigen Klubs kaufte man sich ein, andere übernahm man ganz. Immer mit Blick auf die Zukunft. Und die sah den Bau einer Multifunktionsarena vor. Weil in Berlin aber noch viel mehr möglich war, wurde der Standort für Anschutz äußerst wichtig. Das rettete den Klub, der geradezu in Schulden versank.

Dass die Eisbären nicht um ihrer selbst willen gekauft wurden, konnte allen ziemlich egal sein. Sie dienten als Vehikel für übergeordnete Interessen. Dafür nahm Anschutz 1999 viel auf sich. »Nach der Übernahme der Eisbären mussten wir zunächst über sechs Millionen Euro Verbindlichkeiten tilgen«, so Kornett.[7] Das war erst der Anfang. Anfang 2001 tauchten 1,8 Millionen Euro Schulden beim Finanzamt auf. In irgendwelchen Schubladen kamen immer mehr Berge von unbezahlten Rechnungen zum Vorschein. Ein weiteres Minus von 4,8 Millionen Euro war so vor dem neuen Eigner verborgen geblieben. Insgesamt über 20 Millionen Mark, so wurde ja damals noch gerechnet, musste Anschutz aufbringen, um das über Jahre angehäufte Minus auszugleichen. So einen Berg von Schulden hatten die Amerikaner nicht erwartet, und er machte den Plänen fast ein Ende. »Buchstäblich jeden Morgen stand der Gerichtsvollzieher in der Tür. Die Frage lautete, nachdem sich immer neue Löcher auftaten: Wann hört das auf? Um die Widerstände zu überwinden, bedurfte es einiges an Verhandlungsgeschick und interner Überzeugungsarbeit. Wir waren ja ein Fass ohne Boden. Ohne die Vision der Arena und ohne die Bedeutung der Eisbären für die Arena wäre die Fortsetzung des Engagements nicht durchzusetzen gewesen«, erklärte Kornett die Lage.[8]

Der Weitblick lohnte sich, Anschutz konnte ein riesiges ehemaliges Bahngelände zwischen Warschauer Straße und Ostbahnhof erwerben. Alles wurde so erschlossen, dass Grundstücke später baufertig übergeben werden konnten, falls nicht selbst gebaut wurde. Für 165 Millionen Euro errichtete Anschutz die Multifunktionsarena, in der die Eisbären ein Ankermieter sind. Fast 20 Jahre nach der Übernahme des Klubs ist die einstige Brache zum avisierten neuen Stadtviertel geworden. Die Pläne von Anschutz sind vollends aufgegangen.

Aus dem Klub, der einst ein Fass ohne Boden war, wurde im Prinzip ein Goldesel für den Eigentümer. Noch dazu einer, der sportlich zum erfolgreichsten Klub der Liga avancierte. Das jährliche Minus, das die Berliner weiterhin einfahren, scheint angesichts dieser Umstände verkraftbar zu sein.

GRUND 12

Weil die Geschichte nicht vergessen wird

Anfang 2016 wurde noch einmal gefeiert. Ein Titel, der lange zurücklag, ganze 50 Jahre. Es war der erste Titel, den die Eishockeyabteilung des SC Dynamo Berlin je errungen hat. Ein halbes Jahrhundert später erfuhr die Meistermannschaft von 1966 dafür die wohl größte Aufmerksamkeit, die sie je erhalten hatte. In der Mercedes-Benz Arena vor weit über 10.000 Zuschauern als Vorspiel für eine Partie der Eisbären erinnerte sich der Nachfolgeklub noch einmal seiner Vorgänger. Emotionale Momente, in denen die Geschichte lebendig wurde.

Wurzeln sind wichtig, Tradition bedeutet viel im Sport. Wissen, wo man herkommt, das genießt bei vielen Fans einen enormen Stellenwert. Bei den Eisbären lässt sich die Tradition in jedem Heimspiel erfahren. Ein Gesang zeugt vom Gründungsjahr des Eishockeys in Hohenschönhausen, Dynamo-Rufe hallen durch die Arena, viele Fans tragen Dynamo-Symbole. Alt und Neu, Osten und Westen, das gehört zusammen bei den Eisbären.

Es gab eine Zeit, da sollte das nicht so sein. Da betrachtete der Klub die Geschichte als hinderlich, um in der neuen Umgebung zu bestehen. Was verständlich war, denn der Verein kam aus dem DDR-Umfeld der Stasi, der Polizei und des Zolls, aus der Protektion der Behörden eines Systems, das als Unrechtsstaat eingeordnet wurde. Besonders von denen, die nun die finanziellen Dinge bestimmten. Der Name EHC Dynamo stand klar für diese Vergangenheit in der DDR – wenn der Verein auch in seiner Eishockey-Nische in einem weniger engen Verhältnis dazu stand als die meisten anderen Dynamo-Klubs –, und er schreckte potenzielle Sponsoren mit westlichem Hintergrund ab. So berichteten es die Verantwortlichen des Klubs, als sie unter Präsident Helmut Berg, einem Immobilien-Händler aus dem Westen, 1992 den Entschluss fassten, das alte Dynamo im Namen abzulegen und den Klub in EHC Eisbären umzutaufen.

Allein der Name war es nicht, mit dem der Bezug zur DDR damals getilgt werden sollte. Im Laufe der Jahre nahmen die Verantwortlichen die Geschichte mehr und mehr als kontraproduktiv für die Entwicklung des Vereins in der BRD wahr. Dinge, die an früher erinnerten, waren nicht gern gesehen. Bis hin zu Verboten von DDR-Fahnen im Wellblechpalast reichten die Maßnahmen. »Dynamo«-Schriftzüge wurden verbannt, Klub-Reliquien aus DDR-Tagen wie Wimpel oder Pokale verschwanden bald in der Abstellkammer.

Während von Klubseite die Ost-Vergangenheit lange nicht mehr groß thematisiert wurde, ließen sich die Fans in ihrem Denken und Handeln jedoch nicht bevormunden. Sie hielten an ihren Ritualen und Devotionalien fest, riefen weiterhin »Dynamo« oder »Ost-Ost-Ost-Berlin«. Dabei ging es nie um eine Verklärung der Verhältnisse in der DDR, sondern vielmehr um Zusammenhalt und Identität. Eine echte Auseinandersetzung mit der Geschichte beanspruchte diese Haltung nicht, alle verband eher unpolitisch der Blick auf die Zeit, in der die Politik eines Unterdrückungsapparates den Klub am Leben hielt. Herkunft und Heimat spiegelten sich im Festhalten der Fans an den alten Begrifflichkeiten wider. Sie tun es noch heute.

Dass ein Klub eine Identität braucht, sah auch Pierre Pagé so. Erst ein Kanadier brachte dem Verein in Hohenschönhausen wieder bei, stolz auf die sportliche Vergangenheit zu sein. Sie als Basis zu sehen und loszulösen von politischen Ebenen. Als Pagé 2002 nach Berlin kam, dauerte es nicht lange, bis er die Kabine im Wellblechpalast mit Dynamo-Logos bemalen ließ. Pagé verordnete dem Klub einfach so ein entspannteres Verhältnis zur eigenen Geschichte. Was einst verpönt war, wurde nun wieder kultiviert. Bald zogen die Eisbären Trikots der alten Dynamo-Helden unter die Decke des Wellblechpalastes, sie feierten 2004 groß das 50-jährige Jubiläum des Eishockeys in Hohenschönhausen. Inzwischen wurde auch selbst die erste Meisterschaft auf Betreiben des Klubs noch einmal auf ein großes Podest gehoben. Die Eisbären haben sich dank der Hilfe eines Kanadiers mit ihrer Geschichte neu angefreundet. Verdrängen werden sie diese sicher nicht mehr.

GRUND 13

Weil die Eisbären eine Ära begründeten

Als Mannheim zuletzt Meister geworden ist, 2015 war das, fabulierte wieder jemand davon. Als München ein Jahr später unter der Bezeichnung Red Bull erstmals den Titel holte, kam die Idee gleich noch mal auf. Ära. Jetzt. Die haben's drauf, die machen das. Die werden für lange Zeit die Nummer eins im deutschen Eishockey. Als ob es so einfach wäre, eine Ära zu begründen. Viele Klubs haben das jedenfalls nicht geschafft.

Mannheim erlebte mal eine Mini-Ära, deshalb der vorschnelle Gedanke an die erneute Möglichkeit. Die Adler verfügen über die Mittel, sicher, aber nicht unbedingt über das Händchen, sich über längere Zeit als Maß aller Dinge zu generieren. Die vier Titel in den fünf Saisons zwischen 1997 und 2001 sind zwar schön, aber schon wieder eine Weile her und nicht besonders beeindruckend, wenn man das mit anderen Ären in der höchsten deutschen Spielklasse vergleicht. Nun ja, und München, da war einzig der Fakt der finanziellen Übermacht der Hintergrund der Annahme. Es ist immerhin eine Möglichkeit.

Geld muss trotzdem nicht das alleinige Triebmittel sein, um eine ganze Epoche des Eishockeys zu dominieren. Das haben die Eisbären gezeigt, als sie von 2005 bis 2013 in nur neun Spielzeiten gleich sieben Mal Meister wurden. Damit halten sie den Rekord in der DEL. Natürlich stimmte auch bei den Berlinern die finanzielle Basis, das meiste Geld gaben sie jedoch nie aus. Sie verließen sich auf ihren besonderen Plan, auf ihr forderndes Spielsystem, auf ihre ganz eigene Identität, ihre Nachwuchsarbeit, ihr Talent in der Sichtung deutscher und ausländischer Profis, ihre ausgefuchsten Trainer.

Mit dieser Kombination schafften die Berliner in einer Zeit, in der die Bedingungen ganz andere, schwierigere waren als früher, etwas Einzigartiges. Ihre Ära ist die drittlängste überhaupt im gesamtdeutschen Eishockey. Die Jahre in der DDR wollen wir an dieser Stelle mal vernachlässigen. Die zwölf Titel des SC Dynamo zwischen 1976 und 1988 erhalten vor dem Hintergrund einer Zweierliga mit den Dynamos aus Weißwasser eine ganz andere Dimension. Dagegen sind die 22 Titel der Lausitzer zwischen 1951 und 1975 ein wenig anders einzuordnen. Denn bis 1969 gab es wenigstens noch eine richtige Liga – wenngleich diese in den letzten zehn Jahren ebenso ausschließlich zu einer Dynamo-Meisterschaft verödet war.

Schwieriger war es für die Eisbären also als für frühere Serienmeister, und zwar, weil die DEL sich zu einer immer ausgeglicheneren Liga mit einer finanziell ähnlich starken und breiten Spitze entwickelte. Vier verschiedene Finalgegner zeugen davon. Zuvor hatten die Düsseldorfer EG zwischen 1990 und 1993 sowie die Kölner Haie zwischen 1984 und 1988 mit jeweils vier Titeln in der Bundesliga ihre Phasen der absoluten Dominanz erlebt. Bescheidene Ären, die im langen Schatten des EV Füssen liegen. Die Bayern beherrschten 20 Jahre lang die Szene, gewannen 15 Meisterschaften zwischen 1953 und 1973, hatten es dabei meist mit Bad Tölz oder Riessersee als Hauptkonkurrenten zu tun, später auch Düsseldorf.

Noch überschaubarer war die Konkurrenz in den Anfangsjahren des Eishockeys in Deutschland. Damals baute der Berliner Schlittschuhclub seine Stellung als bester Verein des Landes kontinuierlich aus. In der Zeit von 1912 bis 1937 kamen stolze 17 Meisterschaften für den ersten Spitzenklub zusammen. Noch heute ist dies die Basis für den Titel als Rekordmeister des deutschen Eishockeys. Eine Ära wie damals, die ist heute nicht mehr möglich. Selbst die Marke der Eisbären dürfte so schnell nicht mehr erreicht werden, da die Voraussetzungen der einzelnen Klubs sich immer mehr angleichen. Schon drei Meisterschaften in vier oder fünf Jahren würden jetzt genügen, um einem Klub das Prädikat der Ära rechtmäßig zuzuweisen. Es wird spannend, wer es als Nächster schafft, sich dieses Prädikat zu verdienen.

GRUND 14

Weil sie in Deutschland die meisten Zuschauer außerhalb des Fußballs anziehen

9.690 – ein Albtraum. Gut, vielleicht nicht ganz so schlimm, aber schon ein kleiner Schock. Zumindest bei dieser Serie und bei der Positionierung in dem Moment, als das fast Unfassbare geschah. Da gehörten die Eisbären nämlich zu den besten Teams der DEL im eigenen Stadion. Doch was zählt so etwas schon, wenn ungewohnte Umstände eintreten. Erstmals spielten die Berliner am 18. Dezember 2016 an einem Sonntag um 19 Uhr. Und prompt verzeichneten sie den bis dahin schlechtesten Besuch, seit sie in der Großarena an der Spree antreten. Seit der Eröffnung 2008 kamen erstmals weniger als 10.000 Zuschauer bei einem Heimspiel in der DEL.

Aber andererseits eben: Was für eine Serie? Seit September 2008 in jeder Saison in jedem Heimspiel in der modernen Halle mehr als 10.000 Zuschauer. Mit der neuen Arena, die 14.200 Besuchern Platz bietet, katapultierten sich die Eisbären seinerzeit in eine andere, eine eigene Liga, in ein neues Zeitalter. Kein anderer Klub in der DEL, auch die Kölner Haie mit ihrer noch viel größeren Halle nicht, kann permanent auf solche Zuschauerzahlen verweisen. Deshalb liegen die Eisbären seit der Eröffnungssaison auch Jahr für Jahr vorn in der Zuschauerstatistik der DEL. Der Rekord steht bei 14.073 Besuchern im Durchschnitt pro Partie in der Hauptrunde. Lediglich einmal blieb der Schnitt mit 12.738 unter 13.000, dreimal war er über 14.000.

Mit diesen Zahlen brachen die Berliner sogar in die Phalanx des Fußballs ein, gruppierten sich vor den schwächsten Zweitliga-Klubs in einer übergreifenden Tabelle. Damit begründeten die Berliner ihre Position als der Klub, der außerhalb des Fußballs in Deutschland die meisten Zuschauer mobilisiert. Der sportliche Erfolg und die Attraktivität der Spielweise ließen den Strom an Neugierigen nie versiegen, der sich auch aus dem Umland der östlichen Bundesländer speist. Selbst die ersten Jahre ohne vordere Tabellenplätze und lange Play-offs schlugen sich in der Statistik kaum nieder. Die Eisbären konnten ihren Zustrom an Besuchern stabil halten. Nur eben in der Saison 2016/17 musste ein erster deutlicher Rückschritt verzeichnet werden. Mit 12.052 Zuschauern pro Spiel landeten die Berliner, die dreimal unter der 10.000er Marke blieben und mit 9.617 Besuchern den Negativrekord aufstellten, erstmals seit dem Umzug in die große Halle auf Platz zwei der DEL-Hauptrunden-Rangliste hinter Köln, wenn auch eher knapp (12.662). In der Saison-Gesamtzahl der Zuschauer behielten die Berliner durch die vielen Heimspiele im Play-off dennoch die Oberhand (390.942 zu 379.513).

Doch selbst mit der Hauptrunden-Zahl bewegen sich die Berliner auch im internationalen Maßstab des Eishockeys auf sehr hohem Niveau. Seit dem Einzug in die Großarena kann nur der SC Bern permanent mehr Zuschauer für sich begeistern. Der EHC befindet sich meist an Platz zwei der europäischen Rangliste, ab und zu knapp darunter. Zwar liegen die Zahlen außerhalb der nationalen Ligen deutlich niedriger, doch auch im kontinentalen Wettbewerb, der Champions Hockey League, trugen die Berliner stark zum guten Ergebnis der Liga bei und rangierten immer unter den Klubs mit den meisten Zuschauern.

Bei dieser konstanten Eishockeybegeisterung wirkt es ein wenig komisch, dass in der Mercedes-Benz Arena seit 2008 noch keine großen Spiele außerhalb der Klubebene stattgefunden haben. Lediglich ein einziges Testspiel bestritt die deutsche Nationalmannschaft in dieser Zeit in Berlin, allerdings im Wellblechpalast. Die Weltmeisterschaft 2010 wurde an den Standorten Köln und Mannheim ausgetragen. Damals, also zur Zeit der Bewerbung für die Spielorte, konnten tatsächliche Bauzeit und potenzielles Interesse vielleicht nicht gut abschätzt werden. Bei der Heim-WM 2017 spielten solche Argumente keine Rolle mehr, das Turnier wurde in Köln und Paris veranstaltet. Mit den Franzosen bewarb sich der deutsche Verband gemeinsam. Und wenn es auf nur eine Spielstätte hinausläuft, liegt Köln eben mit einem Fassungsvermögen von über 18.500 Besuchern deutlich vorn. Angesichts des großen Umfeldes mit vielen DEL-Klubs erscheinen die Sorgen, in Köln für ein WM-Turnier nicht genügend Leute begeistern zu können, einfach viel geringer.

Sollte es jedoch irgendwann wieder eine WM in Deutschland mit zwei Spielstätten geben, läge Berlin mit seiner großen Arena und dem durch die Eisbären höchsten Eishockey-Besucheransturm im ganzen Land sicher weit vorn unter den möglichen Bewerbern. Es wäre jedenfalls an der Zeit, die Vorarbeit haben die Eisbären geleistet. Und zwar so, wie es besser nicht geht.

GRUND 15

Weil die Eisbären der meistbekannte Klub außerhalb des deutschen Fußballs sind

In der Nische lebt es sich ganz bequem. Beachtet wird man da weniger, das mindert aber eben auch den Druck, der mit viel Aufmerksamkeit einhergehen kann. Im Sport gefällt es den meisten allgemein jedoch eher weniger, sich am Rand oder eben in einer Nische zu befinden. Sportler schätzen eher den Mittelpunkt, in den manche nur alle vier Jahre rücken. Wenn Olympia das Interesse bündelt. Ansonsten drängt der Fußball bei uns vieles ins Abseits.

Sich trotzdem zu behaupten, den Ruf über die eigene Szene hinaus zu transportieren und zu etablieren, ist nicht besonders vielen Sportlern und Sportvereinen vergönnt. Die Eisbären haben es geschafft. Es gibt sogar statistisches Material aus dem Jahr 2008, laut welchem die Berliner der bekannteste Sportklub Deutschlands außerhalb des Fußballs sind. Sie haben sich zu einem Markenprodukt entwickelt. Echt Bärenmarke eben.

Mag sein, dass mancher die Zahlen für etwas zu alt hält. Aber zur Erhebung der Studie des Hamburger Sportrechtevermarkters Sportfive hatten die Eisbären gerade drei deutsche Meisterschaften gewonnen. Mittlerweile sind es sieben, jahrelang wurde in der Folge also die sportliche Dominanz der Berliner in allen Facetten beleuchtet. Landesweit, und manchmal sogar darüber hinaus. Heißt: Die Popularität nahm nie ab, sondern stieg vielmehr. Die Quintessenz der Untersuchung kann also auch fast zehn Jahre später noch Gültigkeit beanspruchen.

Mit ihrem Bekanntheitsgrad schlugen die Berliner seinerzeit sogar Bionade oder Ryanair. Richtig gelesen. Bei den 14- bis 69-Jährigen in Deutschland konnten 61 Prozent etwas mit dem EHC anfangen. Mit dem In-Getränk nur 53 und dem Billigflieger nur 57. Lediglich Fußballklubs besitzen einen höheren Bekanntheitsgrad. Mit dem Kultstatus der Berliner allein ist das nicht zu erklären. Aber er ist der Anfang.

Schon erstaunlich, wohin der Weg der Eisbären führte, wenn man sieht, wo sie herkommen. Zunächst ein sportlicher Niemand nach der Wende, programmiert aufs Verlieren. Damals richteten sich die Eisbären und ihre Fans in ihrer Nische ein, lebten den Osten und machten daraus einen Kult. Der wiederum machte den Klub bekannt. Als Anschutz als Besitzer einstieg und das planvolle, langfristige Arbeiten einzog, kam der sportliche Erfolg. Die Berliner entwickelten sich zum Zugpferd ihrer Sportart.

Damals gab es auch schon die Hymne des Klubs, sie erreichte nach und nach ein immer breiteres Publikum. Sie schwappte über das Eishockey hinaus in die Welt und wird bis heute als Partykracher in Skihütten gespielt. Mit *Hey, wir woll'n die Eisbärn sehn* schufen die Puhdys nicht nur sich selbst ein Denkmal, sie sorgten dafür, dass Leute mit den Eisbären in Kontakt kamen, die gar nichts mit Eishockey am Hut hatten. Da kommt kein anderer Klub ran, nicht mal aus dem Fußball. Diese Hymne ist einzigartig, ein Sporthit, ein wichtiger Teil der Eisbären-Marke.

Doch nicht nur mit positiven Schlagzeilen wird man bekannt. Ein großes Publikum nahm Notiz von den Berlinern, als zwei Spieler 2003 in Schweden der Vergewaltigung verdächtigt wurden und in Untersuchungshaft saßen. Die Vorwürfe wurden letztlich entkräftet. Auch über den großen Wirbel um die im März 2008 verweigerte Dopingprobe von Florian Busch wurde der Name der Eisbären transportiert.

Mit den Jahren formulierten die Berliner keine bescheideneren Ziele. Europa wollten sie erobern. Was so vielleicht nicht glückte, weil die sportliche Dominanz anderer Länder doch zu groß ist. Immerhin aber waren es die Eisbären, die die besten Ergebnisse der deutschen Klubs auf europäischer Ebene einfuhren und ihren Marktwert so zusätzlich steigerten. Genauso wie mit ihren sieben Meistertiteln binnen neun Jahren zwischen 2005 und 2013. Das Renommee wuchs und wuchs, zumal der Klub sich mit der Verpflanzung von der kleinen Eishalle in Hohenschönhausen in die große Arena in Friedrichshain in neue Zuschauerdimensionen aufmachte.

Auch diese Geschichte wurde weit über die Grenzen der Stadt hinaus wahrgenommen. Kein Klub außerhalb des Fußballs gelangte je auf so verschiedene Weise in das Bewusstsein der Deutschen wie die Eisbären aus Berlin – deshalb ist auch keiner so bekannt im ganzen Land.

GRUND 16

Weil sie coole Werbekampagnen starten

Cool können sie. Nicht nur auf dem Eis. Dort muss man das auch nicht betonen, das ist bei diesem Sport von vornherein klar. Die Eisbären können generell ganz schön cool sein. Zu ihren Introfilmchen vor den Spielen kommen wir noch. Doch sie machen schon viel länger mit reichlich abgefahrenen Sachen auf sich aufmerksam. Die beste Werbung für einen Sportklub ist natürlich immer noch guter Sport. Aber interessante Kampagnen schaden eben nicht, wenn man sich ins Gespräch bringen will. Oder in die Köpfe der Leute.

Mit ihren Sprüchen sind die Eisbären dort garantiert angekommen. Die waren meist richtig gut. Zwar haben sie sich die nicht immer selbst ausgedacht, dafür heuerten die Berliner Werbeagenturen an. Aber das allein ist ja auch schon eine gute Idee. Wenn die dann noch ordentlich umgesetzt wird, lässt sich eine ganze

Menge erreichen. Für die Eisbären ging es in vielen ihrer Kampagnen, die sie über Jahre gestartet haben, vor allem darum, sich einem breiteren Publikum zu öffnen. Dem im Westen der Stadt. Denn die meiste Werbung fand vorbereitend auf den Umzug in die große Arena an der Spree statt sowie in der Zeit nach deren Eröffnung.

Die Plakate, die von Zeit zu Zeit in ganz Berlin und großen Formaten klebten, hatten knallige Parolen zu bieten. Eine der ersten war 2001 »Eisbären Berlin – die Welt ist eine Scheibe«. Ein Slogan mittendrin im Eishockey, mit dem Spielgerät im Zentrum, das gleichzeitig die ganz eigene Sicht der Dinge ausdrückt, die Besonderheit des Klubs nahelegt und hervorhebt. In diese Ära fielen aber auch noch andere geniale Zeilen. »Die beißen nicht, die wollen nur spielen« ist eine davon. »Berlins beliebteste Schlägertruppe« eine andere. Grandiose Wortspiele.

Manchmal waren die Kampagnen näher an den Fans, als mancher denken mag. Einst durfte sogar ein recht bekannter Berliner DJ, der dem Klub sehr verbunden ist, als Modell herhalten. Keine ganz angenehme Nummer. Denn er wurde vom damaligen Stürmer Martin Hoffmann in die Bande gecheckt. Das Ergebnis fand seinen Weg auf die Plakatwände mit dem Slogan: »Überlass den Gästen die Fensterplätze«. Nicht schlecht.

Mit ihren Kampagnen wollten die Eisbären nicht nur potenzielle Zuschauer erreichen, sondern auch das Image weg von ausschließlicher Ostidentität hin zu Moderne und Dynamik umdeuten. Aufgrund der sehr kreativen Ansätze ließ sich die Presse immer wieder davon begeistern und brachte die Botschaften zusätzlich unter das Volk. Weitere gelungene Aktionen waren die »Könige auf dem ewigen Eis«, wofür Spieler mit Krone und Umhang fotografiert wurden. Eben passend zur Textzeile aus der Klubhymne. Auf Kreuzberger Kneipenklos war eine Weile zu lesen: »Bessere Stehplätze gibt es bei den Eisbären« oder »Steh auf, wenn du ein Eisbär bist!«.

Selbst Oliver Pocher, einst gefeierter Comedian, durfte mal von großen Plakaten aus zum Ruhm der Eisbären beitragen. »Dein erstes Spiel vergisst du nie« stand dazu geschrieben. Pocher sah ziemlich zerkratzt aus, so als hätte er selbst gespielt. Wie mittendrin auf dem Eis gewesen, suggerierte es, sei Besuch in der neuen Arena bei den Eisbären.

Kampagnen gab es noch mehr, nicht alle blieben so haften wie die genannten. Eine aber schon. »Eishockey wie noch nie« hieß es 2008 beim Umzug in die Großarena. Teilweise mit dem Zusatz »Eisbären Berlin – die Nr. 1 in der O_2 World«. Das fand man bei Alba Berlin, dem Basketballklub, der auch in der Halle spielt, damals nicht so lustig. Weder sportlich noch zuschauermäßig konnte Alba den Status seither allerdings ändern. Weil sie einfach nicht cool genug sind.

GRUND 17

Weil sie ein neues Spielsystem in Deutschland etablierten

Ums Toreschießen geht es immer, das ist so weit wohl klar. Die Art und Weise aber, die macht den Unterschied. Jeder Trainer, manchmal auch Klub, hat da seine eigene Philosophie, also bezüglich der effektivsten Variante, den Puck ins Netz zu bekommen. Die spezifischen taktischen Feinheiten spielen an dieser Stelle weniger eine Rolle als vielmehr die Grundrichtung. »Nach vorn!«, hieß es ab 2002 bei den Eisbären, und zwar bedingungslos.

Das war in dieser Ausprägung neu in Deutschland. Offensiv spielten auch schon andere Klubs, doch was die Eisbären ab dem Amtsantritt von Trainer Pierre Pagé auf das Eis zauberten, hatten die meisten in der DEL noch nicht gesehen. Von Torpedos redete der Kanadier, ein offensiver Verteidiger rückte vor, ein Stürmer ließ sich etwas fallen, hinten machte ein defensiver Verteidiger auf Libero. Vorn sorgten zwei Stürmer für das Forechecking, dicht dahinter lauerte die kombinierte Reihe aus Stürmer und Verteidiger.

In dieser Formation jagte Pagé sein Team oft über das Eis, in hohem Tempo. Das war wichtig. Die Spieler mussten sich viel bewegen. Zum einen, um Druck auszuüben und den Gegner so früh wie möglich zu stören. Zum anderen, um das System am Laufen zu halten. Denn gerade in permanenter Höchstgeschwindigkeit ließen sich einerseits Fehler provozieren und andererseits auch ausbügeln. Doch die nach vorn gerichtete Taktik barg immer die Gefahr, bei Puckverlusten sofort ausgekontert zu werden. Hier war stets der gesamte Block gefordert, nach hinten zu arbeiten, um die Konter zu unterbinden.

Freilich, das klappte nicht immer. Doch diese Achillesferse des Torpedosystems nahm Pagé gern auf sich. Wer nichts riskiert, der kann auch nicht gewinnen. Pagé riskierte immer alles. Weil er die Zuschauer begeistern wollte. Er mochte ihnen nicht nur Eishockey anbieten, sondern ein Spektakel offerieren. Und das geht nun mal mit extremer Offensive am besten. Die kleinen Probleme, die bekam er irgendwann ja auch in den Griff. Immer im Angriffsmodus überrollten die Berliner ihre Gegner, schossen Tore über Tore, so viele, dass die Gegentore kaum mehr ins Gewicht fielen.

Dieser krasse Moduswechsel überraschte in der DEL. Dort wurde bislang mehr kontrolliert vorgegangen in der Offensive. Die meisten Klubs bevorzugten sogar eher ein abwartendes Spielsystem mit starker Defensive. Die Eisbären aber wollten fortan den Puck, sie wollten laufen, sie wollten schießen, sie wollten den Gegner nicht nur besiegen, sie wollten ihn regelrecht abfertigen.

Mit ihrem Ansatz hoben sich die Berliner nicht nur ab vom Rest, mit den Jahren hatte diesem Stil einfach niemand mehr etwas entgegenzusetzen. Denn nach und nach passten sie ihr Personal an das System ab, holten immer schnellere Spieler, die in der Lage waren, das Tempo durchzuhalten und die Anforderungen des Trainers umzusetzen. Auf diese Weise erfüllten sich die Eisbären 2005 letztlich den Traum vom ersten gesamtdeutschen Meistertitel. Es folgten noch viele weitere. Auch diese basierten auf dem überaus offensiven Stil, den die Berliner sich angeeignet hatten und seither weitgehend pflegen.

Damit bereicherten sie die DEL, sie hoben die Attraktivität der Liga und animierten andere Klubs, ihr Verhalten auf dem Eis anzupassen. Zu Trendsettern wurden die Berliner, immer mehr Teams spielten, wenn auch mit einiger Verzögerung, ähnlich wie die Eisbären. Die stark offensive Ausrichtung breitete sich aus. Das dürfte mit ein Grund gewesen sein, dass sich die Zuschauerzahlen in der Liga positiv entwickelt haben. Insofern gebührt also nicht nur den Eisbären, sondern vor allem Pierre Pagé ein ligaweiter Dank. Obwohl heute in der DEL kaum mehr einer an Torpedos denkt, wenn er offensives Eishockey sieht.

GRUND 18

Weil die Berliner mit ihrem speziellen Vereinskonzept Idealist und Vorreiter waren

Wer sich anschaut, was an vielen Standorten so Jahr für Jahr passiert, der kann eigentlich nur zu dem Schluss kommen, dass die beste Art, mit einer Mannschaft zu arbeiten, die ist, jeden Sommer die Hälfte des Teams auszutauschen. Der stete Wandel als Konzept. Meist ohne klare Prämisse, es wird einfach das Personal gewechselt, es machen ja alle so.

Bei Kadern im doppelten Dutzend-Bereich entsteht damit jeden Sommer ein enormer Integrationsbedarf. Was nicht immer einfach ist – aber eben ein Nebeneffekt, wenn man sich den Praktiken der Branche hingibt. Selten fällt mal jemand aus diesem Raster, schlägt einen anderen Weg ein. Die Eisbären sind da sicher das prägnanteste Beispiel. Weil sie mit ihrem Ansatz einmal weit über das hinausgegangen sind, was die anderen tun. Weil sie ein Konzept entwickelt haben, das langfristig angelegt war und ihnen letztlich über Jahre zu großen Erfolgen verhalf. Das ihnen einen großen Vorsprung vor der Konkurrenz verschaffte.

Die Basis für die neue Denkweise war der eigene Nachwuchs. Diesbezüglich gehörten die Berliner immer zu den führenden Vereinen in Deutschland, sie bildeten großflächig aus. Der Anspruch dabei stieg – und von der Masse bewegte sich der Fokus hin zur Klasse. Die deutschen Spieler im Klub sollten irgendwann die besten deutschen Spieler der Liga werden. Mit dieser Zielsetzung suchten die Eisbären im ganzen Land nach Talenten.

Zur zweiten wichtigen Säule wurde die Gewinnung der besten Ausländer in der Liga. Während andere Klubs sich nicht sonderlich um die Ausbildung kümmerten und stattdessen viele Ausländer die Plätze für den Nachwuchs blockierten, achteten die Berliner bei den Ausländern auf besondere Qualität. Und sie legten Wert darauf, dass in der Mannschaft genug Eiszeit für die Jungen blieb. Eine Notwendigkeit, wenn diese sich entwickeln sollen. Mit der Absicht, die besten Importspieler der DEL zu beschäftigen, ging jedoch nicht nur der kurzfristige Erfolg einher. Nein, diese Spieler sollten zudem Anschauungsunterricht für die Talente geben und denen ihre Tugenden vermitteln. Lernen vom Vorbild also. Mit Spielern wie Steve Walker, Denis Pederson oder Mark Beaufait konnten die Eisbären herausragende Persönlichkeiten verpflichten, die alle ligaweite Topscorer wurden und gleichzeitig perfekte Beispiele eines Profisportlers für den Nachwuchs darstellten.

Dieses Modell verlangte eine großzügige Portion Idealismus, denn schneller Erfolg ließ sich damit nicht garantieren. Doch ohne Ergebnisse geht es eben auch nicht. Sie hatten Glück, die Eisbären, mit ihrem Konzept entwickelte sich die Mannschaft stetig weiter – und letztlich prägte der Klub dadurch eine ganze Ära. Mit langfristigen Verträgen für die Spieler wurde zudem eine Konstanz erreicht, die nicht nur die sportliche Komponente abdeckte und für anhaltende Triumphe sorgte. Sie ermöglichte gleichzeitig eine größere Identifikation der Fans mit dem Team und lockte darüber ständig viele Zuschauer zu den Eisbären.

Nachahmer für den Berliner Ansatz gab es kaum, denn die besten deutschen Spieler selbst auszubilden und die stärksten Ausländer in die Liga zu holen ist, nicht jedem vergönnt. Die finanziellen Mittel spielen dabei eine wichtige Rolle. Andererseits stößt das System selbst an Grenzen, wenn etwa verdiente Spieler zu lange gehalten werden. Außerdem hat kein Team mit seinen Ausbildungsjahrgängen immer nur Glück. An schlagkräftigem Nachwuchs fehlte es den Berlinern später phasenweise. Auch gelang es nicht mehr, die besten Ausländer zu verpflichten, weil die jungen deutschen Spieler von einst inzwischen Top-Gehälter kassierten. Dieses Geld fehlte schlicht, um bessere Importspieler zu akquirieren.

Ihrem für DEL-Verhältnisse einst revolutionären Konzept können die Berliner also selbst nicht mehr treu bleiben. Doch die Rolle als Vorreiter, die kann ihnen trotzdem niemand nehmen. Genauso wenig die Möglichkeit, mit gezielter Personalpolitik irgendwann wieder einen Weg einzuschlagen, der dem der frühen 2000er-Jahre sehr nah kommt. Ob das zu ähnlichen Erfolgen führt, dass lässt sich kaum sagen. Die Mischung aber verspricht viel Qualität.

GRUND 19

Weil die Eisbären ein loyaler Klub sind

Eishockey hat nicht nur den Ruf, der schnellste Mannschaftssport der Welt zu sein: Die Manager sind auch ziemlich gut darin, Mannschaften sehr schnell sehr umfassend zu verändern. Fehlt der Erfolg, kommen eben andere Spieler, gern gleich im Dutzend. Da machten die Eisbären früher auch keine Ausnahme. Mit jedem Wechsel des Personals geht schließlich die Hoffnung einher, dem Erfolg ein Stück näher zu kommen.

Als der in Berlin endlich fester Bestandteil jeder Saison war, änderte sich bei den Eisbären die Haltung. Nicht wegen ihres neuen Konzepts, das ja gerade einen eigenen Grund füllte. Aus Sentimentalität.

Das liegt an der Natur des Geschäftsführers. Peter John Lee ist ein Spielerfreund, kein rauer Geselle wie mancher Trainer. Nein, er mimt den Gegenpol, den guten Cop. Lee ist für die Spieler da, versteht ihre Sorgen und Ängste und fühlt zuweilen wohl auch mit. Das alles wird in seiner Dimension noch einmal deutlich verstärkt, wenn die Spieler an Meistertiteln beteiligt sind. Das macht es für ihn nicht leicht, sich bei Vertragsangelegenheiten von solchen emotionalen Elementen fernzuhalten. Die Eisbären sehen sich als Familie, und wer seinen Teil dazu beigetragen hat, dass die Familie eine schöne Zeit hatte, dass sie feiern durfte, der lässt sich nicht mehr allein nach den Regeln des Marktes bemessen.

Im Klartext heißt das, dass mancher Spieler länger bei den Eisbären bleiben durfte, als es der Entwicklung der Mannschaft gutgetan hat. Bei dem die Leistungskurve schon nach unten gezeigt hat. Die Mulock-Brüder Travis und Tyson waren so ein Beispiel. Tyson baute von Saison zu Saison ab, traf dafür allerdings im Play-off ab und an in einer sehr wichtigen Situation – und hatte anschließend seinen Vertrag für die nächste Spielzeit in der Tasche. Bei Travis verhielt es sich anders, er war meist sehr produktiv. In den letzten beiden Jahren trug sein Spiel jedoch nicht mehr dazu bei, die Mannschaft besser zu machen.

Andere Klubs hätten angesichts des Misserfolgs in dieser Phase wohl den Vertrag von Travis aufgelöst. Oder auch den von Julian Talbot, bei dem es sich ähnlich darstellt wie bei Travis Mulock. Doch solch einschneidende Entscheidungen trifft man bei den Eisbären nicht gern. Zumindest galt das für eine Zeit, in der die Ansprüche zwar groß waren, aber die Realität anders aussah. Auch Spieler wie

Jim Sharrow oder Matthew Foy hätten sicher eher gehen können. Bei Talbot, der 2017 trotz eines guten Play-offs in dieser Saison doch gehen musste, mutete die jüngste Ausdehnung des Kontrakts sogar an, als würde ein Altgedienter einen Bonus erhalten. Selbst für einige deutsche Profis galt dies, die scheinbar mehr aus Gründen der Identifikation denn aus sportlicher Notwendigkeit immer neue Verträge erhielten.

So viel Loyalität gehört nur selten zum Geschäft. Sie drückt sich bei den Eisbären auch in Verträgen mit sehr langen Laufzeiten aus. Obwohl die wie im Beispiel von Darin Olver, der sich 2017 aus einem laufenden Vertrag verabschiedete, weil ihm der nächste lange Kontrakt nicht gewährt wurde, die Produktivität zwischenzeitlich arg dämpfen können und somit eine gegenteilige als die erhoffte Wirkung erzielen.

Das Gespür, gezielte Veränderungen in der Mannschaft vorzunehmen und damit das Niveau so hoch wie möglich zu halten, litt nach dem Titel-Hattrick 2013 etwas unter der sentimentalen Ader des Geschäftsführers. Vielleicht schon vorher, denn die letzte dieser Meisterschaften schien schon nicht mehr für die Eisbären reserviert gewesen zu sein. Doch selbst die Ernüchterung danach brachte die Berliner nicht von ihrer Linie ab. Während anderswo ohne große Mätzchen ausgesiebt wird, was nicht sofort den Erwartungen entspricht, tut beim EHC selbst jeder notwendige Abschied, der eben irgendwann doch kommen muss, richtig weh. Das macht die Berliner vielleicht zu einem menschlicheren Klub als andere. In letzter Zeit erweckte die Stimmung unter den Fans allerdings aber auch den Eindruck, dass bei aller Loyalität die Ergebnisse nicht zur Nebensache werden sollten. Ein wichtiger Faktor wird sie allerdings wohl noch lange bleiben bei den Eisbären. Obwohl im Sommer 2017 mit der Amtsübernahme des neuen Sportdirektors Stéphane Richer und dessen Blick von außen ein paar Selbstverständlichkeiten abgebaut wurden, wie das Beispiel Olver zeigte. Und woran es nach der Vertragsauflösung von Barry Tallackson keine Zweifel mehr gab.

GRUND 20

Weil der Nachwuchs eine wichtige Säule bildet

Im Laufe der Jahre tragen sich viele Geschichten zu, Anekdoten ergeben sich. So auch diese, die Peter John Lee überlieferte. Einen bekannten Stürmer, Chris Govedaris, plagten einst regelmäßig Figurprobleme, wenn er nach dem Sommer aus Kanada zurückkehrte. Für einen Trainer keine einfache Situation, und Lee war damals Trainer. Er wollte wissen, was der gute Mann denn so daheim treiben würde, unterstellte auch, dass dies nicht förderlich sei für die Arbeit als Profi. Darauf entgegnete Govedaris sehr entspannt: »Ich bin ein Ferrari, du musst nur den Motor anmachen.« Aha! Sollte heißen, es reiche doch, zu trainieren, wenn die Saisonvorbereitung startet.

Ja, so waren die Zeiten. Ausländer konnten im Prinzip machen, was sie wollten. Meist wollten die Nordamerikaner ein paar schöne Jahre in Europa verbringen zum Abschluss der Karriere. Bezahlten Urlaub quasi, was genug nordamerikanische Trainer in der DEL auch schon bemängelten. Nur konnten sie eben nichts machen. Da war es schon besser, sich die Profis selbst heranzuzüchten – und ihnen gleich die richtigen Werte zu vermitteln. Ungefähr zu der Zeit von Govedaris, Ende der 1990er, hatten sie bei den Berlinern ähnliche Gedanken. Es entstanden die Eisbären Juniors, die damals noch EHC Neue Eisbären hießen.

In diesen Tagen, gut 20 Jahre später, sprechen sie bei den Eisbären gern von ihrer Akademie. Klingt schön, ist aber mehr verbaler Schmuck als Realität. Mag sein, dass die Juniors auf dem Weg zu einer Akademie sind, zuletzt hat sich ja einiges bewegt. Sven Felski, die Klubikone, wurde als Geschäftsführer installiert. Die Juniors wurden als einer von nur sieben DEL-Standorten vom Deutschen Eishockey-Bund mit einem »Fünf-Sterne-Zertifikat« für die Nachwuchsarbeit ausgezeichnet. Doch die Eisbären bemängelten ihre Jugendarbeit zuletzt gern selbst, Strukturen müssten verbessert werden, weil zu wenig oben ankomme, hieß es.

In den beiden obersten deutschen Ligen laufen eine Menge Spieler rum, die mal bei den Eisbären spielten, genauer gesagt ihrem Kooperationspartner, denn als eigenständiger Verein sind die Juniors das streng genommen. Im eigenen Profiklub allerdings herrschte über die Jahre eine ordentliche Flaute. Mit Kai Wissmann und Jonas Müller sind zwei Verteidiger gerade dabei, sich zu festen Größen in der Abwehr zu entwickeln. Oder ein Sven Ziegler im Sturm. Doch die meisten etablierten Eigengewächse entstammen immer noch dem berühmten 85er-Jahrgang. Einem Jahrgang, der davon profitierte, dass die Berliner einst gute Nachwuchsarbeit betrieben haben.

Eine wichtige Säule im Klub war der Nachwuchs immer, nur wurde nicht immer optimal gearbeitet. In Verbindung mit dem Sportinternat und dem Sportforum haben die Eisbären einzigartige Möglichkeiten der Talentförderung. Anfangs ließ sich der Klub das auch richtig Geld kosten. Oder man wollte es zumindest, denn 2001 ging der Nachwuchsverein erst einmal pleite. Mit dem Neustart bauten die Eisbären nach einiger Zeit jedoch ein regelrechtes Farmteam nach nordamerikanischem Vorbild auf. Es war die erste Mannschaft im Nachwuchsverein, Talente konnten sich in der dritten Liga mit Männer-Teams messen. Idealerweise machte die Kombination Einsätze bei den Junioren, in der dritten Liga und bei den Profis möglich. Damals begannen Frank Hördler oder Jens Baxmann ihre Karrieren, damals kamen Florian Busch und André Rankel in den Genuss von tollen Entwicklungsmöglichkeiten. Die Eisbären investierten in die Zukunft, die Verantwortlichen reisten durch die Lande und suchten nach Talenten, die sie in ihrem Programm weiterbilden konnten zu Profis.

Mit dem richtigen Cheftrainer, der die Spieler auch bei den Profis reinschnuppern ließ, ging das auf. Kein anderer verhalf so vielen Youngstern zu ihrem DEL-Debüt wie Pierre Pagé. Als er ging, wurde das Konzept nicht mehr mit derselben Intensität fortgeführt. Als der Verband die Regelung für die Nachwuchsliga DNL änderte, nahm der Klub dies sogar zum Anlass, das Drittliga-Team 2009 abzumelden. Damit entledigte man sich zugleich eines großen Kostenfaktors, denn hauptsächlich wurde die oberste Juniors-Mannschaft von den Eisbären finanziert. Die Argumentation mit wechselnden Zweitligisten als neuen Partnern beziehungsweise bis 2017 FASS Berlin aus der vierten Liga klang zwar schlüssig. Doch in der Praxis funktionierte das nie so gut wie mit dem eigenen Drittliga-Team. Der Einfluss auf Mannschaften anderer Klubs ist eben beschränkt.

Vielleicht kommt das eigene Farmteam ja irgendwann wieder, es bietet sicher die besten Ausbildungsmöglichkeiten. Eine Männermannschaft wurde 2017 zumindest wieder aufgebaut, mit dem Ziel, irgendwann in der dritten Liga Spielwiese für die Talente zu sein. Derzeit gibt es bei den Juniors neun Mannschaften in sieben Altersklassen. Hinzu kommen die Anfänger. Getan wird einiges für den Nachwuchs bei den Eisbären, das ist unbestritten. Um sich unabhängiger von Möchtegern-Ferraris zu machen, würde es aber nicht schaden, bei der Talententwicklung selbst wieder ein bisschen mehr auf die Tube zu drücken.

GRUND 21

Weil sie lange die Einzigen waren, die in Berlin etwas zu feiern hatten

Also eines soll vorweg klargestellt werden. Niemand darf sich persönlich beleidigt fühlen, aber hier werden nur relevante Sportarten als Vergleichsbasis herangezogen. Oder zumindest halbwegs relevante. Zwar dürfen die Spandauer Wasserballer eine Titelsammlung vorweisen, die ihresgleichen sucht, und viele dieser

Titel feierten sie parallel mit den Eisbären – aber ehrlich, Wasserball zählt genauso wenig wie Tischtennis oder Badminton. Zu sehr am Rand, zu wenig Zuschauer, zu geringe Bedeutung. Wenn dort Meisterschaften errungen werden, bekommt das kaum einer mit.

Wenn die Eisbären Titel feiern, merkt das ganz Berlin. Dann fährt das Team per Autokorso durch die Stadt, von Charlottenburg bis zur Mercedes-Benz Arena, keine andere Berliner Mannschaft präsentiert so ihre Trophäen. Von den anderen Klubs hat auch niemand groß etwas zu zeigen. Die Eisbären dominierten nicht nur Eishockey-Deutschland über Jahre, sondern waren auch das Aushängeschild Berlins in puncto Erfolg. Meist waren sie sogar die Einzigen, die etwas zu feiern hatten in der größten Stadt des Landes.

Aufstiege sind zwar schön und können auch kräftig begossen werden. Sind aber eben keine richtigen Titel. Von denen sind die ersten Fußballklubs der Hauptstadt weit entfernt. Natürlich dominieren Hertha BSC und der 1. FC Union die sportliche Wahrnehmung, Fußball ist eben Fußball. Er interessiert die meisten Menschen. Sportlich richtig erfolgreiche Fußballklubs hat die Hauptstadt deshalb trotzdem lange nicht gesehen. Hertha kam in den Jahren, in denen die Eisbären ihre Titel sammelten, nie über den vierten Platz in der Bundesliga hinaus. Meist war der Klub Mittelmaß oder in der Abstiegszone. Union stieg von der vierten in die dritte und in die zweite Liga auf, wo der Klub sich lange im Mittelfeld eingerichtet hat. Mit Blick nach oben zwar, aber mit der deutschen Meisterschaft wird der Klub nie etwas zu tun haben. Bei Hertha scheint es doch auch eher so, wenn man ehrlich ist.

Alba Berlin war immerhin schon oft Meister, doch diese Titel sind Relikte einer anderen Zeit. In der großen Ära der Eisbären gelang Alba lediglich ein Triumph in der Bundesliga, 2008 war das. Seitdem dürfen die Berliner nur zuschauen, was Bamberg und Bayern so machen. Und sie dürfen sich im zweitrangigen Pokal-Wettbewerb so fühlen, als seien sie noch echte Spitze. Der Titelkampf in der Liga aber sagt seit vielen Jahren, dass sie es nicht mehr sind.

Im Handball ereilt einen oft die Propaganda der Füchse und macht glauben, da sei etwas ganz Großes im Gange bei diesem Klub. Im Kleinen betrachtet ist ja auch viel passiert bei ihnen seit dem Aufstieg in die Bundesliga 2007. Doch besser als Platz drei in der Bundesliga war der Verein nie, und der dritte Platz ist im Handball noch sehr weit weg von der Spitze. Nur drei Mal kam seit 2005 der Meister nicht aus Kiel. Höchstens im Pokal kann diese Dominanz mal gebrochen werden, was die Füchse nach der großen Zeit der Eisbären sogar einmal schafften.

Die Einzigen, die parallel mit den Eisbären mehr als einen Titel, nämlich zwei, feiern durften, waren die BR Volleys. Allerdings in einer sportlich ebenso klar sortierten Liga wie beim Handball oder Basketball. Seit 1998 gab es genau zwei Teams, die die Meisterschaft unter sich ausmachten. Meistens gewann dabei der VfB Friedrichshafen, in jüngerer Zeit eher die Berliner. Wobei die Bedeutung im Kontext der großen Zuschauersportarten auch eher eine geringe ist. Richtig viele Leute bekommen das auch nicht mit.

Ganz im Gegensatz zu den Tagen, an denen die Eisbären ihre Titel feiern. Die über lange Zeit sportlich erfolgreichste Mannschaft in Berlin.

GRUND 22

Weil Pittiplatsch fast immer dabei ist

»Oh, oh, oh, oh, oh, ach du meine Nase.« Zugegeben, das klingt nicht nach etwas, was man beim Eishockey erwarten würde. Bei den Eisbären gehört der Spruch dennoch zum Standard. Nur ganz selten hört man ihn nicht. Denn Spiele, in denen die Berliner kein Tor schießen, sind nun mal wirklich rar. Und bei Toren kommt eben Pittiplatsch zum Einsatz. Ja, der Kultkobold aus dem DDR-Fernsehen ist bei den Eisbären nicht wegzudenken. Wenn der Puck im Netz des Gegners landet, wird das zunächst optisch mit Lichtstrahlen auf das Tor untermalt. Unmittelbar danach oder auch sogar schon gleichzeitig erschallt nach Reinald Grebes *Berlin, Halleluja Berlin* etwas Cancan-Musik und schließlich die Lache des kleinen rundlichen Pitti, gefolgt von seinem Lieblingsspruch.

In den vergangenen Jahren hatte Pittiplatsch weniger zu tun, da trafen die Eisbären nicht ganz so oft wie in früheren Zeiten. Aber damals, da musste der Kobold teilweise ordentlich ran, da wurden Spiele auch mal mit 11:0 gewonnen. Schwerstarbeit für die Kehle. Auch für die Fans, denen oft ein »Ach du meine Nase« mit über die Lippen geht.

Die beiden passen schon zusammen, die Kultfigur aus dem Kinderfernsehen und der Kultklub aus dem Berliner Osten. Liebenswert, neugierig und verschmitzt, so war der Kobold. Er meinte meistens alles gut, nur klappte nicht immer alles so, wie er es wollte. Wenn man so will, lässt sich das ja auch ein bisschen auf die Eishockey-Mannschaft projizieren. Die will doch auch immer so gut wie möglich sein, nur gelingt das eben nicht so regelmäßig, wie die Berliner das gern hätten.

Am Ende können trotzdem meist alle zufrieden sein mit dem Erreichten. Pitti, der mit seinen Kollegen Schnatterinchen, Moppi und vielen mehr in rund 3.000 Sendungen auftrat, sogar mehr als die Eisbären, denn die sind eben ohne Meisterschaft am Ende einer Saison nie so glücklich wie mit dem Titel.

GRUND 23

Weil die Eisbären immer ein familiärer Klub waren

Jeder Klub, der sich irgendwie als besonders herausheben möchte, bemüht gern den Begriff der Familie. Das gibt dem Ganzen einen emotionalen Anstrich. Hier zählt nicht Kommerz, sondern vor allem Herz, soll das bedeuten. Ein durchaus lobenswerter Ansatz in einer Sportwelt, die nun mal hauptsächlich dadurch bestimmt wird, wie aus Geld Leistung herausgeholt oder Leistung zu Geld gemacht werden kann. Platz für zu viel Romantik bleibt da nicht. Die dürfte ohne große Umwege nämlich schnell in die sportliche Sackgasse führen. Und somit führt der Begriff der Familie eigentlich in die Irre. Im Profisport sind selten alle im Team Freunde oder eben alle im Klub freundschaftlich verbunden. Zu viel Konkurrenz ist im Spiel, gerade auf dem Platz oder dem Eis. Klubs als Zweckgemeinschaften zu bezeichnen beschreibt den Zusammenhalt, der trotzdem natürlich ein besonderer sein kann, also viel treffender.

Bei aller Orientierung hin zu den letztlich ausschlaggebenden Kategorien des Sports gelingt es dem einen oder anderen Klub dennoch, sich eine kleine Nische zu erobern. Eine, in dem der familiäre Gedanke nicht nur leere Phrase ist, sondern wirklich gelebt wird. Kaum ein Verein kann so viel brüderliche oder verwandtschaftliche Tradition für sich reklamieren wie die Eisbären. Über alle Perioden der Geschichte fanden sich immer wieder Namen, die es vorher schon einmal gab. Oder die parallel auftauchten in den Spielerlisten des Klubs. Nicht immer konnten alle sich so hervortun, wie es anderen Familienmitgliedern gelang.

Diese kleine Auswahl hier soll an die bekanntesten Namen erinnern, bestimmt aber ließe sich in den Annalen noch der eine oder andere Familienzweig finden. Zwei Stränge gehören sicher mit zum bedeutendsten Personal, das die Berliner je hatten. Der große Joachim Ziesche etwa, das Eishockey-Idol der DDR, erwies sich nicht nur auf dem Eis als genialer Spieler, sondern auch als Meister darin, das Erbe fortleben zu lassen. Mit Jens und Steffen Ziesche spielten beide Söhne für die erste Mannschaft des Klubs. Jens nur kurz weit vor der Wende, und auch Steffen nicht sehr lange um die Wendezeit herum. Doch Steffen wurde später Meister mit Krefeld, eher er als wichtige Figur in den Nachwuchs des EHC zurückkehrte. Jens zog es später als Arzt an die Bande des Profiteams. In dem hätte bald auch die dritte Ziesche-Generation gestanden, Markus, der Sohn von Jens, kämpfte darum, schaffte es jedoch nicht. Immerhin Stationen als Zweitliga-Profi kann er vorzeigen.

Dass das Eishockey-Gen weitergegeben wird, beweist auch Peter John Lee. Der Geschäftsführer holte zwei seiner Söhne zu den Eisbären. Während Jeremy im Betreuerbereich aushilft, entwickelte sich Chris vom Assistenten des Nachwuchstrainers hin zum Co des Cheftrainers beim EHC und wurde letztlich selbst derjenige, der das Sagen in einem Profiteam hatte. Zunächst in der dritten (FASS Berlin), dann in der zweiten Liga (Crimmitschau). Wer weiß, was noch kommt? Zunächst einmal wieder der Posten als Nachwuchstrainer bei den Juniors.

Noch mehr auf Familie machte einst Lorenz Funk, der frühere Manager. Der ließ seine beiden Söhne Lorenz junior und Florian in der DEL für die Eisbären spielen. Obendrein durfte zeitgleich auch noch Neffe Andreas Brockmann das Trikot mit dem Bärenkopf auf der Brust tragen. Nie waren mehr miteinander verwandte Protagonisten parallel bei den Berlinern tätig.

Spieler mit Verwandtschaftsverhältnissen allerdings schon. Lee, wie gesagt ein Anhänger des Familiengedankens, beschäftigte einst drei Brüderpaare gleichzeitig. Die Herren Tyson und Travis Mulock, Alexander und Daniel Weiß sowie Constantin und Laurin Braun. Jeweils einer mit mehr, einer mit weniger großem Beitrag zum Erfolg der Berliner, aber alle mit jeder Menge Meistertiteln in der DEL ausgestattet. Bei den Brauns schaffte es sogar der dritte Bruder, Simon, in den Trainerstab des Nachwuchses.

Auf dem Eis standen mit Patrick und Cole Jarrett sowie Mark und Darin Olver noch weitere Brüderpaare gemeinsam in der Ägide von Peter John Lee. Auch Nico und Danny Pyka durften es probieren. Beide hatten mit Bärbel Riedel noch eine Tante im Management zu sitzen. Sie war Assistentin von Billy Flynn, dem einstigen Geschäftsführer. Dessen Sohn Patrick absolvierte auch einige

Partien als Profi der Eisbären. Alexander und Björn Barta spielten zwar nie zusammen für die Eisbären, doch sie kommen beide aus dem EHC-Nachwuchs.

Neben den Brüdern, auch DDR-Rekordnationalspieler Dietmar Peters lief mit seinem Bruder Roland für Dynamo auf, genau wie Frank und Uwe Proske, sind zudem noch eine Reihe weiterer Vater-Sohn-Geschichten dokumentiert. Hans (Hanne) Frenzel, selbst eine Legende, sorgte etwa dafür, dass die Dynamos mit Dieter Frenzel auch nach seinem Karriereende in Sachen Qualität bestens ausgerüstet sind. Der »Hexer« René Bielke sah später seinem Sohn Dominik dabei zu, wie er in der DEL versuchte, Fuß zu fassen, es aber wegen großer Verletzungsprobleme nicht schaffte. Detlef Radant, einer der besten Torschützen vor der Wende, trainierte später seinen Sohn Olaf, der nie Profi wurde, im Nachwuchs. Dort leiten Andreas Gensel und Sohn Hardy, der ein paar DEL-Partien in der Statistik stehen hat, als Trainer die Geschicke einiger Jugendteams.

Ein Ende dieser doch sehr umfangreichen familiären Beziehungen scheint bei den Eisbären kaum absehbar. Die nächsten Generationen warten schon. Ein weiterer Ziesche, Steffens Sohn Philip, spielt im Nachwuchs mit der 8 auf dem Trikot – genau wie der Papa sie früher trug. Mit in seinem Team steht Eric Hördler auf dem Eis, der Sohn von EHC-Profi Frank Hördler. Beide mit Nummer 7. Etwas weiter unten, berichtet Peter John Lee, haben die Kinder von Chris Lee schon den Schläger in der Hand. Mal sehen, wer die spezielle Tradition bei den Eisbären tatsächlich fortführt.

KAPITEL 2

Die Fans der Eisbären

Ein spezieller Schlag

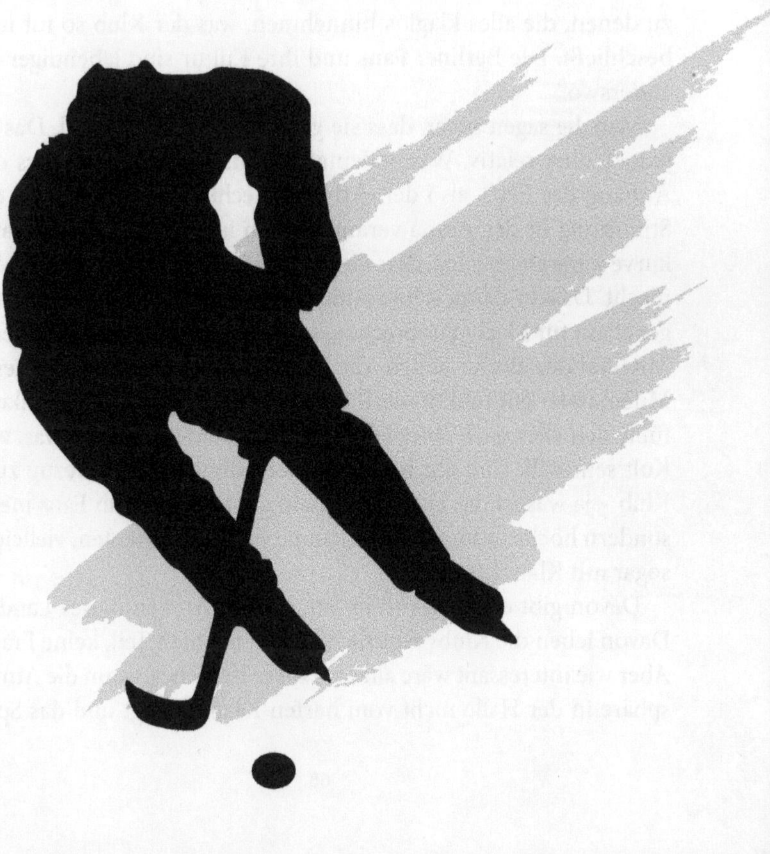

GRUND 24

Weil die Fans der Eisbären anders sind

Nicht jede Aktion kann gelingen, erst recht nicht, wenn sie eher kurzfristig anberaumt wurde. Insofern wirkte es schon eigenartig, als ein Teil der Fans in der Stehplatzkurve die Arena im Februar 2017 verließ, ein paar andere überdimensionierte Transparente entfalteten und wieder andere sich so eingeschränkt fühlten in ihrer Sicht, dass dies sogar zu Handgreiflichkeiten sowie dem vorzeitigen Ende eines missglückten Protests führte. Festzuhalten bleibt dennoch eines danach. Die Fans der Eisbären gehören nicht zu denen, die alles klaglos hinnehmen, was der Klub so tut und beschließt. Die Berliner Fans und ihre Kultur sind lebendiger als anderswo.

Manche sagen sogar, dass sie ganz schön mächtig sind. Das ist jedoch eher relativ. Was bedeutet Macht? Unstrittig ist, dass der Anhang des EHC, also der aktive, der echte, der Teil, der für die Stimmung in der Arena verantwortlich ist, der in der Stehplatzkurve seine Heimat hat, dass dieser Teil kreativ auf sich aufmerksam macht. Dass er damit schon einiges erreicht hat. Das scheint weniger allein für Macht zu sprechen, sondern mehr für ein besonderes Miteinander zweier Seiten, die letztlich davon leben, dass dieses Miteinander gut funktioniert. Denn ein Klub ohne harten Fankern fühlt sich eher nach einer leblosen Hülle an denn nach etwas, was Kult sein will. Und ein harter Fankern ohne innigen Bezug zum Klub – ja was ist das eigentlich? Bald gar kein Kern an Fans mehr, sondern höchstens noch eine Gruppe von Konsumenten, vielleicht sogar mit Klatschpappe.

Davon gibt es genügend in den großen Arenen dieses Landes. Davon leben die Klubs natürlich zu einem guten Teil, keine Frage. Aber wie interessant wäre alles für diese Besucher, wenn die Atmosphäre in der Halle nicht vom harten Kern geprägt und das Spiel zu dem Erlebnis gemacht würde, welches es ist? Das deutsche Eishockey lebt nicht nur von Fans, sondern auch von Fankultur. In Berlin mag die durchaus noch etwas spezieller sein als anderswo. Die Fans der Eisbären sind gern eigenständig, also unabhängig vom Klub organisiert. Sogar der Fanbeirat wurde aufgelöst, um mit dem Fanstammtisch als oberstem Organ eines Säulenmodells in einem offeneren Konzept agieren zu können. Das kam zunächst nicht ganz so gut an beim Liga-Fangremium, die Berliner erhielten zwischenzeitlich nicht einmal eine Einladung zu einem Treffen der Fanorgane aller Klubs. Doch die besondere Art der Fanarbeit wird auch außen wahrgenommen. Die Nicht-Einladung wurde wieder aufgehoben.

Neben der Eigenständigkeit gehört das Bedürfnis nach Mitsprache zu den Merkmalen des Berliner Anhangs. Ein heikles Thema, recht unüblich in der Liga. »Wir sind halt schon immer ein bisschen anders und sogar stolz darauf. Bei uns war es mal Usus, dass man sich zusammensetzte und alle Probleme besprach«, beschrieb das Fan-Magazin *Eis-Dynamo* mal den aktiven Anhang und dessen Beziehung zum Klub.[9] Anlass war ebenjenes Thema, das zu den Handgreiflichkeiten führte. Preiserhöhungen kommen nie gut an, beim harten Kern noch weniger, wenn er nicht vor dem Verkünden der neuen Zahlen in das Zustandekommen dieser einbezogen wird.

Ticketpreise sind das, woran sich am meisten gerieben wird seit dem Umzug in die Großarena. Anfangs blieben die moderat, da richtete sich der Protest – der gern auch in Fanmärschen Ausdruck fand oder zu anderem Anlass mal in den in Umlauf gebrachten Dollarnoten mit den Köpfen von vermeintlichen Protagonisten der Teuerung – gegen hohe Cateringpreise. Das Problem konnte mit einem Kompromiss gelöst werden. Weit weniger einfach war der Fanfrust zu kanalisieren, als 2013 neue Dauerkartenpreise publiziert wurden. Im Viertelfinale gegen die Hamburg Freezers verließ der Stehplatzblock weitgehend komplett die Halle im ersten

Drittel. Die Eisbären verloren diese 20 Minuten mit 0:4. Zumindest der weniger harte Kern auf den restlichen Tribünen sah dann noch eine Partie, die in der Verlängerung 6:5 gewonnen werden konnte. Im nächsten Spiel setzte die Fankurve sogar einen drauf: Ohne Fanutensilien, nur in Schwarz standen die Anhänger dort und ließen nur Anti-Preiserhöhungsgesänge ab. Die Eisbären erlebten ein 4:8-Desaster.

Die Folgen von Liebesentzug veranschaulichte dieser Tag eindrücklich. Das führte dazu, dass der Klub sich sehr auf die Fans zubewegte. Man traf sich in der Mitte, hatte gute Gespräche. Manch einer sagt sogar, dass es nur durch diesen schwierigen Start geschafft wurde, derartige Emotionen und Kräfte aufzubauen, die schließlich in die siebte Meisterschaft mündeten. An der Kommunikation veränderte sich später allerdings nicht allzu viel. Der Klub stellte die Fans noch ab und zu vor vollendete Tatsachen, statt gemeinsam über die wirtschaftlichen Zwänge zu reden. Dadurch wiederum fühlen sich die Fans zum Handeln gezwungen. Mit am Ende immer kleinen Zugeständnissen auf beiden Seiten. Fankultur kann also etwas bewirken, das macht sie so wertvoll.

GRUND 25

Weil die Eisbären die meisten Anhänger bei Auswärtsspielen mitbringen

Untersuchungen zu diesem Thema existieren bestimmt keine. Meinungen dagegen wird es viele geben, nur lassen die sich aufgrund der nicht vorhandenen exakten Datenbasis schwerlich verifizieren. Eines aber ist klar: Die Fans des EHC Eisbären gehören zu den reisefreudigsten im deutschen Eishockey. Und ich scheue mich nicht zu behaupten: Die Eisbären haben auswärts die größte Unterstützung durch ihren Anhang.

Wie gesagt, schwer zu überprüfen. Aber manchmal muss man einfach auf sein Bauchgefühl hören. Natürlich ist es für die Fans in Nordrhein-Westfalen einfacher, ihren vier Klubs bei den Landesduellen zu folgen und dort alles dafür zu tun, dass ihr Team sich auswärts nicht allein fühlt. Auch die bayerischen Anhänger haben mit ihren fünf Klubs einen Vorteil bei gegenseitigen Besuchen. Weite Wege gibt es da nicht. Doch spielen alle diese Vereine mal in Berlin, passiert schnell wenig bis gar nichts mehr. Manchmal fällt das kleine Häuflein, das sich irgendwo im Oberrang der Arena mit Gegnertrikot tummelt, kaum auf. Höchstens Sonderzüge füllen mal einen oder sogar mehr Blöcke mit Gästefans in Berlin.

Ist eben ganz schön weit, so aus Köln in die Hauptstadt. Oder aus Ingolstadt. Oder aus Augsburg. Zumal Reisen ja an sich ständig anstehen. Anders als im Fußball mit nur einem Spieltag pro Wochenende und Reiseerfordernissen lediglich 14-tägig. Im Eishockey wird pro Wochenende eben doppelt gespielt, wenn es sein muss, unter der Woche noch einmal. Und das mitnichten selten. Wie relativ die Entfernungen wirklich sein können, zeigen allerdings die Eisbären-Fans. Die Berliner müssen zu jedem Spiel große Strecken zurücklegen, weil es in der Umgebung kein DEL-Team gibt. Trotzdem macht sich Woche für Woche ein Bus auf den Weg, meist ein großer, angeführt von Trommler Ralf Czygan und Sven Bucher.

Wer sich den beiden anschließt, sieht als Fan sicher die meisten Spiele seines Klubs – sie dürften ligaweit die Rekordhalter sein. Keine Halle ist ihnen zu weit weg, kein Klub zu schwer erreichbar. Sie haben alle Arenen der DEL gesehen. Wie viel Zeit und Geld das gekostet hat, lässt sich kaum vorstellen. Das ist echte Leidenschaft. Die von Zeit zu Zeit verrückte Blüten treibt. Mit dem Bus fuhr die Truppe schon von Berlin bis Luleå für eine Champions-League-Partie, umrundete dabei die Ostsee im Norden, um zum nächsten Spiel zwei Tage später in Lappeenranta in Finnland zu gelangen.

Die Dynamo-Fahne weht also überall. Geschwungen oft auch von Exil-Fans. Davon gibt es reichlich. In der Schweiz (die Sektion

1200 reist ebenso gern nach Süddeutschland) etwa, in München (Dynamo München), im Norden (Eisbären Sektion Nord) oder im Südwesten (Eisbären Berlin Fanclub Rhein Neckar Odenwald). Um nur einige zu nennen. Unterstützung hat die Mannschaft also genügend. Ein Mangel daran kann in der Saison 2016/17 also nicht dazu geführt haben, dass die Eisbären so sehr schwächelten, dass sie den vorletzten Platz in der Auswärtsbilanz belegten.

Schon gar nicht kann das 1:7 in Wolfsburg damit erklärt werden, das sie sich im Februar 2017 einhandelten. Denn die Partie in dem am nächsten an Berlin gelegenen Standort machen die EHC-Fans regelmäßig zu einem gefühlten Heimspiel. Mehr als 1.000 Fans aus Berlin legen die 220 Kilometer fast immer zurück, manchmal sogar mehr. Zu den wenigen Partien, die in Wolfsburg ausverkauft sind, gehören die gegen die Eisbären. Damit sind die Fans des EHC nicht nur wichtige Unterstützer ihres Teams und beachtlicher Stimmungsfaktor in fremden Hallen, sondern auch ein nicht zu unterschätzender wirtschaftlicher Aspekt. Da gibt es keine zwei Meinungen.

GRUND 26

Weil sie Fans mit blauen Anzügen haben

Irgendwann, das weiß Ben Lancaster, kommt der Tag. Derjenige, an dem er und seine Kumpels nicht mehr allein sind. An dem auch andere sich so einen Anzug überstreifen und aufmachen in die Arena. Lancaster freut sich auf diesen Tag, er wartet darauf. Er will dann Fotos machen, Selfies mit dem nächsten Verrückten. Ein bisschen stolz wird er auch sein. Denn er hat etwas ausgelöst, zusammen mit seinen Freunden erreichte Lancaster bei den Fans der Eisbären einen Bekanntheitsgrad, wie ihn nur wenige Anhänger besitzen. Vielleicht weiß nicht jeder, wie er heißt. Aber definitiv jeder sieht ihn beim Spiel. Die meisten amüsieren sich über ihn und seine Jungs. Und Spaß, den will er ja auch machen.

Auf seine Art. Ben und Co. fühlen sich zuständig dafür, dass es bei den Spielern des Gegners kribbelt. Nicht immer im angenehmen Sinn. In ihren blauen Anzügen stehen die zwei, drei Typen da, jedem sind sie schon mal aufgefallen. Keiner kann sie übersehen. Meistens hampeln sie hinter der Strafbank des Gegners herum, machen Verrenkungen, reden auf die Spieler ein. »Anfangs waren wir ein bisschen nervös, weil wir nicht wussten, ob das alle akzeptieren würden«, sagt Lancaster.[10] Weil die Fans der Eisbären für ihn die besten sind, die er je gesehen hat, wollte er mit seinen Freunden etwas hinzufügen. Auf australische Art.

Aus Brisbane stammt Lancaster. Dort und im Rest Australiens, sagt er, seien die Leute sehr sportaffin, aber doch mehr auf die passive Weise. Also zugucken und ein paar gepflegte Getränke. So mag es der Australier am liebsten. Geht er ins Stadion, also etwa zum Cricket oder Aussie Rules Football, verkleidet er sich auch leidenschaftlich gern. Weil es dann nach australischem Verständnis einfach mehr Spaß macht. Auch die verbalen Geplänkel mit Spielern des Gegners, die sind in seiner Heimat fester Bestandteil der allgemeinen Unterhaltung. Wie das so in Deutschland ankommt, das wollte Lancaster mal sehen.

Jetzt muss er sich ziemlich häufig fotografieren lassen. Die Berliner Fans finden's toll. Weil die Muster der Anzüge an Norweger-Pullis erinnern, oder an Weihnachten wegen der Rentiere und Schneeflocken, wussten viele anfangs nicht, was das genau darstellen soll. Aber wichtig war nur die Farbe: das Blau der Eisbären.

Gefunden hat Lancaster die skurrilen Stücke bei einem Freund, dem gehört die Firma, die die Anzüge herstellt. Das Modell »The Rudolph« gibt es dort im Internet für 74,95 zu kaufen. Wenn es November wird, also auch der Movember beginnt, tragen die Jungs sogar ein weißes Modell mit Schnurrbart. Ihr Beitrag zum Kampf gegen den Prostatakrebs.

Ein Australier beim Eishockey, wie geht das eigentlich zusammen? Vor etlichen Jahren kam Lancaster nach Deutschland. Er arbeitete in einer Sportsbar in Mitte. Dort schauten auch einige Eisbären-Profis öfter vorbei. Irgendwann lief Golf, Lancaster bekam mit, dass die Spieler nicht für den Australier waren, der gerade führte. Er bot eine Wette an. Ohne zu wissen, wer sie waren. Der Einsatz: 100 Dollar gegen 100 Schnaps. Sein Landsmann gewann nicht, »und ich musste die Drinks ausgeben«.[11] Mit Spielern wie Jim Sharrow, Travis Mulock und Julian Talbot freundete sich Lancaster an. Sie schenkten ihm ein Ticket für ein Spiel. In der Saison 2010/11 war das. Was mit dem Schnaps passiert ist, darüber schweigen wir hier.

Nachdem Lancaster anfangs noch in Zivil auflief, probierte er es zunächst im Eisbären-Kostüm. Schuld war wieder eine Wette. Denn für das Finale 2011 gab es keine Tickets mehr. Sharrow besorgte Karten, der Kostümauftritt war Lancasters Einsatz. Dann kam der Kumpel mit der Anzugfirma ins Spiel, die neue Dienstkleidung war gefunden. Zunächst konnte man sie hinter der Spielerbank des Gegners sehen. »Wir haben versucht, sie abzulenken«, so Lancaster.[12] Die Plätze mussten sie dann wechseln, seit 2013 besitzen sie Dauerkarten hinter der Strafbank der Gegner. Zu Beginn der Saison 2016/17 saßen sogar fünf blau beanzugte Spaßmacher an der Strafbank.

Die Besetzung variiert, manchmal ist sogar eine Frau dabei. Nur Eishockey-exotisch bleibt es immer. Die Freunde kommen aus Neuseeland, Südafrika oder Großbritannien. Mit den Regeln haben sie es alle nicht so sehr, halb so schlimm. »Ich habe mich mehr dafür interessiert, beim Trashtalking die richtigen Worte zu finden und die richtigen Schilder anzufertigen«, so Lancaster.[13] Die Männer in Blau betreiben da echten Aufwand. Bis zu drei Stunden vor einem Spiel treffen sie sich, gehen Spieler durch und Sachen, die man über sie sagen könnte. Dann wird ein Schild gebastelt.

Seit einiger Zeit ist zu jeder Heimpartie ein Schild mit einem Spruch dabei. Die Kontakte zu den EHC-Profis helfen ab und zu, etwas über gegnerische Spieler herauszufinden. Es muss passen, unter die Haut gehen am besten. Offenbar trägt der Mannheimer Christoph Ullmann gern enge Jeans. Die Jungs schrieben, dass seine Frau nicht mehr wolle, dass er ihre Jeans anzieht. Mit ihren Schildern stehen sie schon vor dem Warmmachen am Plexiglas, »um sicherzugehen, dass der Spieler es wirklich mitbekommt«.[14] Inzwischen wissen alle gegnerischen Teams, wenn sie das Eis betreten, dass auf einen Profi eine Überraschung wartet.

Typen wie Ullmann nehmen das mit Humor, sie lassen sich sogar fotografieren mit den Blue Suit Men. Auf Instagram sind alle Dokumente verewigt. Auch das von Chris Minard. Dem haben sie mal ein Hotdog geholt, als der auf der Strafbank saß. Minard kriegte sich vor Lachen nicht mehr ein. Andere finden es weniger lustig. »David Wolf wird immer sehr zornig.«[15] Charlie Stephens schlug mal mit seinem Schläger das Bier der Jungs von der Bande. Damit schaffte es der Kanadier auf ein Highlight-Video eines kanadischen TV-Senders. Danach erwartete ihn ein Schild auf dem stand, dass ihn seine Fähigkeiten als Spieler nie in so ein Video gebracht hätten.

Schon einige Pucks krachten wegen solcher Sachen vor ihnen an die Scheibe, nicht zufällig. Es ist das untrügliche Zeichen, dass sie ihre Arbeit gut erledigt haben. Lancaster ist mittlerweile so bekannt, dass der EHC-Hauptsponsor Gasag ihn für die Werbekampagne »Größter Fan« auswählte. In der ganzen Stadt hingen Plakate vom schrillen Mann im blauen Anzug.

Wichtiger aber war ihm und seinen Kumpels, dass schon Fans aus der Kurve auf sie zugekommen sind und gesagt haben, dass sie dazugehören und weitermachen sollen. »Das hatten wir nicht erwartet«, erzählt er.[16] Überwältigt waren sie, zur Abwechslung ging ihnen mal etwas unter die Haut.

GRUND 27

Weil die Fans eine U-Bahn durch die Arena fahren lassen

Fans haben immer etwas zu sagen, wollen sich ausdrücken, mitteilen. Vor allem aber wollen sie unterstützen, ihrem Team Mut machen, Teil sein dessen, was dem eigenen Klub den Sieg ermöglicht. Die im wahrsten Sinne des Wortes plakativste Lösung ist ein Schriftzug, sind Symbole auf einem Transparent. Es geht natürlich auch eine Nummer größer, wenn viele mitmachen, zusammen aus vielen Einzelteilen etwas schaffen, das als Ganzes wirkt und zeigt: »Wir stehen hinter euch!« Das nennt man dann Choreografie.

Bei den Eisbären fällt das in den Bereich der Stehplatzkurve. Dort ist die aktive Fanszene zu Hause, die Fanklubs haben ihre Stammplätze dort, von dort gehen die Stimmungsimpulse durch die ganze Arena. Dort wird Meinung artikuliert, egal in welcher Richtung. Das kann schon auch mal eine Protestbewegung sein. Dann werden Choreos gegen Red Bull München veranstaltet, gegen Kommerz und Künstlichkeit. Dann trifft es die Liga, die gefühlt nicht selten gegen die Vorlieben der Fans agiert. Selbst der eigene Klub bleibt nicht verschont, wenn dem Anhang etwas gegen den Strich geht. Mit Choreos lässt sich wunderbar viel ausdrücken. Ist ja auch viel Platz in so einer Kurve.

An Ideen und Kreativität jedenfalls mangelt es dem Eisbären-Gefolge sicher nicht. Der Abschied etwa von den Klub-Legenden Hartmut Nickel und Bernd Karrenbauer beeindruckte mit detailgetreuen Riesen-Porträts. Ein Teil der Fans startete in der Saison 2016/17 sogar eine Aktion gegen Homophobie. Das kam zwar nicht bei allen in der Arena gut an, weil es für den Geschmack vieler ein zu sehr politisch orientiertes Thema war. Im Sinne der Meinungsvielfalt und -freiheit sollten aber auch Standpunkte mit Polarisierungspotenzial ihren Platz und ihre Berechtigung haben.

Wie dem auch sei: Anlässe für Choreos finden sich immer irgendwie – und meistens auch reichlich. Ein halbes Dutzend davon, tendenziell eher ein bisschen mehr, kann pro Saison von denen, die nicht in der Stehkurve ihren Platz haben, bestaunt werden. Meistens spielen die Klubfarben Blau, Weiß und Rot eine zentrale Rolle. Oft ist die ganze Kurve bedeckt mit den Bahnen aus Stoff oder Plastik, kaum ein Fan darunter zu sehen. Manchmal lässt sich damit sogar wunderbar auf Choreos in anderen Hallen antworten. So wie im März 2017 geschehen im Viertelfinale gegen Mannheim, das die gleichen Farben hat.

Mein ganz persönliches Highlight erlebte ich im März 2016 zum Beginn des Viertelfinales. Nach mittlerweile sieben Titeln lautete das Obermotto vorläufig »Mit aller Macht zur Acht«. Doch zunächst mussten die Eisbären nach einem Titel-Hattrick zwei Jahre sogar ohne Viertelfinale auskommen. Mit dem Start der Runde der besten Acht gegen die Kölner Haie verkündeten die Eisbären-Fans in ihrer Choreo: »Endlich wieder Playoffs«. Was für sich allein nun nicht sonderlich aufregend ist.

Doch die Freude über das Ende der Leidenszeit beflügelte die Fantasie in einer Art, die für alle Beteiligten in einer Menge Arbeit mündete. Die Arena liegt ja unmittelbar in der Nähe der Oberbaumbrücke, einem markanten Bauwerk mit zwei Türmen und U-Bahn-Viadukt. Genau diese Brücke wurde malerisch nachempfunden. Doch nicht nur das. Eine recht große U-Bahn, wohl aus Pappe, wurde ebenfalls gebastelt. Als Krönung des Ganzen wurde die U-Bahn von der einen Seite der Kurve zur anderen weitergereicht: Sie fuhr also wie beim Original über die Brücke. Einfach unglaublich toll.

Der genaue Hintergrund dieser Aktion, also der Sinn, erschloss sich nicht auf den ersten Blick. Aber manchmal ist das auch gar nicht wichtig. Vielleicht bedeutete es, dass der Zug für Haie in dieser Saison abgefahren ist. Jedenfalls war die U-Bahn noch gar nicht richtig zum Stehen gekommen, da traf Florian Busch 51 Sekunden nach Spielbeginn zum 1:0 für die Eisbären. Sie gewannen die Partie schließlich, die Serie ging dennoch an die Kölner. Aber diese Erinnerung verblasst irgendwann. Die an die U-Bahn, die durch die Halle fuhr, die wird definitiv länger lebendig bleiben.

GRUND 28

Weil sie ihr Heim unter einer Brücke haben

Unter einer Brücke viel Zeit zu verbringen, gilt nicht gerade als Inbegriff der Lebenskultur. Eher negative Dinge sind mit diesem Zustand verbunden. Aber es kommt wie so oft im Leben immer auch darauf an, was man daraus macht. Klar, es sieht von oben schon ein bisschen gewöhnungsbedürftig aus, wenn sich Hunderte Menschen, fast alle mit Trikot oder wenigstens Schal der Eisbären ausgestattet, unter der Warschauer Brücke versammeln. Doch wenn es nicht irgendwie gemütlich wäre, würde es ja keiner machen.

Wer oben entlanggeht, dem steigt von unten Bratwurstduft in die Nase. Sie haben sich eingerichtet unterhalb der Fahrbahn: Grillstation, Bierstand, alles, was ein Fans so braucht, wenn er sich vor dem Spiel noch mit Gleichgesinnten treffen will, sich austauschen über das, was war, über das, was hoffentlich bald sein wird. Wer die Treppe hinuntergeht, der trifft meist zuerst auf Tickethändler, die noch ein paar Karten für die gleich beginnende Partie verticken wollen. Von denen, die schon überall unter der Warschauer Brücke stehen, braucht keiner ein Billett. Die meisten sind ohnehin im Besitz einer Dauerkarte.

Die Versammlung rund um den Bierstand ist nicht die eigentliche Attraktion unter der Brücke. Sie befindet sich links von der Treppe. Ein kleines Containerdorf steht dort, wir nennen es mal so. Aus 16 einzelnen Containern wurde ein Verbund geschaffen. Auf der Außenwand lässt sich schon erkennen, worum es drinnen geht.

Hartmut Nickel, die Vereinslegende, ist dort in Farben und voller Jugend als Eishockeyspieler verewigt. Stefan Ustorf wird dargestellt, wie er einst im EHC-Trikot über das Eis glitt. Natürlich fehlt der Eisbären-Kopf, das Klub-Logo, nicht.

Drinnen sieht es erwartbar aus, wie unter Eisbären eben. Unter Fans. Es ist ja auch ihr Heim, nah an der großen Arena. Früher befand es sich sogar noch näher dran. Hatte vielleicht auch mehr Stil, zumindest aber etwas Außergewöhnliches. In den Fanbögen, benannt nach dem Standort in den S-Bahnbögen, konnte er Anhang allerdings nicht bleiben. Mit der fortschreitenden Bebauung des Areals um die Arena wurde ihnen das Heim streitig gemacht. Ersatz fand sich unter der Brücke, genau genommen eher daneben. Und zunächst war da auch nur eine kahle Fläche, nichts sozusagen.

Die Container wurden gestiftet vom Klub und Arena-Eigner AEG. Eine sechsstellige Summe haben sich das die Verantwortlichen kosten lassen. Um den Rest kümmerten sich die Fans, die Bogen-Crew. Der Name blieb, obwohl aus dem Bogendach gefühlt wieder ein Wellblechdach geworden war. In Eigenregie richteten die Fans des Fördervereins »Fanbögen e.V.« alles her. Malern, pflastern, jeder, was er konnte. Die einen lieferten Material, die anderen verbauten es. Alles wurde selbstverständlich mit viel Liebe zum Klub dekoriert.

Gut zweieinhalb Stunden vor Heimspielen öffnet die Bogen-Crew das Fanhaus. Aber nur für Mitglieder, das kann man unkompliziert aber auch mal für einen Tag werden gegen einen kleinen Obolus. Mit der Vorbereitung auf ein Spiel ist es jedoch nicht getan, auch eine Nachbereitung findet in den »Bögen« stets statt. Der Klub ist das Thema, nicht der persönliche Alltag. Nach den Spielen muss auch wieder verstaut werden, was vorher gebraucht wurde. In der Container-Kombination lagert allerhand Material, das so benötigt wird, um dem Fansein den passenden Ausdruck zu verleihen. Stoffbahnen, Spraydosen, Transparente, Fahnen. Unter der Brücke wird schon mal gebastelt.

Diskutiert auch. Alle sechs Wochen etwa laden die Fans ein paar Offizielle der Eisbären ein. Die legen dann ihre Sicht der Dinge zu bestimmten Themen dar. Mal geht es um den Sport, mal um Sachen, die vor allem die Fans betreffen wie etwa Preise. Der Dialog ist zu einer festen Institution geworden, die beide Seiten, Fans und Klub, enger zusammenbringt. Vielleicht mag also die Lebenskultur unter einer Brücke nicht hoch angesiedelt sein, die Fankultur ist es bei den Eisbären.

GRUND 29

Weil Ost-Berlin lebt

Aktionen in sozialen Netzwerken kommen immer wieder mal auf. Anfang 2017 fing über Twitter etwas an, was unter dem Begriff »Faire Fangesänge« Bekanntheit erlangte. Aus dem belasteten Fußball heraus entstand sie, als Antwort auf die Gewalt dort, die oft genug mit unflätigen, vor Hass triefenden und selbigen schürenden Gesängen aus den Kurven angeheizt wird. Unter dem Hashtag dazu tauchte irgendwann auch ein Tweet der Eisbären auf. Nicht ganz ernst gemeint, aber in gewisser Weise auch zum Begriff passend. Nach Nord-, West- und Süd-Berlin wurde da verlangt, schließlich lautet einer der Hauptschlachtrufe der Berliner Fans eben »Ost-, Ost-, Ost-Berlin«.

Vielleicht ein kleines Dilemma, vielleicht einfach nur Teil des Kultes, der sich um die Eisbären rankt, doch das Liedgut in der Fankurve trägt auch bald 30 Jahre nach der Wende noch deutliche Züge von Ostlastigkeit. Obwohl das dem Publikum sicher nicht mehr so gerecht wird wie noch vor 20 Jahren. Alle seien sich dessen bewusst, dass man nicht nur für Ost-Berlin spiele, hieß es relativierend vom Klub. Aber Fangesänge haben nun mal wie der Klub selbst lange Traditionen, und von denen trennt man sich nicht gern.

Viele der alten Nummern, die die Preussen böse aufs Korn nehmen, hört man allerdings kaum noch. Den einstigen Lokalrivalen gibt es ja auch nicht mehr als Gegner. Begegnen kann man der alten Feindschaft trotzdem bei jedem Heimspiel. Sie gehört zum »Ost-Berlin«, das immer in der 30. Minute angestimmt wird. »Haha hohe, wir hassen den BSC, wir holen den FDGB-Pokal und wir scheißen auf den Meister« heißt es da. (Es gibt auch eine zweite Version mit dem Text: wir werden deutscher Meister; die situationsabhängig intoniert wird). Ja, der Osten lebt bei den Eisbären. Was auch einer der in den jüngeren Jahren entstandenen Gesänge dokumentiert: »1954, heute und auch künftig, Leidenschaft und Treue, Dynamo.«

Natürlich existieren auch Strophen, die frei sind von zeitlichen oder räumlichen Einordnungen. »Wir sind eure Hauptstadt, ihr Bauern« zielt dennoch auf eine gewisse Abgrenzung. Ein Gesang, der etwas freundlicher daherkommt, wäre dagegen: »Wenn du mich fragst, wer Meister wird, dann sage ich zu dir. Wir scheißen auf den Rest der Welt, Deutscher Meister, das sind wir.« Gesungen wird das gern in Kombination mit, und zwar im gleichen Rhythmus: »Wir sind die Eisbären aus Berlin, wir sind der EHC. Wir sind im ganzen Land bekannt als Meister von der Spree.« Schön. Auch ohne Dynamo, dafür aber mit (nennen wir es mal so) viel Selbstironie, erklingt: »Que sera sera, die Eisbären sind wieder da, besoffen wie jedes Jahr, que sera, que sera.«

Sonst aber tragen die bekanntesten Gesänge unter dem Anhang der Eisbären schon klare Züge der Vergangenheit. Auf teils sehr schöne Weise. Mit Pippi-Langstrumpf-Rhythmus wird geträllert: »Wir haben ein D, ein wunderschönes D, Dynamo ist der Kult, und wir sind daran alle schuld.« Eine Weise in Biene-Maja-Manier gibt es auch: »In einem unbekannten Land, vor gar nicht allzu langer Zeit, war eine Mannschaft sehr bekannt, von der sprach alles weit und breit. Und diese Mannschaft, die ich meine, heißt Dynamo, eh, eh, ehc Dynamo. Eisbären gleiten übers Eis, machen alle Fans ganz heiß. Wir singen Eisbären, Eisbären, Eisbären, wir haben euch so gern.« Ist doch toll, oder? Der »Dynamische Oktoberclub«, ein paar bekannte Fans stecken dahinter, hat einst sogar eine ganze Platte mit auf die Eisbären oder Dynamo umgedichteten Texten zu bekannten Melodien aufgenommen.

Aus den frühen Jahren der Berliner im bundesdeutschen Eishockey stammt eine Zeile, die immer noch gern verwendet wird, die eine wieder selbstironische Antwort ist auf das, was den Eisbären damals in den Hallen des Landes so entgegenschlug: »Scheiß Dynamo, scheiß Dynamo, scheiß Dynamo Ost-Berlin, wir sind die Schande, der ganzen Liga, scheiß Dynamo Ost-Berlin.« In die andere Richtung gedacht, mit einem anderen Selbstverständnis, und wohl auch etwas jünger in der Entstehung, heißt es: »Wenn es Dynamo schallt, dann ist doch klar, dann ist der Hauptstadtklub mal wieder da. Die ganze Liga fürchtet unser Team, wir sind die Macht im Land Eisbären Berlin.« Das ist schon die hohe Kunst des Fangesangs, eine richtig lange Strophe. Dabei geht es auch ganz simpel. »Dynamo ist der geilste Klub der Welt«, lautete eine beliebte Melodei.

Was es alles so gibt an Songs und Gesängen, lässt sich am besten auf der Facebook-Seite »Klänge der Ränge – Fangesänge Eisbären Berlin« erkunden. Vielleicht kann der Unkundige dort sogar auf das *Liederbuch. Einmal Eisbär, immer Eisbär* stoßen. Darin haben ein paar Fans das Liedgut der Fankurve zusammengefasst, zum Freundschaftspreis war das Kompendium zu erwerben. Ein Werk, das im Laufe der Zeit sicher noch erweitert wird, denn die Fan-Szene lebt. Irgendwann kommt irgendwer mit einer neuen Idee daher, die genug Stoff bietet für einen neuen Gesang. Mit Dynamo oder ohne.

GRUND 30

Weil der »Eis-Dynamo« von Fans für Fans ist

Kennt jemand die Ehrlich-Brothers? Ich meine jetzt nicht die zwiespältig frisierte und omnipräsente Zauberbande aus dem TV. Sondern Alfred Ehrlich und sein Team. Erwin Ehrlich, Benjamin Ehrlich, Benno Ehrlich, um nur einige zu nennen. Zugegebenermaßen leitet die Bezeichnung als Brothers hier ein bisschen in die Irre. Leibliche Verwandtschaft besteht bei ihnen nicht, zumindest nicht bekanntermaßen. Eines aber, und das erscheint hier viel wichtiger, verbindet die Ehrlichs ein Leben lang. Sie sind seelenverwandt, und zwar im Bezug auf ihre Leidenschaft, den EHC Eisbären.

Ihren Ausdruck findet die gemeinsame Basis der Ehrlichs, die in Wirklichkeit anders heißen, in quasi künstlerischer Art. Sie geben das Fanzine *Eis-Dynamo* heraus. Zu jedem letzten Heimspiel im Monat lässt sich das neueste Stück rund um die Arena käuflich erwerben. Emsig vertrieben von der Schreiber-Crew und ein paar Helfern. Auch in den Fanshops liegen die Hefte für 2,50 Euro aus.

Vielen wird der Begriff »Eis-Dynamo« mehr von dem großen, weinroten Plakat bekannt sein, das in der Arena bei jedem Spiel im Oberrang auf der Seite der Warschauer Straße hängt. Dort zeigen die Macher ihren Status deutlich, sie sind Fans – und sie machen eine Stadionzeitung für die Fans.

Es lohnt sich, mal ein Heft in die Hand zu nehmen und darin zu stöbern. Nicht nur wegen der gern verwendeten, wirklich ansprechenden Eishockey-Comic-Zeichnungen auf dem Cover. Da hat einer ein echt begabtes Händchen.

Doch Form soll nicht vor Inhalt gehen. Der ist häufig kritisch, als Fans gehen die Macher viele Themen mit einem anderen Blickwinkel an als die Presse. Sie sind in ihrer Sprache auch näher am Fan als alle anderen. Als kritisches Gewissen der Eisbären betrachtet sich die Gruppe, die gern mit dem Klub ins Gericht geht, wenn Fan-Interessen nicht oder nur beiläufig beachtet werden. Wie bei der Preisgestaltung in der Arena etwa. Es wird auch abgebildet, was unter den Fans gerade für Meinungen herrschen.

Ja, unbequem sein konnte der *Eis-Dynamo* immer, heikle Dinge rund um den Verein ansprechen. Seit der Gründung 1993. In Qualität und Kontinuität ist das Magazin einzigartig in der DEL. In seiner Erscheinung vielleicht ein bisschen konservativ, weil über die Jahre doch meist unverändert. Inhaltlich sicher, wie der Name zweifelsfrei andeutet, eher dynamo-, vielleicht ostlastig. Deshalb aber nicht rückwärtsgewandt. Im symbolischen Vergleich mit einer politischen Szene wäre der *Eis-Dynamo* klar links einzuordnen.

Anfangs sogar zu weit links, oder eben doch zu sehr nach hinten gedacht mit dem Titel. Denn als das Heft mit dem Beinamen »(k)eine Stadionzeitung« erstmals erschien, sollte es eigentlich am liebsten wieder verschwinden nach Meinung des Klubs. Der wollte damals nichts mehr zu tun haben mit Dynamo, mit der Vergangenheit, mit dem Osten und verbot in der Halle alles, was danach aussah. Aber Vergangenheit lässt sich nicht leugnen. Das Heft blieb, viele haben es lieb gewonnen über die Jahre. Wenn auch der Kampf ums Überleben ein schwerer ist mit einer doch überschaubaren Kundschaft. Das junge Publikum informiert sich heute eher multimedial, kann mit der Eigenbezeichnung des »Eis-Dynamo« als »Zentralorgan der Eisbären-Fans« wenig anfangen und den Wortwitz schwer einordnen.

Überlebt hat sich das in liebevoller Freizeitarbeit erstellte Fanzine deshalb noch nicht. Stammkunden schätzen Art und Weise des Umgangs mit Themen rund um den Klub, ob sportlich oder vereinspolitisch. »God save Eis-Dynamo«, heißt es auf der Facebook-Seite der Stadionzeitung. Da kann man nur zustimmen, ehrlich.

GRUND 31

Weil die Spieler dem Anhang ihre Musik näherbringen

Früher da zu sein kann sich lohnen. Klar, die Wartezeit verlängert sich natürlich. Und so ein Warm-up mag vielleicht auch nicht sonderlich interessant wirken, wenn man kein Experte ist. Doch mal eine halbe Stunde vor Spielbeginn einen Blick auf das Eis zu riskieren bringt einen näher an so einen Eishockey-Profi, als mancher Fan erwarten mag. Es ist quasi eine besondere Gelegenheit, etwas mehr über einzelne Spieler des EHC zu erfahren. Genauer gesagt über ihren Musikgeschmack. Bei jedem Warm-up laufen Songs, die die Spieler ausgesucht haben.

Für diejenigen, die sich nicht überall in der Szene gleich gut auskennen, wird von Zeit zu Zeit einer der Profis von einer Kamera ins Visier genommen, wenn sie ihre Kreise ziehen, passen und schießen. Auf dem LED-Würfel zeigt eine Einblendung dann, welches Lied gerade auf Wunsch des Spielers im Bild läuft. Auf dem LED-Laufband zwischen Ober- und Unterrang flimmert zudem der Hinweis auf die Spielersongs. Mit der neuen Halle, könnte man denken, wurde dieses beziehungsstiftende Element eingeführt. Doch weit gefehlt, schon im Wellblechpalast fingen die Eisbären damit an, Spielersongs laufen zu lassen. Vermutlich waren sie damit sogar die Ersten in der DEL. Inzwischen kopieren aber auch andere Klubs diese Idee.

Von Zeit zu Zeit dröhnen dabei Lieder durch die Halle, die frappierend an die aktuelle Situation erinnern. Wobei das sicher nur Zufall ist. Denn *Don't Stop Believin'* von Journey ist einfach ein toller Song, den nicht nur der ehemalige EHC-Verteidiger Bruno Gervais gut findet. Dass er bei der großen Niederlagenserie der Saison 2016/17 gespielt wurde, nun ja, das hatte etwas. Vielleicht steckte bei Gervais aber auch mehr dahinter. Vor einem Spiel gegen Nürnberg lief ein von ihm gewünschter Song von Macklemore, und zwar *Can't Hold Us*. Was Nürnberg anschließend auch nicht konnte.

Grundsätzlich aber verraten die Spielersongs mehr über die persönlichen Vorlieben. Ganz klar einzuordnen wäre da Verteidiger Micki DuPont. Wenn seine Lieder gespielt werden, sind laute Gitarren dabei. *Who Made Who* von AC/DC lief schon, *Fire Woman* von The Cult oder *Mother* von Danzig. Nicht ganz unerwartet wird es auch bei Torhüter Petri Vehanen rockig, seichte Sachen sind eben nichts für Finnen. Da darf dann Korn laufen mit *Twisted Transistor* oder auch Faith No More mit *Midlife Crises*. Was bei einem Mann von Ende 30 schon wieder einigen Interpretationsspielraum bietet. Aber lassen wir das.

Für die musikalische Mitte stehen eher Spieler wie Gervais. Überhaupt hat so mancher Profi ein recht breit gefächertes Interesse. Allgemein geht aber auch Rap und HipHop ganz gut bei den Eisbären. Dem Old School Deutsch Rap ist Constantin Braun wohlgesinnt. Mit modernem Liedgut tut sich auch Florian Busch hervor. Der ist ohnehin bekannt für seinen Hang zur Musik, über Jahre gab er im Monatsheft der Eisbären seine aktuellen Empfehlungen zum Besten.

Für manche Spieler blieb es sogar nicht nur beim Hören von Musik, sie machten auch selbst welche. Über Kraig Nienhuis berichten wir noch. Doch auch Torhüter Rob Zepp griff gern mal zur Gitarre und spielte ein paar Songs. Besonders gern von Led Zeppelin. Kein Quatsch, das war wirklich so. Und er ließ auch Led Zeppelin beim Warm-up spielen. Antti Miettienen, den finnischen Stürmer, brachten die Eisbären sogar einmal mit der Band Bonaparte zusammen. Damit sie gemeinsam ihren Song *Anti, Anti* spielen konnten. Mit Miettienen, der selbst eine Band hatte, an der Gitarre. Runde Sache.

Spannend wird, was demnächst so läuft. Ob sich da generell etwas verändert, ob junge Spieler bald einen anderen Geschmack entwickeln im Vergleich zum jetzigen Kader. Oder vielleicht über ihre Karriere. Wer schon früher in die Arena kommt und sich das Warmspielen anschaut, der erhält dafür die Gelegenheit, solche Dinge zu erfahren.

GRUND 32

Weil die Nähe zum Ostrock nicht bei den Puhdys haltmacht

Ostklub und Ostrock, das passt natürlich bestens zusammen. Nichts ist also logischer als die unvergleichliche Klubhymne von den Puhdys. Die Verbindung der Elemente endet jedoch nicht bei der wohl größten Band der DDR. Sie geht tiefer: Auch die zweitgrößte Combo des Ostens nimmt bei den Eisbären eine ziemlich besondere Rolle ein. Weniger offensichtlich vielleicht. Zumindest für diejenigen, die sich nicht intensiver mit dem EHC auseinandersetzen. Aber eben doch in recht exponierter Stellung.

Als Ganzes kommt Karat bei den Berlinern nicht vor. Mit Gitarrist Bernd Römer vertritt aber das musikalische Herzstück die Band, die sich schon deutlich unterscheidet von den Puhdys. Die waren überwiegend für die Gassenhauer zuständig, so wie der EHC-Song ja auch einer ist. Karat lieferte die tiefgründigen Stücke, die Poesie, die melodische Gesamtkomposition. Im Vergleich dazu schien es bei den Eisbären immer so, als würde sich Römer mal richtig austoben können, dürfen und vor allem wollen. Die Gelegenheit dazu bot eine Regel der DEL.

Die sieht nämlich vor, dass vor jedem Finalspiel die deutsche Nationalhymne intoniert wird. Das handhaben die Klubs, wie sie wollen. Sangesdarbietungen liegen ganz klar vorn. Schöne Sache, das Finale soll ja etwas Besonderes sein – und ist es auch. Die Eisbären versuchten es 2004 mal mit einem Saxofonisten. Aber das war in einer anderen Zeitrechnung. Es war zu der Zeit, als die Eisbären noch Finals verloren. Zweimal passierte ihnen das, 1998 gegen Mannheim und 2004 gegen Frankfurt. Dann kam Bernd. Mit dem ersten Aufschrei seiner Gitarre gewannen die Berliner alle weiteren Finals in der DEL. Von 2005 bis 2013 führten also nicht wie gedacht die Trainer Pierre Pagé und Don Jackson in sieben Endspielserien und zu sieben Titeln. Der Bernd war's mit seiner Klampfe.

Die beiden legten richtig los, als sie im April 2005 erstmals ran durften. Erinnerungen an Jimi Hendrix und sein *Star-Spangled Banner*, die E-Gitarrenversion der US-Hymne, wurden wach, so bearbeitete Römer das Gerät. Mancher im Publikum guckte zunächst ungläubig, doch der Römer rockte richtig einen weg, inklusive körperlicher Verbiegungs-Kunststücke. Der Mann spielte nicht nur, er performte, er inszenierte. Rampensau eben. Vollblut-Rocker. Vollblut-Fan.

Genau, Fan. Eisbären-Fan. Römer kam nicht nur, wenn die Musi spielte. Schon als Kind interessierte er sich für Eishockey, fand die Dauer-Dynamo-Duelle aber zu langweilig. Nach der Wende nahm ihn dann mal ein Freund mit in den Welli. Das war's, Fan für immer. Stimmung, Lärm, das Tempo des Spiels faszinierten Römer. Sogar so sehr, dass er sich eine seiner Lieblingsgitarren mit einem Eisbären-Airbrush verzieren ließ.

Beim ersten Titel mochte man noch an Zufall glauben, doch irgendwann wurde die Serie fast schon unheimlich. Fünf Finals in Folge gewannen die Eisbären, ohne dass sie dabei auch nur ein Heimspiel verloren haben. 10:0 für Römer. Glück allein kann das nicht sein. Was sich deutlich zeigte, als er erstmals verhindert war an einem Final-Heimspieltermin. Am 20. April 2012 sprang ein Mann am weißen Flügel ein, prompt verloren die Berliner 1:2 gegen Mannheim. In Spiel fünf kehrte Römer zurück, der Titel blieb in Berlin. Auch im nächsten Jahr, als es tatsächlich zum ersten und bislang einzigen Mal so weit war und ein Final-Heimspiel, in dem Römer die Ouvertüre lieferte, gegen die Kölner Haie 1:3 verloren ging. Die wichtigere Serie hielt.

Finals ohne Römer gehen also eigentlich gar nicht mehr bei den Eisbären. So wie man dachte, dass Meisterfotos ohne Römer nicht mehr gehen. Das eine oder andere Mal hatte er sich doch tatsächlich auf die Teamfotos geschlichen, die nach Titelgewinnen üblicherweise gemacht werden. Gut, er hat sich ja als Teil des Erfolgs etabliert, mit Herz gespielt, genau wie das Team. Wertvoller als alle Titel dürfte für den Musiker aber das private Glück sein. Den Weg dorthin bahnte gewissermaßen die Verbindung von Ostklub und Ostrock. Seine Frau lernte er beim Eishockey kennen.

GRUND 33

Weil Verein und Fans sich sozial engagieren

Ganz offensichtlich ist es oft nicht, und das soll es auch gar nicht sein. Sie machen kaum groß darauf aufmerksam außerhalb ihrer Halle und ihrer Spiele, deshalb kommt es in der breiten Öffentlichkeit nur bedingt an. Dabei stehen die Eisbären Berlin nicht nur für Spitzen-Eishockey, sondern sie sind auch beim sozialen Engagement ganz vorn dabei. Seit Jahren bemüht sich der Klub darum, Hilfe und Unterstützung anzubieten, wo es nur geht.

Die Breite der Aktionen ist sehr vielfältig. Am meisten ins Auge springen natürlich die pinken Trikots und andere Ausrüstungsgegenstände in dieser Farbe, die im Oktober eine große Rolle spielen. Zur Unterstützung der Susan-G.-Komen-Stiftung im Kampf gegen Brustkrebs. Auch für die Kältehilfe der Berliner Stadtmission engagieren sich die Eisbären. Sie sind mit Flüchtlingskindern Schlittschuh gelaufen. Bei und mit ihnen bringt Greenpeace seine Anliegen zum Ausdruck, etwa zum Schutz der Arktis, dem Lebensraum der natürlichen Eisbären. Wenn es gegen häusliche Gewalt geht, sind die Berliner genauso dabei wie beim Verein Kinderlächeln, der krebskranken Kindern zur Seite steht. Daneben beteiligen sich die Eisbären an Schulprojekten, die Kindern den Sport näherbringen.

»Wir haben einfach eine sehr große Plattform durch den Fakt, dass pro Wochenende über 12.000 Zuschauer in die Halle kommen und wir diese ansprechen können. Wenn man diese Möglichkeiten hat, dann nutze ich das gern für Dinge, die mir wichtig sind«, sagte Stefan Ustorf, als er noch der Sportliche Leiter der Berliner war.[17] Mit der großen Öffentlichkeit, die der Klub erziele, gehe auch eine soziale Verantwortung einher. Einzelne Spieler leisten sogar über eigene Stiftungen einen Beitrag. Ebenso sind die Fans des Klubs stark engagiert. Das lässt sich gut beobachten, wenn bei vielen Aktionen Spenden gesammelt werden. Dort kommen oft ordentliche Summen heraus, mit denen anderen geholfen werden soll.

Bei all dem, was sie tun, sind die Anliegen, die an den Klub herangetragen werden, längst nicht erschöpft. Um noch mehr zu unternehmen, fehle aber die Zeit. »Letztlich versuchen wir, so viel umzusetzen wie möglich«, so Ustorf.[18] Dafür bekommt der Klub reichlich Anerkennung von denjenigen, denen er hilft. Doch darum geht es den Eisbären nicht: Sie helfen, weil sie es gern tun. Deshalb werden in nächster Zeit sicher noch so manche Aktionen folgen.

GRUND 34

Weil auch Seitenwechsler gut aufgenommen wurden

Für einen Fan ist eines immer klar: Der Wechsel zu seinem Verein ist ein Bekenntnis. Eines, das auf ewig Bestand hat. Schnelllebiges Profigeschäft hin oder her. Gut, gerade im Eishockey sind langfristige Verweildauern bei einem Klub eher selten geworden. Aber so läuft nun mal das Geschäft heutzutage. Heute Berlin, morgen Düsseldorf, übermorgen Straubing.

Für einen Profi spielt der Arbeitsort dagegen oft nicht die größte Rolle im Leben. Faktoren gibt es genug, die einem Sportler, der mit seinem Talent sein Geld verdient, das Dasein erschweren können. Der größte Punkt ist wohl die Konkurrenz. Sich da einen Arbeitgeber zu suchen, bei dem alle störenden Einflüsse auf das eigene Leistungsvermögen minimiert werden, ist quasi Pflicht. Genauso wie das Abwägen von Aufwand und Ertrag, also Bezahlung. Der Profi denkt natürlich ausgiebig ans Geld, Sporttreiben auf höchstem Niveau lässt sich eben nicht ewig. Da muss möglichst viel in kurzer Zeit hereinkommen. Auch das beeinflusst die Wechselfrequenz.

Übelnehmen kann man das keinem, die Fans haben sich mit dem Geschäft arrangiert. Heikel wird es nur, wenn der Ort des neuen Klubs zu nah beim alten liegt. Meist mögen sich die Klubs dann nicht besonders, die Fans noch viel weniger. In den Derbys entladen sich alle schlechten Wünsche, die einem für den anderen so einfallen. Bei den Eisbären hassten sie die Preussen oder Capitals, wie sie nun gerade hießen. Auf jeden Fall war Charlottenburg der Inbegriff der Eishockey-Gegensätze.

Für manche Spieler wirkten die trotzdem anziehend. Sie trugen das Trikot beider Seiten. Keiner von ihnen allerdings so, dass er für beide Klubs lange Zeit zu einem wichtigen Teil des Teams wurde. Das machte es für die Fans der Eisbären leichter, die Vergangenheit in der verbotenen Zone – und nur um Spieler, die zuerst im Westen waren und dann zu den Eisbären kamen, geht es in diesem Grund – zu ertragen. Denn große Probleme mit dem Preussen/Caps-Hintergrund hatte eigentlich keiner der EHC-Profis, die sich auf beiden Seiten der Stadt verdingten.

Der letzte aktive Spieler, der auf eine West-Vergangenheit zurückblickt, ist André Rankel. Beim Kapitän bleibt diese Episode jedoch eher im Hintergrund, weil er aus dem Nachwuchs der damals noch bestehenden Capitals kam, aber nie für die Profis gespielt hat. Mit Stefan Ustorf gibt es einen weiteren Protagonisten, der früher in Charlottenburg aktiv war. Doch der Leiter für Spielerentwicklung sagte ja längst: »Der Wechsel dahin war ein Fehler.«[19] Allerdings nicht wegen der späteren Karriere beim EHC, sondern weil er sich damit eine bessere Zukunft in Nordamerika wohl verbaut hat. Egal, das eine Jahr im falschen Trikot führte schließlich zu acht Jahren als Spieler im richtigen. Zu vielen Titeln auch, zum Job nach der Spielerkarriere ebenso.

Nicht für ihre Taten verantwortlich zu machen sind Jeff Tomlinson, Frank Kannewurf oder René Röthke. Ein paar Spiele jeweils absolvierten sie nur bei den Capitals. Tomlinson verbrachte später in verschiedenen Positionen zwölf Jahre bei den Eisbären. Kannewurf probierte es als Ost-Berliner Eishockeyspieler nach der Wende mal kurz im Westen der Stadt, fand das Leben in der Heimat dann aber doch lebenswerter. Röthke kam aus dem Caps-Nachwuchs, doch für ihn war in Berlin irgendwie nie richtig Platz. Seine Karriere spielte sich überwiegend in der Provinz ab.

Schwieriger war es da schon für Thomas Schinko. Acht Jahre lang ein Preusse, und dann mal eben die Seiten wechseln. Kein Problem für ihn, ein Profi lebt im Alltagsgeschäft. Die Fans gewöhnten sich bald an den Stürmer. Als das erledigt war, war Schinko auch schon wieder weg. Nach nur einer Saison. Länger blieb auch John Chabot nicht. Der hatte mal fünf Jahre als Topscorer für die Preussen gespielt. Als er nach Hohenschönhausen kam, waren die Eisbären-Fans allerdings froh über jeden, der vernünftig spielen konnte. Es war Chabots letzte Saison als Profi, und nicht mal eine schlechte.

Ebenfalls sein Karriereende erlebte beim EHC der Torhüter Klaus Merk. Der spätere Teammanager und Torwarttrainer der Nationalmannschaft hatte dabei anfangs den wohl schwierigsten Stand von allen Seitenwechslern. Als Jemand, der elf Jahre bei den Preussen/Caps gespielt und etliche Derbys erlebt hat, war er nicht sonderlich beliebt. Zumal er als Goalie sogar zwei Tore gegen die Eisbären erzielen konnte. Doch anfänglichen Pfiffen mancher Anhänger setzte die Masse bald schon Sympathie entgegen.

Mit einem gespaltenen Verhältnis zum Anhang musste auch Billy Flynn nicht unbedingt leben, zumindest nicht wegen der beiden Saisons bei den Preussen. Die hatte er als Trainer betreut, kam dann zum EHC in gleicher Funktion. Das nur kurz und ohne Erfolg, doch dafür wechselte Flynn ins Management und wurde zum wichtigsten Sponsorenbeschaffer des Klubs. Bis zur Rente. Ein echter Eisbär eben.

Irgendwo zwischendrin befindet sich Peter Romberg, der Verteidiger spielte Anfang der 90er-Jahre zunächst bei den Preussen, dann bei den Eisbären. Die Rivalität wuchs da erst, und Romberg trat beim EHC sportlich kaum in Erscheinung. Andreas Brockmann, Franz Steer und Bernhard Kaminski wiederum trugen vor der Wende das Trikot der Preussen, was schon wieder aus der Kategorie fällt wegen der damals nicht vorhandenen Rivalität. Florian Katz spielte beim EHC keine Rolle mit seinen vier Einsätzen, genauso wie zuvor bei den Caps, wenn auch dort mit ein paar mehr Partien bedacht.

Mit Bekenntnissen so gar nichts am Hut hatte offenbar Yvon Corriveau. Oder anders gesagt: Wenn er sich zu etwas bekannte, dann zu Berlin. Die Stadt muss ihm so sehr gefallen haben, dass er nach seiner Karriere in Nordamerika nirgends anders mehr spielen wollte. Also kam er zum EHC, blieb drei Jahre, ging für zwei Jahre zu den Caps, kehrte zurück zu den Eisbären und spielte noch mal zwei Jahre hier. Anschließend beendete er nach einer Saison in der dritten Liga mit den Preussen seine Laufbahn. Er war der Einzige, der so ein Hin und Her veranstaltete, so richtig übel nahm ihm das aber keiner. Er schoss ja meist seine Tore – und eroberte damit die Herzen der Fans.

KAPITEL 3

Trainergeschichten

GRUND 35

Weil ein Trainer die Wende zum Erfolg einleitete

Versucht haben es viele, doch keiner konnte seinen Job mit einer solchen Nachhaltigkeit ausüben, als dass er dauerhaft seine Position bekleiden durfte. Der Trainerstuhl bei den Eisbären entpuppte sich über mehr als zehn Jahre als Schleudersitz: Die Übungsleiter wurden in schneller Folge getauscht. Bis im Januar 2002 ein gewisser Pierre Pagé im Sportforum in Hohenschönhausen auftauchte. Er brachte die Konstanz auf dieser Position in den Klub. Er tat aber noch viel mehr.

Vom ersten Tag an sorgte der Mann für große Augen bei den Leuten rund um den Verein. Sicher auch wegen seiner Vita. Immerhin verbrachte er 13 Jahre in der gelobten NHL, acht davon als Cheftrainer. Solche Typen zieht es wahrlich nicht jeden Tag in die deutsche Liga. NHL, das Flair des großen Eishockeys wehte plötzlich über den Wellblechpalast hinweg. Und der Kanadier wurde nicht müde zu betonen, wie groß das Eishockey dort drüben sei und wie groß seine Rolle dabei.

Gut, gewonnen hat er selbst nichts in seinen Jahren als Cheftrainer dort. Über Play-off-Runde eins kam er nie hinaus. Dafür durfte er mit ein paar ganz Großen zusammenarbeiten, mit Spielern wie Teemu Selänne, Mats Sundin oder Joe Sakic. Und das klappte auch recht ordentlich. Denn die waren damals alle noch jung. Mit jungen Spielern konnte Pagé immer gut. Das entwickelte sich zu seinem Faible. Junge Spieler passten zu seinem Stil.

Die großen Augen, für die Pagé in Berlin sorgte, hatten aber nicht nur mit der NHL zu tun. Pagé lebte in anderen Sphären, gedanklich war er anderen stets weit voraus. Anfangs belächelten ihn viele, als er davon redete, in drei Jahren den Titel zu holen. Als er begann zu erzählen, dass er die beste Mannschaft Europas aufbauen wolle. Dass er im Olympiastadion Eishockey spielen wolle. Ja, der Mann konnte reden, dass einem die Kinnlade herunterklappte.

Pagé war kein Mann im Kleinformat, sein Denken lief in Visionen ab. Höher, schneller, weiter – er betrachtete immer das große Bild, wie er oft sagte. Er wollte die Entwicklung immer vorantreiben, jeden Gipfel als Erster besteigen. Und er war felsenfest davon überzeugt, das auch zu schaffen. Auf das Eishockey bei den Eisbären bezogen führte er das schnelle, aggressive und offensive Spiel ein. Mit dem Torpedosystem wirbelte er die Liga durcheinander, er ließ schnelle Spieler holen, er ließ die besten Ausländer der Liga verpflichten. Und er setzte auf junge Spieler, die im Verein ausgebildet wurden. Diese Säulen wurden zu dem Konzept, das den Erfolg der Berliner in späteren Jahren erst möglich machte. Pagé brachte die Idee zu den Eisbären, der Klub perfektionierte sie zu einer einzigartigen Geschichte.

Natürlich müssen die Eisbären dem Trainer dankbar sein. Doch genauso kann Pagé dem Verein danken. Nirgends zuvor durfte er sich derart ausleben in seinen Visionen wie in Berlin. Fast alles wurde ihm ermöglicht, und weil sein Plan aufging, schaute der Klub über vieles hinweg. Mit jungen Leuten konnte Pagé deshalb so gut, weil er ihnen eine Chance gab, die sie anderswo so vielleicht nicht erhalten hätten. Aber sie passten mit ihrer Energie auch in Pagés kraftraubendes Daueranrennen in der Offensive. Die Talente taten, was ihnen gesagt wurde. Obwohl der Ton oft rau war. Pagé gehörte wahrlich nicht in die Kategorie der Spielerfreunde. Sein Umgang gestaltete sich oft grenzwertig, oh ja, er übertrieb es ganz schön. Für jemanden, der nach oben will, ist das etwas, was man aushalten muss. Wer schon oben ist, sieht das anders. Ältere Spieler hatten einige Probleme mit der rüden Art des Kanadiers.

Einige sagen, dass dies auch der Grund war, dass die Berliner nicht schon 2003 oder 2004 Meister geworden sind. Weil die Älteren im Team nicht mit dem Trainer konnten. Im Plan blieb Pagé dennoch, jedes Jahr schnitt seine Mannschaft etwas besser ab. Was

2005 im ersten Meistertitel des EHC nach der Wende mündete. Im Jahr darauf wiederholten die Eisbären den Erfolg. Pagé galt nun als der Planungsstratege schlechthin. Er selbst betrachtete sich mit seinen ersten Titeln als Cheftrainer mehr und mehr als unfehlbar und strebte innerhalb des Klubs nach mehr Macht. Die bekam er nicht, auch deshalb, weil die Probleme mit den Führungsspielern immer größere Ausmaße annahmen. Keiner mochte den cholerischen Kanadier länger ertragen, was man irgendwie verstehen konnte. Das trug dazu bei, dass der Klub 2007 schon im Pre-Play-off ausschied. Begleitet wurde das Ende von Vorwürfen, Pagé machte viele dafür verantwortlich, selbst Journalisten, dass es so kam. Auch hieß es, Spieler hätten ihm in der letzten gemeinsamen Hotelnacht in Frankfurt gedroht und sich üble Scherze erlaubt. Bei dem, was er alles so verzapft hat, wäre das nicht einmal verwunderlich gewesen.

Sein Wechsel nach Salzburg stand da lange fest. Pagé erhielt bei den Österreichern die Freiheiten, die ihm beim EHC keiner gewähren wollte. Auch finanziell. Dass er in Berlin lange auf den Verstoßenen machte in seiner letzten Saison, war also nur die halbe Wahrheit.

Nichtsdestotrotz: Mit fünfeinhalb Jahren im Amt stellte er einen Nachwende-Rekord auf für die Halbwertzeit von Trainern bei den Eisbären. Zwar wurde die Bestmarke von seinem Nachfolger gleich gebrochen. Doch wie gesagt, neben dem Erfolg sorgte Pierre Pagé auch für eine neue Kontinuität auf der Trainerbank der Berliner. Das tat dem Klub ebenso gut.

GRUND 36

Weil es einen Übungsleiter für sieben Stunden gab

Die Geschichte der Übungsleiter des EHC Eisbären ist eine Geschichte voller Missverständnisse. Zumindest erweckt der Blick auf dieses ganze Dutzend von Jahren zwischen 1990 und 2002 genau diesen Eindruck. Mal lag es an den Vorstellungen des Managements, die ein Trainer nicht erfüllen konnte. Mal erfüllte das Management nicht die Vorstellungen des Trainers. Mal sollten nur Zwischenlösungen her, um etwas Besseres zu finden, oder jemand erhielt eine zweite Chance, bekam dann aber noch eine bessere. Irgendetwas passte immer nicht, das trieb den Verschleiß an Coaches bei den Berlinern in eine Höhe, die in dieser Phase ihresgleichen sucht.

Ja, als die Eisbären noch in Hohenschönhausen spielten, da waren die Zeiten stürmisch. Dem Stadtteil einen Anteil an der Trainermisere anzudichten, wäre nun wirklich nicht fair. Meist hatte es eher damit zu tun, dass die Eisbären wenig hatten, aber viel wollten. An dieser Aufgabe scheiterten die meisten Trainer. Sie mussten daran scheitern. Doch die Hoffnung, dass einer mal mehr aus den Bedingungen machen würde, trieb die Rotation an der Bande voran. Mit dem ersten zarten Erfolg immerhin beruhigte sich die Lage ein wenig. Aber der Reihe nach.

Also natürlich soll hier nicht jeder, der es mal versuchen durfte als EHC-Coach, genannt werden. Strenggenommen zählt die Bilanz 21 Übungsleiter in jenen Jahren. Einige agierten allerdings als Platzhalter, andere waren doppelt im Einsatz. Zuvor, in der DDR, herrschte Konstanz bei der Arbeit. Gründe, sich laufend neue Trainer zu suchen, ergaben sich angesichts der Konstellation ja auch gar nicht. Als Hartmut Nickel die Mannschaft von der DDR-Oberliga in die Bundesliga führte, merkte er schnell, dass der Wind dort anders wehte. Er wurde gleich doppelt entlassen. In der ersten Saison ebenso wie in der dritten Saison. Die zweite, die durfte er in der zweiten Liga zu Ende führen und wieder aufsteigen.

So gesehen kam Nickel noch auf eine ganze Reihe von Spielen als Trainer der Berliner, die zweitmeisten jener Zeit (112). Andere hatten eine wesentlich kürzere Verweildauer, lieferten dafür teilweise eine interessante Show. Gerhard Kießling etwa, begnadeter Mannschaftslenker, keine Frage, nur eben in jüngeren Jahren. Zum

EHC kam er mit 69 und wenig Bezug zur Realität. Entsprechend ließ sich in der Relegation 1991 auch nichts mehr löten. Nach drei Wochen war alles vorbei.

Drei Trainer in einer Saison, nicht schlecht. Bei Nickels zweiter Entlassung kam der EHC durch die Zwischenlösung und Doppelbesetzung mit Manager Lorenz Funk, schon zuvor im Einsatz nach Nickel, sowie Torwarttrainer Jiří Králík gleich auf vier Übungsleiter. Denn Andy Murray übernahm zur entscheidenden Phase und avancierte mit den vier Siegen in der ersten Runde des Play-down gegen Schwenningen sowie dem Vermeiden des Abstiegs zum Helden. Ja, den hätten sie gern behalten, doch der Kanadier ging lieber wieder in die NHL, später führte er sein Land zu drei WM-Titeln.

Also setzten die Eisbären die Trainer-Hatz fort. Zunächst mit einer ähnlichen Einlage wie bei Kießling. Funk holte Walter Köberle aus Düsseldorf, wo er im Nachwuchs gearbeitet hatte. Wie man mit Profis umgeht, dafür fehlte ihm das Gespür. Das merkte er schnell selbst und trat nach nur zwei Spielen und zwei Niederlagen aus, so hieß es zumindest, gesundheitlichen Gründen zurück. Auch in dieser Saison standen vier Trainer hinter der Bande.

Immerhin vier Partien lang hielt später Helmut Bauer im September 1995 durch. Ihm folgte Billy Flynn, der aber lieber im Management tätig war und nicht mehr als Trainer arbeiten mochte. Also präsentierte er Cliff Stewart als neuen Coach und lieferte damit die damals wohl schrägste Geschichte. Der Kanadier kam nach Berlin, schaute sich im Sportforum um und haute wieder ab. Angeblich sieben Stunden lang amtierte er als Trainer der Berliner. Aber ohne Spiel kommt keiner in die Statistik, offiziell war er also nie im Einsatz und wird daher auch nicht als Nummer 22 geführt. Flynn musste weitermachen. Und ließ im folgenden Sommer erneut Murray unterschreiben. Ganz sicher kann der sich dabei allerdings nicht gewesen sein. Denn noch vor Saisonbeginn übernahm er Kanadas Nationalteam. Immerhin war er länger im Amt gewesen als Stewart. Er nutzte das, um eine Mannschaft zusammenzustellen, die später erfolgreich spielte. Doch als Nummer 23 brachte ihn das nicht in die Annalen des EHC.

Dafür trug er mit dem gut ausgewählten Kader dazu bei, dass andere mehr Zeit bekamen. Ron Kennedy etwa oder Peter John Lee, der damals die längste Periode als Cheftrainer erlebte. Mit Glen Williamson folgte später wieder ein kürzeres Engagement, dafür aber eines, das abseits des Eises für viel Amüsement sorgte. Das hatte wieder was von jenen Jahren mit Kießling, Köberle und Co.

Als die Berliner die Verpflichtung im Mai 2000 verkündeten, hieß es, der Mann stehe in engem Kontakt zu Murray, wovon man profitieren werde. Zu bieten hatte Williamson in seiner Vita wenig, Aufenthalte in Japan klingen schließlich nicht gerade überzeugend. Freunde machte er sich keine, als er Dossiers über Journalisten anforderte. Stasi-Methoden, hieß es, ausgerechnet beim Ostklub der DEL. Er ließ wenig Fettnäpfchen aus. Nicht nur erfolglos, sondern auch ein bisschen peinlich kamen die Berliner in jenen Tagen rüber. Vom Kontakt zu Murray redete bald niemand mehr. Nach 21 Spielen war endlich Schluss.

Mit dem übernächsten Coach endete die Periode des Unsteten. Das wusste im Januar 2002 zwar noch niemand. Doch Pierre Pagé kam; die Geschichten, wie er den Erfolg mitbrachte und dieser sich bei den Eisbären etablierte, werden anderswo in diesem Buch erzählt. Was hier noch erwähnt werden muss, ist die Tatsache, dass nach der Rekord-Rotation auf dem Trainerstuhl die große Ruhe einkehrte. Das Verhältnis von 12 Jahren und 21 Trainern veränderte sich zu vier Coaches in 15 Jahren. Rekordverdächtig ruhig in der DEL.

GRUND 37

Weil der erfolgreichste Trainer der DEL die meisten Titel in Berlin holte

Als wirklich pfiffiger Kerl kam dieser Typ nie rüber. Dazu war Don Jackson irgendwie zu unscheinbar. Meist ruhig. Auch hatte er selten viel zu sagen, wenigstens nichts, was auf großen Weitblick oder eine besondere Perspektive hätte schließen lassen. Wenn gerade gespielt wurde, ja, da sah man den eher emotionsarmen Trainer auch mal aufbrausen. Doch das ergibt noch immer nichts, was auf eine besonders geartete Genialität hinweist.

Genau die aber besitzt Jackson. Sonst wäre er nicht der Trainer, der in der DEL die meisten Titel gewonnen hat. Den Großteil davon sicherte sich der US-Amerikaner mit den Eisbären. Fünf waren es. Und genau genommen müsste man ihm noch eine weitere Meisterschaft mit den Berlinern anrechnen. Denn 2005 beim ersten Erfolg des EHC in der DEL, da gehörte Jackson als Berater zum Stab und half dem damaligen Cheftrainer Pierre Pagé.

Der Kanadier wurde zu einer Konstante in Jacksons Leben. Schon in Nordamerika nahm Pagé den Amerikaner als Assistent in sein Team auf, sie arbeiteten gemeinsam in der NHL. Als Pagé in Berlin war, holte er Jackson, der später sein Nachfolger wurde. Auch in Salzburg und München folgte Jackson unmittelbar auf Pagé. In beiden Städten gewann Jackson anschließend ebenso Meisterschaften. Es ist wohl so, Pagé ebnete Jackson oft den Weg. Es habe sich immer gelohnt, ihm zu folgen, sagte Jackson mir einmal. Doch der Amerikaner war viel mehr als jemand, der die Früchte eines anderen erntet.

Das zeigte er schon in Düsseldorf, wo er nach dem Titel 2005 in Berlin zwei Jahre die DEG trainierte – und sie im ersten Jahr direkt in das Finale gegen die Eisbären führte. Es war die letzte Finalserie in der DEL, die Jackson verlor. Bis 2017 folgten sieben Serien, fünf mit dem EHC, zwei mit München. Sieben Titel also, dazu gewann er mit der DEG und den Eisbären jeweils einmal den Pokal, mit den Berlinern 2010 auch die European Trophy. Erfolge über Erfolge. Und im Zentrum dieser Erfolge ein Mensch, der oft unnahbar wirkt, wenn es um andere Dinge als Eishockey geht. Der lieber seine Ruhe hat, nicht groß erzählen mag. Der dem Boulevard als Cheftrainer so gut wie keine Geschichte liefert und als einfach nur langweilig gilt. Als still, als stiller Don. So wurde er genannt in Berlin.

Ihn kümmert all das nicht. Jackson lebt nur für Eishockey, in seinem Kopf dreht sich tagein, tagaus alles nur um diesen Sport, der ihn als Spieler schon sehr erfolgreich gemacht hatte. Mit dem unvergleichlichen Wayne Gretzky an der Seite gewann er zweimal den Stanley Cup in der NHL mit den Edmonton Oilers. Manchmal wirkt Jackson abwesend, in Gedanken versunken. Als sei er in seiner eigenen Welt unterwegs. Doch irgendwann wurde klar, dass der Mann eine Gabe besitzt, um die ihn andere beneiden. Sein Handeln wird von Zeit zu Zeit von seinem ausgeprägten Instinkt gesteuert, von einer gewissen Bauernschläue, die seine fachlichen Qualitäten noch verstärkt. Jackson lässt einfach los, er übergibt seinen Spielern das Kommando.

Wenn sich Trainer zu viel einmischen, das ist häufig zu beobachten, besteht schnell die Gefahr, dass eine Mannschaft ihre Selbstständigkeit einbüßt, wenn die Situation brenzlig wird und sich dann zu sehr auf Hilfe von außen verlässt. Jackson führt seine Mannschaften an den Punkt, an dem sie in spielentscheidenden Szenen selbst die richtigen Entscheidungen treffen können. Seine Kunst besteht darin, nichts zu machen. In entscheidenden Phasen weniger einzugreifen als andere. Daher rührt sein überdimensionaler Erfolg.

Sich selbst sieht der Amerikaner dabei nur als Mittler. Ein Geheimnis hätte er nicht. »Ich helfe den Spielern nur, gebe ihnen Lösungen, wenn wir nicht gewinnen. Ansonsten kommt es darauf an, wie man zusammenarbeitet«, so Jackson, der die Titelsammlung des EHC in der DEL auf ein Rekordniveau hievte.[20] In dieser Hinsicht war dieser Trainer bei den Eisbären-Profis immer sehr beliebt, weil er sie respektvoll behandelte. Jackson führte sich nie wie ein Tyrann auf. Sie spielten deshalb gern für ihn. Auch das gehört zu den Gründen, warum Don Jackson so selten verliert, wenn es drauf ankommt.

GRUND 38

Weil der Vater eines der besten Spieler der Welt die Eisbären trainierte

Die letzte große Nachricht von Kent Forsberg stammt aus der Vorweihnachtszeit 2015. Ehemalige Partner verklagten ihn, weil er seinen Teil dazu beigetragen haben soll, deren Firma pleitegehen zu lassen. Um 19 Millionen Schwedische Kronen stritten die Parteien, immerhin zwei Millionen Euro.

Geld spielt zweifelsohne eine der wichtigsten Rollen im Leben von Kent Forsberg, er betreibt eine Investmentgesellschaft. Für die trat bei ihm sogar das Eishockey in den Hintergrund. Erstaunlich bei jemandem, der mit diesem Sport doch auf sehr besondere Weise verbunden war. Und es auch immer bleiben wird. Als Mann, der selbst großen Erfolg hatte. Aber auch als Mann, der dem Eishockey zu einem seiner größten Spieler verhalf. Trotzdem wandte er sich gewissermaßen früh von der aktiven Seite ab.

Dass so einer mal den Weg nach Hohenschönhausen finden würde, hatte niemand erwartet. Entsprechend groß fiel die Überraschung aus, als die Eisbären Ende Januar 2000 den Schweden als Nachfolger von Peter John Lee auf dem Trainerposten präsentierten. Forsberg hatte sein Land keine zwei Jahre zuvor zum WM-Titel geführt, 1997 durfte er sich bereits mit WM-Silber dekorieren lassen. Plötzlich hatten die Eisbären einen echten Star an der Bande.

Einer, der Schweden bei den Olympischen Spielen coachte, der in seiner Heimatliga bereits Trainer des Jahres gewesen war und mit seinem Heimatklub MoDo Hockey im Finale der schwedischen Liga gestanden hatte.

Als Forsberg dort anfing, spielte auch noch sein Sohn bei MoDo mit. Peter ließ sich allerdings nicht lange dort halten, zu groß war sein Talent. Er zog bald aus in die NHL und wurde zum besten schwedischen Stürmer, der bislang dort gespielt hat. Erst im Januar 2017 nahm die Liga ihn anlässlich ihres 100-jährigen Jubiläums in die Top100 aller Zeiten auf. Zwei Olympiasiege, zwei WM-Titel und zwei Stanley-Cups zeugen von der Einzigartigkeit dieses Spielers, der sich wie sein Vater früh aus seiner Karriere zurückzog. Allerdings nicht freiwillig, sein Körper war einfach zu verletzungsanfällig, als dass er länger hätte spielen können.

Die beiden Forsbergs führen die Investmentfirma gemeinsam. Als Kent die Eisbären trainierte, erzählte er ab und zu Anekdoten über Peter. Geschichten aus der Jugend, wonach der Sohn heulend nach Hause gekommen sei, weil seine Mannschaft 7:8 verloren hat. Die sieben Treffer seines Teams aber, die hatte er alle selbst erzielt. Den Eisbären konnte Forsberg mit diesen Geschichten nicht helfen. Zwar sollte der Weltmeister als Feuerwehrmann noch den Einzug in das Play-off retten. Mehr als Platz 13 kam aber nicht heraus. In der Relegation wurde das Team Fünfter, eine Enttäuschung auch für Forsberg. Er hatte sich mehr versprochen, doch die Bilanz fiel mit nur acht Siegen in 26 Spielen sehr ernüchternd aus.

So schnell wie der große Forsberg kam, war er nach nicht einmal drei Monaten auch wieder weg. Nur kurz tauchte er danach wieder an der Bande auf, für eine letzte Saison bei seinem Heimatklub MoDo. Anschließend widmete er sich den Finanzgeschäften. Bleibt nur zu hoffen, dass die Eisbären nichts damit zu tun haben, dass Forsberg die Lust am Trainerdasein recht früh verloren hat.

GRUND 39

Weil ein Trainer auch mal drei Tage untertauchen kann

Verlieren ist eine Chance, und zwar die, Größe zu zeigen. Zugegeben erscheint das nicht als ein besonders attraktives Los, aber gerade im Sport besteht das Leben ziemlich oft zu 50 Prozent aus der Möglichkeit der Niederlage. Unvorbereitet trifft es also niemanden. Und selbst wenn die Wahrscheinlichkeit der Niederlage gering sein sollte, gehört sie eben doch dazu, und sie gebietet, den Anstand zu wahren.

Nun kann aber längst nicht jeder gut mit dem Verlieren umgehen. Ein ganz spezieller Vertreter dieser Spezies war Pierre Pagé. Jener Mann, der die Eisbären einst in ihre Ära führte. Der immer groß dachte und dabei eben nur ein spärliches Verständnis für Rückschläge aufbrachte. Da diese Rückschläge auf dem Eis zuallererst durch die Spieler verursacht wurden, mussten sie dafür auch bezahlen. Teuer oft, Pagé verstand keinen Spaß. Obwohl es von außen betrachtet oft recht lustig wirkte, was der Trainer mit den Spielern so anstellte oder ihnen vorwarf.

Straftraining gehörte zu den beliebtesten Mitteln, die Pagé einsetzte. Er war kein Spielerfreund, wollte es auch nie sein. Die sollten nur tun, was er sagt. Wenn sie es nicht taten, mussten sie eben büßen. Das konnte mitunter bedeuten, dass nach einer Niederlage am Abend alle noch mal bis kurz vor Mitternacht auf das Fahrradergometer mussten und der Kanadier ihnen hinterherrief, sie hätten ja wohl noch genug Kraft. Wer sich eine Spieldauerstrafe einfing, für den musste der Tag auch nicht zwangsläufig beendet sein. Ergometer lassen sich gut transportieren, und Pagé hatte immer welche dabei. Selbst auf einer Testspielreise in Schweden. Es wurde viel geradelt bei den Eisbären.

Was den meisten Profis sicher angenehmer war als die Aktion 2002 nach einem Spiel gegen die Adler Mannheim in der zweiten

Runde des Pokals. Arg dezimiert waren die Adler, 2:0 führten die Berliner daheim, verloren aber noch 2:3 nach Penaltyschießen. In Badelatschen und Sportunterwäsche ließ Pagé die Führungsriege der Versager ungeduscht in der Pressekonferenz antanzen. Kapitän John Gruden, Assistent Steve Walker und Sven Felski nahmen Platz, fixierten mit den Augen einen imaginären Punkt irgendwo zwischen Wand und Decke des damaligen Pressecontainers am Wellblechpalast und wussten nicht recht, was da gerade ablief.

Ja, im Verlieren war Pagé kein Großer – aber dennoch sehr unterhaltsam. Nach dem Finale 2004, das die Berliner als Favorit gegen die Frankfurt Lions verloren hatten, gab er den Spielern über die Presse mit auf den Weg, dass ihnen die Konzentration auf das Eishockey geholfen hätte. »Im Golf hätten wir sie geschlagen«, sagte Pagé in der *Morgenpost* und prangerte die liebste Nebenbeschäftigung der Spieler als Ursache des Scheiterns an.[21]

Als unzweifelhafter Höhepunkt aller verzweifelten Verarbeitungsversuche des Versagens jedoch blieben jene Tage in und nach Krefeld in Erinnerung. Als Favorit unterlagen die Eisbären 2003 im Halbfinale den Pinguinen und ihrem leicht überheblichen Trainer Butch Goring. Direkt nach dem 1:4 im vierten Spiel und dem Aus schlich sich Pagé davon. Er scherte sich nicht um die Benimmregeln, die Vorschriften oder sonst etwas. Keine Pressekonferenz, keine Stellungnahme. Er wollte nur weg vom Team, von den Versagern, setzte sich in ein Taxi und fuhr zum Flughafen. Da er die Reisepläne der Delegation nicht genau studiert hatte, fuhr er zum falschen Airport, musste einen teuren Flug buchen. Dafür war er aber wenigstens allein. Das muss ihm so gefallen haben, dass er sich drei Tage lang komplett zurückzog und nicht zu sprechen war. Als er sich wieder zu Wort meldete, sagte er, er habe sich gefühlt, als habe er in der letzten Partie Elefanten über das Eis schubsen müssen.

Immerhin schob er sie später doch noch zum Titel, zweimal in Folge. Das feierte Pagé ausgelassen, tagelang. Darin war er ebenso exzessiv wie in seinem Frust beim Verlieren.

GRUND 40

Weil einige Spieler ihre Erfahrungen als Trainer weitergeben

Die Karriere nach der Karriere, manchmal führt sie bei Sportlern gar nicht so weit weg von dem, was sie auch sonst immer gemacht haben. Ergibt ja Sinn, wenn einer etliche Jahre etwa Eishockey spielte, diese Erfahrungen dann ebenso für die weitere berufliche Laufbahn zu nutzen. Sie weiterzugeben und anderen auch zu einer Laufbahn als Sportler zu verhelfen.

Bei den einen geht die Begründung für den Verbleib beim Gewohnten schnell in die Richtung, dass sie das Eishockey vermisst haben, falls sie denn zuvor etwas anderes versuchten. Oft ist die Interessenlage aber gar nicht weiter ausgeprägt, Eishockey, damit kennen sich manche eben am besten aus. Warum dann später etwas anderes machen? Selbstverständlich finden sich auch genügend Leute, die mal als Spieler für Ruhm und Ehre der Eisbären kämpften. Und die später dann ihre Arbeit als Trainer fortsetzten. Einige sogar beim EHC selbst.

Viele sind es nicht, die es vom Kufenstar zum Chef an der Bande gebracht haben. Die sowohl als Spieler als auch als Übungsleiter das Schicksal der ersten Mannschaft des EHC verantworteten. Günther Jacobi und Hans Frenzel waren die Ersten, in der Anfangszeit des Klubs in den 1950er Jahren standen sie sogar als Spielertrainer in Funktion. Joachim Ziesche wartete, bis er als Spieler nicht mehr infrage kam.

Da übernahm er die Traineraufgaben bei Dynamo und blieb so lange wie keiner vor oder nach ihm im Amt. Von 1970 bis 1989 leitete er die Einheiten, war nebenbei auch noch für die DDR-Nationalmannschaft verantwortlich und kehrte nach der Wende sogar noch einmal an die Bande zurück. Für zweieinhalb Monate erlebte er 1994/95 die DEL in verantwortlicher Position.

Ebenfalls zweimal als Chef wirkte Hartmut Nickel. Nach vielen Jahren als Assistent bei Dynamo und im Nationalteam übernahm er den Posten von Ziesche und führte den Klub durch die wirre Wendezeit. Noch bevor die erste Saison in der Bundesliga beendet war, musste Nickel seinen Job abgeben. Als der Klub in der zweiten Liga kurz darauf einen Neustart versuchte, gab Nickel erneut die Kommandos, führte den Klub wieder nach oben, musste dann aber Ende 1993 zum zweiten Mal erfahren, dass Geduld im westdeutschen Sportgeschäft keine Tugend ist. Als Assistent lebte es sich da besser, weshalb er nach seinem kurzen Ausflug nach Hannover seine Karriere nach der Karriere im zweiten Glied bei den Eisbären fortsetzte und später ausklingen ließ.

Dabei erlebte Nickel auch, wie Peter John Lee einst als bis heute ältester Spieler in der Klubgeschichte ein Tor erzielte. Ganz 41 Jahre, zwei Monate und zwei Tage alt war der Kanadier, als er im März 1997 zum 6:2 gegen Rosenheim traf. Am Ende dieses Jahres führte er die Eisbären bereits als Cheftrainer an – und blieb es drei Jahre lang. Kein anderer hielt sich auf diesem Schleudersitz in den ersten zwölf Jahren nach der Wende so lange. Kein anderer legte auch solch eine Klub-Karriere hin wie Lee, der später Manager und Geschäftsführer wurde.

Einen wesentlich längeren Anlauf als Lee brauchte Jeff Tomlinson. Vom Spieler bis zum verantwortlichen Coach beim EHC dauerte es nach dem Karriereende und Zwischenstationen in Düsseldorf und Nürnberg zehn Jahre. Im Amt blieb er dann nicht ganz so lange, die Umstände waren nicht auf seiner Seite, sodass er schon nach eineinhalb Spielzeiten wieder gehen musste.

Tomlinson war der vorerst letzte Spieler, der zum Cheftrainer avancierte. Gut möglich, dass es in Zukunft wieder einen geben wird. Doch solche Geschichten sind generell selten. Eher ergibt es sich, dass Spieler in den Nachwuchs gehen. Dietmar Peters, Detlef Radant und Harald Kuhnke sind Beispiele für alte Dynamo-Helden, die später beim EHC junge Spieler ausbildeten. Hardy Gensel kratzte einst selbst an der Schwelle zum Profileben, nun hilft er anderen, an diesen Punkt zu gelangen. Auch Steffen Ziesche, im Sommer 2017 zum Co-Trainer der Profis befördert, kümmerte sich im Nachwuchs um die Ausbildung der Fähigkeiten künftiger EHC-Helden. Nicht zu vergessen René Bielke.

Natürlich fanden auch eine Reihe anderer früherer Eisbären-Spieler ihren Weg im Eishockey, nachdem sie selbst die Schlittschuhe an den Nagel gehangen haben. Mit ein paar von ihnen kreuzten sich die Wege noch immer in den vergangenen Jahren. Mit Andreas Brockmann etwa als Chef in Nürnberg. Mit Rob Leask als Co-Trainer in Straubing. Mit Derek Mayer als Assistent in Nürnberg und München, wo auch Matt McIlvane als Assistent arbeitet. In Mannheim durfte sich in dieser Position Steve Walker probieren. Selbst international treffen die Berliner ab und zu auf alte Bekannte. In den kontinentalen Wettbewerben etwa auf Leif Carlsson, der schon Co-Trainer, Cheftrainer und Manager bei Färjestad BK in Schweden war. Manchmal führen die Wege eben gar nicht weit auseinander, obwohl sie sich trennen.

GRUND 41

Weil die Eisbären auch beim DEB mithelfen

Vom Kompetenzteam haben viele sicher schon mal gehört. Klingt großartig, dieser Begriff, der einst kreiert worden ist, um die Teilhabe der DEL an der Entwicklung des Nationalteams möglichst hochtrabend zu umschreiben. Egal, in diesem Team mischte auch EHC-Chef Peter John Lee mit. Nicht mit dem Erfolg, den, oder anders ausdrückt: nicht mit den Kompetenzen ausgestattet, die er gern angestrebt hätte. Doch Lee war dabei, unterstützte den DEB so, wie er es konnte. Ein Beitrag der Eisbären zum deutschen Eishockey. Nicht der einzige.

Auch andere Berliner zeigten sich daran interessiert, beim DEB in verschiedenen Positionen ihr Wissen weiterzugeben. Jeff Tomlinson zum Beispiel fuhr 2010 zu den Olympischen Spielen in Vancouver. Damals war er Assistenztrainer in Berlin, der Co von Don Jackson. Bundestrainer Uwe Krupp holte den Deutsch-Kanadier für die Videoanalyse in seinen Trainerstab. Es war nicht Tomlinsons einziger Auftritt bei der Nationalmannschaft. Kurz nach seiner Entlassung als Cheftrainer der Berliner im Dezember 2014 – ausgerechnet Krupp wurde dort sein Nachfolger – begleitete er die Nationalmannschaft zur Weltmeisterschaft nach Prag. Diesmal als Assistent an der Bande, er nahm Bundestrainer Pat Cortina die Arbeit mit den Verteidigern ab. Zufällig führte die Vorbereitung der Nationalmannschaft Tomlinson auch nach Berlin, dort fand im Wellblechpalast der letzte WM-Test im April 2015 statt. Danach hatte es sich mit den Zufällen jedoch erst einmal erledigt.

Für das Auswahlteam war auch Steffen Ziesche im Einsatz. In sein Ressort fiel ebenfalls die Videoanalyse, das sogar bei mehreren Weltmeisterschaften und einer Olympiaqualifikation. Zudem arbeitete Ziesche bei der U20, ehe er 2016 Bundestrainer der U18 wurde. Eine knifflige Aufgabe, schließlich ist der Trainer damit Teil der Neuausrichtung des DEB, der mit dem Konzept »Powerplay 26« das deutsche Eishockey international wieder erfolgreicher machen möchte. Gleiche Ambitionen verfolgte Sven Felski, der Geschäftsführer der Eisbären Juniors. Der frühere Stürmer übernahm für ein Jahr die U17 des DEB. Der ehemalige EHC-Torhüter Klaus Merk ist seit Jahren bei der Nationalmannschaft als Teammanager und Torwarttrainer mit dabei.

Doch nicht nur nach der Wende halfen Eisbären-Protagonisten auf höchster Ebene aus. Bereits vor der Wende standen ehemalige Spieler von Dynamo auch bei der Nationalmannschaft in der Verantwortung. So leitete Joachim Ziesche die Geschicke der Auswahl, während Hartmut Nickel ihm assistierte. Auch Bernd Karrenbauer stand einst als Trainer hinter der Bande und betreute den DDR-

Nachwuchs. Damals, das ist natürlich klar, war die Eishockey-Welt des Ostens nicht sonderlich groß. Der Weg in verantwortliche Positionen nach der Karriere über den Klub hinaus fiel recht kurz aus.

Heute ist er deutlich länger. Dennoch spielen die Eisbären auch auf übergeordneter Ebene eine ganz interessante Rolle. Selbst der Psychologe Markus Flemming, der den EHC über viele Jahre begleitet, steht ebenso in Diensten des DEB. Das alles spricht ganz offenbar für die gute Arbeit, die im Klub geleistet wird. Kompetenz ist also da bei den Berlinern, genug für jedes Team in Deutschland.

KAPITEL 4

Altes Haus und neue Heimat

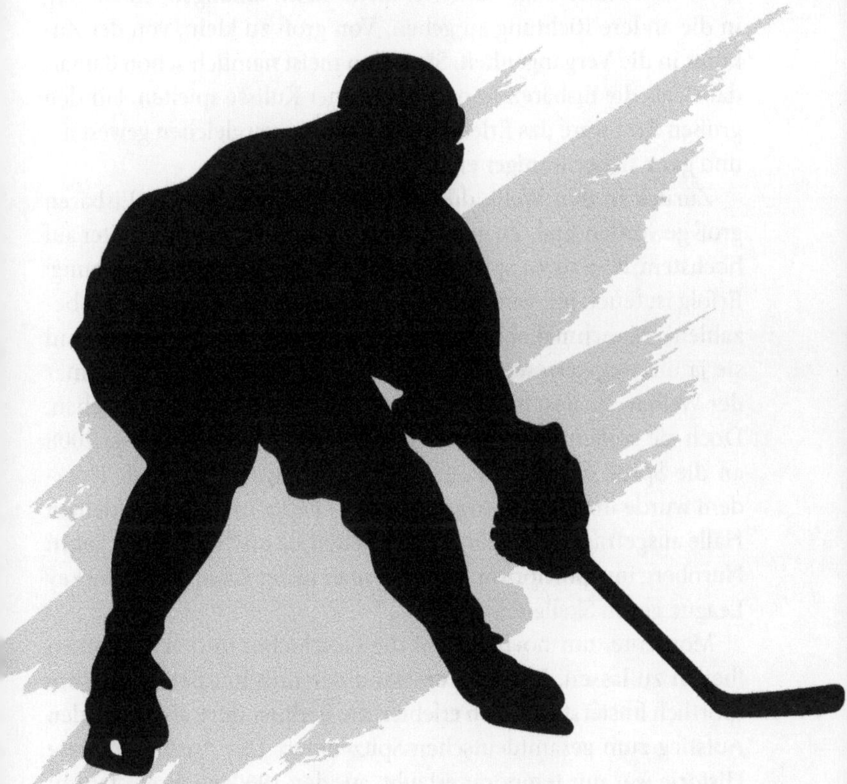

GRUND 42

Weil die Eisbären in einem Palast spielten

Die Fans feierten. Zumindest diejenigen, die eine Karte bekommen hatten. Wenn normalerweise um die 14.000 zusehen wollen, wie die Eisbären spielen, gehen eben eine ganze Menge Leute leer aus, wenn plötzlich nur noch 4.695 Plätze zur Verfügung stehen. Die Anhänger, die es schafften, Einlass zu bekommen, konnten im Zweifelsfall allerdings auch viel mehr damit anfangen, einen Weg in die andere Richtung zu gehen. Von groß zu klein, von der Zukunft in die Vergangenheit. Sie waren meist nämlich schon damals dabei, als die Eisbären immer vor kleiner Kulisse spielten. Für den großen Rest wäre das Erlebnis also kaum zu vergleichen gewesen – und ganz sicher weniger emotional ausgefallen.

Zurück in den Welli, die gute, alte Butze, in der die Eisbären groß geworden sind. Zu groß und zu erfolgreich, um dort weiter auf höchstem Niveau zu spielen (eine einfache Kosten-Aufrechnung: Erfolg ist teuer, mit wenigen Zuschauern lässt sich Teures nicht bezahlen). Manchmal aber kommen sie zurück. Also eigentlich sind sie ja nie weg gewesen, denn ihre Haupttrainingsstätte ist immer der Wellblechpalast im Sportforum Hohenschönhausen geblieben. Doch sie sollten dort eigentlich nicht mehr spielen, seit sie 2008 an die Spree in die neue, große Arena umgesiedelt sind. Trotzdem wurde inzwischen sogar eine DEL-Partie in der alten, kleinen Halle ausgetragen. Im März 2015 spielten sie im Pre-Play-off gegen Nürnberg im Sportforum, im November in der Champions Hockey League gegen Skellefteå.

Momente, um noch einmal die Geschichte in den Gedanken fließen zu lassen. Im Welli entstand der Kult um den Klub. Ihre sportlich finstersten Zeiten erlebten die Berliner dort, aber auch den Aufstieg zum gesamtdeutschen Spitzenklub. Der Ausflug in diese Historie war nur temporär erlaubt, aus den 1960er-Jahren stammt die Halle – für die DEL, die feste Maßstäbe für Arenen vorgibt, ist sie gar nicht mehr tauglich. Genauso wenig reicht sie für die Größe des Klubs noch aus.

Früher, da kam einem der Klub manchmal viel zu klein vor für die Eissporthalle 1 des Sportforums. So hieß die Halle lange offiziell. Wellblechpalast, das ist so eine Geschichte, die erst nach der Wende aufkam. Wegen der Dachkonstruktion aus Wellblech nannte ein Journalist sie mal abschätzig Wellblechpalast. Der Begriff blieb hängen, setzte sich durch und wurde am 7. Oktober 2001 schließlich zum offiziellen Namen erkoren. Doch wie gesagt, der Palast war nicht nur eine bescheidene Hütte, sondern früher in der DDR oft auch eine leere. Meist kamen nicht mehr als 500 Zuschauer, um die Eisbären, die damals noch Dynamo hießen, zu sehen.

Als 1958 die ersten Arbeiten für das Kunsteisstadion begannen, mussten die Spieler noch mit anpacken. Lkws abladen statt anständiger Spielvorbereitung. Arbeitseinsätze gehörten damals dazu, auch als nach ein paar Jahren als offenes Stadion ab 1963 das Wellblech drüber kam und eine richtige Halle daraus wurde. Auf den Tribünen gab es damals noch Holzstühle zum Hochklappen und Holzbänke. In mehreren Sanierungsschritten wurden solche Relikte später entfernt, die Kapazität der Halle, die mit viel Glas verkleidet ist, wuchs. Im Zuge der Modernisierungen erhielten schließlich auch die Spieler bessere Bedingungen. Früher, da lagen die Umkleiden in einem hinteren Trakt des Gebäudes. Der Weg auf die Eisfläche führte durch eine Gaststätte, das heutige Wellis. In voller Montur lief die Mannschaft durch Bierdunst und Zigarettenqualm.

Das war die alte Welt des Eishockeys, nah am Spiel, Wurstbuden und Bierstände immer dicht dran am Eis und den Geruch davon genauso stetig in der Nase wie die Rauchschwaden. Ein Ort für Enthusiasten, nicht für Familienpublikum.

Ein Ort, der sich verändert hat, an dem keiner mehr rauchen darf, der vor allem dem Eiskunstlauf und dem Eishockey-Nachwuchs als Heimstätte gilt. Die Eisbären Juniors spielen jetzt noch dort, auch ein paar andere Teams. Immer vor kleiner Kulisse. Immer vor dem Hintergrund der weinroten Banner an der Stirnseite der Halle. Dort lebt die Dynamo-Geschichte in Namen und Zahlen. Das gibt dem Wellblechpalast etwas Würdiges, auch das macht ihn zu mehr als nur einer kleinen Hütte mit einem Dach aus Wellblech.

GRUND 43

Weil sie einen Umzug souverän meisterten und ein Klub für ganz Berlin wurden

Ambitioniert ist noch ein niedlicher Ausdruck für das, was sich die Eisbären damals vorgenommen hatten. Eine kleine Halle zu füllen? Kein Kunststück. Aber selbst das gelang ihnen im Wellblechpalast ja über Jahre nicht immer. Mit 4.695 Plätzen war das Raumangebot in der alten Spielstätte überschaubar. Unbegreiflich groß wirkte dagegen die neue Arena im Friedrichshain, in welche die Eisbären im Sommer 2008 umzogen. Über gleich 14.200 Plätze verfügte dieses Monument der Moderne. Ein unfassbarer Sprung.

Die Berliner meisterten ihn, nicht gerade so, sondern unglaublich souverän. Sie verdreifachten von einer Saison auf die nächste ihren Zuschauerdurchschnitt und begrüßten fast 13.800 Fans pro Partie. In der ersten Spielzeit in der damals als O_2 World firmierenden Halle fand sich über 20 Mal kein einziger Platz mehr, wenn die Eisbären auftraten. Eine enorme Leistung der Berliner. Sie katapultierten sich unter die 30 bestbesuchten Sportklubs. Und hielten sich in dieser Sphäre, lange als einziger Nicht-Fußballklub.

Was so unglaublich wirkt, war von langer Hand vorbereitet. Bereits mit der guten finanziellen Ausstattung des einst klammen Klubs durch den neuen Eigner Anschutz ging es los. Denn der hatte die Arena ja immer im Sinn, als er den Klub kaufte. Mit dem Geld wurde ein Team gebaut, das schnell und attraktiv spielte, die Eisbären entwickelten sich selbst zu einem Ereignis mit stets wachsender Titelsammlung. Das interessierte die Leute, das wollten sie sehen.

Dennoch begleitete die Berliner viel Skepsis. Ihre Heimat lag im Osten – und der wurde zelebriert im Wellblechpalast. Von Fans aus dem Osten. Um dieses Image hinter sich zu lassen und zu einer Gesamt-Berliner Marke zu werden, arbeiteten die Eisbären mit einem Marketingunternehmen zusammen. Mit gezielten Kampagnen gelang es, dem Klub ein neues Selbstverständnis zu verpassen. Weg von betonter Ostlastigkeit, hin zu Modernität und Unterhaltung. Mit dem Erfolg wuchs die Neugier ohnehin, viele wollten den Klub noch einmal in seiner alten Umgebung erleben vor dem Umzug. Auch mithilfe gezielter Werbeaktionen in Westbezirken stieg die Zuschauerzahl im Wellblechpalast. In der letzten Saison dort fühlte der sich bereits zu klein an, war nahezu ständig ausverkauft. Der Drang, bei diesem Klub hautnah dabei sein zu müssen, nahm zu in der Stadt.

Damit das erste Spiel in der neuen Arena im September 2008 dann tatsächlich ausverkauft war, bedurfte es weiterer Anstrengungen. Über 40.000 Anschreiben an Sponsoren, Freunde und Interessenten verschickte der Klub. Schon Monate vorher wurde noch einmal eine Umzugskampagne lanciert. Bei jeder Gelegenheit betonte der Klub in der Öffentlichkeit, dass man mit einer Regionalbahn auch von den Stadträndern binnen 30 Minuten am Ostbahnhof und damit an der Arena sein könne.

Mit der Eröffnungspartie veranstaltete die Mannschaft dann ein derartiges Spektakel, dass der Hype um die Eisbären neuen Schub bekam. Mit einem 11:0 wurden die Augsburger Panther wieder heimgeschickt. Die Kundenkartei der Berliner stieg bald auf 75.000 Adressen an. Die moderne Atmosphäre, der Show- und Eventfaktor, die Bequemlichkeit – hier konnten die Leute sitzen und mussten nicht überwiegend stehen wie früher – und die anfangs sehr preiswerten Tickets sorgten dafür, dass die Arena auch an sich einen

Anziehungspunkt darstellte. Frei von Zwängen im Denken. Die O_2 World ermöglichte den Eisbären gewissermaßen einen Neuanfang, unbelastet von der Vergangenheit. Neugier führte viele Besucher an den Ort, an dem vorher nichts war. An dem Osten und Westen in den Hintergrund traten. Eishockey konnte sich nun auch zu einem Familienerlebnis entwickeln.

Die Symbiose aus Altem und Neuem funktionierte besser als erwartet. Auch in der Folge konnten die Berliner ihren Zuschauerschnitt halten und bewiesen damit, dass sie kein Kiezklub mehr sind, sondern ein Klub für die ganze Stadt. Und sogar darüber hinaus. Der Ost und West nun zusammenbrachte. Der half, eine Lücke in der Stadt zu schließen und die Mauer in den Köpfen der Leute zu überwinden. Eine große Halle füllen? Kein Kunststück für die Eisbären.

GRUND 44

Weil die Eisbären die neue Halle mit einem Titel einweihten

Die folgende Erzählung gehört in die Rubrik derjenigen, die zu perfekt sind, um sie sich auszudenken. Allein damit ist also die Aufnahme in dieses Grund-Lagenwerk berechtigt. Wiedergutmachung, ein Abschied mit Wehmut und Titel, ein grandioser Einzug, eine Premierensaison mit Titel – sehr viele Zutaten für eine gelungene Geschichte.

Geschrieben haben sie die Eisbären in den beiden Saisons von 2007 bis 2009. Im März 2007 endete die Ära von Trainer Pierre Pagé ziemlich ernüchternd – mit dem Ausscheiden im Pre-Play-off in Frankfurt. Kein angemessenes Abschneiden für eine solch stark besetzte Mannschaft wie die der Eisbären. Diese Annahme wurde zum Triebmittel für die kommende Saison. Alle im Team, das nur minimal verändert in die Spielzeit 2007/08 ging, hatten sich vorgenommen zu zeigen, dass sie besser sind als das Ergebnis zuvor. Dass viel an der Leistung damit zu tun hatte, dass keiner mehr mit Pagé arbeiten mochte.

Der hatte die Spieler über fünf Jahre getriezt, zwar zum Erfolg geführt, aber eben mit teils fragwürdigen Methoden. Als Pagé weg war, fühlten sich nicht wenige im Klub befreit. Der neue Mann an der Bande, Don Jackson, musste so viel gar nicht tun, um die Motivation im ohnehin talentierten Kader hochzuhalten. Die ganze Saison über weilte das Team in der Spitzenregion der Tabelle, gewann nebenbei im Februar 2008 den Deutschen Eishockeypokal. Zum ersten und einzigen Mal. Ein schöner Nebeneffekt in einer Saison, die auch die letzte in der alten Spielstätte in Hohenschönhausen war. In jedem Fall also zog das Team mit einem Titel aus dem Wellblechpalast aus. Doch das genügte der leidenschaftlichen Mannschaft nicht.

Im Play-off schlugen die Berliner zunächst im Viertelfinale die Hamburg Freezers, das deutlich mit 4:1 Siegen. Im Halbfinale gegen Düsseldorf wurde es enger, mit 3:2 Siegen setzten sich die Berliner durch. Gegen Köln im Finale entschied jeweils nur ein Tor die vier Begegnungen. Prägend war vor allem die dritte, ein Spiel auf der Kippe. Mit 2:0 führten die Eisbären, doch die Haie glichen aus. Als drei Minuten vor dem Ende Klubikone Sven Felski das 3:2 erzielte, schienen die Würfel gefallen. Doch Steve Walker musste auf die Strafbank, die Führung wurde nur 46 Sekunden später egalisiert. Als Walker wieder auf dem Eis stand, brauchte er 15 Sekunden, um zum 4:3 zu treffen. Aus vollem Tempo heraus sprang er bei seinem Jubel in das Plexiglas der Bande. Das Spiel hatte eine unglaubliche Intensität erreicht. Jeden in der Halle beschlich das Gefühl, bei etwas Besonderem dabei zu sein, das verschaffte einem eine Gänsehaut. Tatsächlich wurde es das letzte Punktspiel vor 4.695 Zuschauern im ausverkauften Welli, denn im vierten Spiel in Köln beendeten die Berliner die Serie mit dem dritten Sieg und holten den dritten Meistertitel. Dramatischer und schöner kann man nicht ausziehen.

Dafür kann man geräuschvoll einziehen. Das demonstrierten die Eisbären ein gutes halbes Jahr nach dem Titelgewinn. Eingeweiht wurde die neue Arena an der Spree am vierten Spieltag der Saison 2008/09. Es war der 14. September 2008, der Tabellenzweite und Titelverteidiger empfing den Spitzenreiter Augsburger Panther. Zelebriert wurde der Einzug zunächst mit einer großen Show und Feuerwerk. Selbiges brannte die Mannschaft dann noch einmal auf dem Eis ab. Nach dem Premierentreffer in der neuen, ausverkauften Halle vor 14.200 Zuschauern von Deron Quint nach 5:14 Minuten folgten noch zehn weitere. Mit 11:0 hatten die Eisbären zuvor noch kein Team aus irgendeiner Halle gefegt in der DEL. Sie übernahmen die Tabellenführung und wurden später Sieger der Punkterunde.

Passend zur Eröffnungssaison der Arena durften die Berliner an der ersten Spielzeit der damaligen Champions League teilnehmen. Eine perfekte Inszenierung der Aus-, Um- und Einzugsgeschichte gelang also. Im Play-off wurde im Viertelfinale mal wieder Hamburg ausgeschaltet mit 4:0 Siegen. Im Halbfinale setzten sich die Eisbären gegen Mannheim durch mit 3:1 Siegen. Länger brauchten die Berliner auch im Finale nicht. Düsseldorf hatte das Nachsehen, während die Eisbären ihre erste Saison in der neuen Arena mit der vierten Meisterschaft krönten.

GRUND 45

Weil sie in einem einzigartigen Sportkomplex ihre Wurzeln haben

Wenn es danach geht, wo die Eisbären allgemein verortet werden, wo sie ihre Heimspiele absolvieren, dann befindet sich das Zuhause der Berliner ganz klar nah der Spree in der Mercedes-Benz Arena.

Obwohl das Zuhause ein ziemlich zentraler Punkt im Leben ist, muss es aber noch lange nicht die Heimat sein. Das eine beschreibt mehr einen aktuellen Zustand, das andere ist mit den Wurzeln, der Herkunft verbunden. Und die Eisbären kommen nun mal aus Hohenschönhausen, aus dem Sportforum. Dort befindet sich ihre Heimat, in einem einzigartigen Komplex, in dem die Eishockey-Profis immer nur ein Teil waren. Viele Jahre sogar der wichtigste.

Natürlich darf das Sportforum auch immer noch als Zuhause des Klubs bezeichnet werden. Die meisten Trainingseinheiten finden weiterhin auf dem Gelände statt. Umrahmt von zahlreichen anderen Sportstätten. Das ist es, was die Umgebung der Berliner so speziell macht: Das Sportforum ist ein Ballungszentrum des Sports. Nicht nur das Zentrum des Leistungssports der Hauptstadt befindet sich zwischen Konrad-Wolf-Straße und Weißenseer Weg, sondern auch der größte Olympiastützpunkt Deutschlands. Ein sehr exklusives Umfeld also.

Daraus erwuchsen zu DDR-Zeiten etliche Olympiahelden. Anfang der 1950er-Jahre wurde das Gelände als Kaderschmiede für den Ost-Sport konzipiert und erbaut. Gut 45 Hektar Fläche umfasst das Areal, 35 Sportanlagen sind dort zu finden. Zwar können auch Breitensportler einen Teil davon nutzen, hauptsächlich aber stehen die Stätten dem Nachwuchs- und Spitzensport zur Verfügung. Etwa 3.000 Athleten, darunter circa 10 Prozent aller Bundeskaderathleten in Deutschland, üben sich hier Tag für Tag in ihren Fähigkeiten, immer in der Hoffnung, diese verbessern zu können.

Bis 2008 waren die Eisbären diejenigen, die das Sportforum für die Allgemeinheit zu einem bekannten Begriff gemacht haben. Woche für Woche strömten in den letzten Jahren vor dem Umzug in die neue Arena über 4.500 Besucher zu den Spielen der Berliner. Alle kamen auf ihrem Weg zur Eishalle 1, dem Wellblechpalast, an den vielen anderen Hallen vorbei. An der großen Eisschnelllaufhalle, an der großen Leichtathletikhalle, an der großen Ballsporthalle. Insgesamt stehen drei Eishallen, zwei Turnhallen, zwei Leichtathletikhallen, zwei Handballhallen, eine Volleyball-, Judo-, Fecht-, und Bogenschieß- sowie Beachvolleyballhalle zur Verfügung. Um die Hallen herum gibt es Kunst- und Naturrasenplätze, Anlagen für Leichtathletik, Beachvolleyball, Fußball, Bogenschießen und viele Spezialtrainingsanlagen. Das Zentrum bildet noch immer das alte, schon etwas verfallene Fußballstadion, in dem der BFC Dynamo spielt.

Er ist einer von 20 Vereinen, die im Sportforum daheim sind. Genutzt wird das Gelände von etwa 30 Klubs. Athleten aus gleich 16 olympischen Sportarten werden in Hohenschönhausen auf internationales Niveau gebracht. Es gibt eine Sportschule, Internatsplätze – auch für den Schulsport besitzt das Sportforum eine große Bedeutung.

Neben der rein sportlichen Komponente weist das Sportforum durch den Olympiastützpunkt als Hauptnutzer noch eine Reihe weiterer Vorteile auf. Moderne sportmedizinische und physiotherapeutische Einrichtungen gehören ebenfalls zum Inventar. Die Betreuung durch den Olympiastützpunkt umfasst Datenerhebungen und Auswertungen auf verschiedenen Gebieten. Es gibt Kraftlabore und Messplätze, Laser- und Videotechnik kann für Training und Leistungsdiagnostik eingesetzt, ein sportpsychologisches Labor genutzt werden. Für das Schwimmtraining gibt es einen Strömungskanal, Laufbahnberater kümmern sich um die sozialen Belange der Athleten.

Die Eisbären und ihre Spieler profitierten oft von den vielen Möglichkeiten, die sich um sie herum bieten. Insofern kann es keine bessere Heimat für einen Sportklub geben.

GRUND 46

Weil Trikots und Banner in zwei Hallen unterm Dach hängen

Alles gehört zusammen, so wie es sein soll. Natürlich. Die Geschichte lässt sich zwar in verschiedenen Kapiteln erzählen. Aber es ist ja die Geschichte der Eisbären, eines Klubs, der seine Anfänge einst nicht dort hatte, wo er jetzt von den meisten verortet wird. Es gibt die alte und die neue Heimat, Helden, die hier und dort ihre großen Jahre verlebten. Die deshalb am besten mit ihren Taten verbunden bleiben, wenn sie dort dafür geehrt werden, wo sie sie vollbracht haben. Ein bisschen sieht es also vielleicht nach getrennter Geschichte aus, aber an sich ist es nur eine gute räumliche Einordnung der Vergangenheit, wenn in zwei Hallen Trikots und Banner der Eisbären hängen.

Fangen wir mit dem Aktuellen an. Den jungen Helden? Keineswegs, sondern nur mit dem, was die meisten Leute sehen, die in die große Arena gehen. Zumindest, wenn sie mit ihren Augen nicht nur am überdimensionalen LED-Würfel über der Mitte der Eisfläche kleben. Wenn sie mit dem Blick durch die Arena schweifen und auf der Seite des Haupteingangs die ohne Frage wichtigsten Memorabilien knapp unter der Decke finden. Die roten Banner für die Titel in der DEL. Für jeden eines. 2005, 2006, 2008, 2009, 2011, 2012, 2013. Titel aus der Zeit in Hohenschönhausen und der im Friedrichshain.

Also vereinte Geschichte. Gewissermaßen. Denn auch die jungen Helden, deren Trikots auf der anderen Seite unter der Decke hängen, spielten ihre meisten Partien für die Eisbären in Hohenschönhausen, im Wellblechpalast. Sven Felski, die Nummer 11, Stefan Ustorf, die Nummer 14, Mark Beaufait, die Nummer 19, Denis Pederson, die Nummer 20, Steve Walker, die Nummer 27. Sie alle aber beendeten ihre Karrieren in der großen Arena, gewannen ihre Titel hier und dort, einige die meisten in dieser Halle. Sie stehen für die neue Zeit, die vor allem mit der modernen Arena Einzug gehalten hat.

Für das Neue stehen Bernd Karrenbauer und Hartmut Nickel nicht unbedingt, eher für die Lebensleistung, für Vereinstreue, für Beständigkeit. Sie sind die beiden, die am längsten im Klub tätig waren, in verschiedensten Positionen. Deshalb wurden auch ihre Namen auf Banner gepresst – genau wie die Titelsammlung aus DDR-Zeiten gleich daneben eine Flagge verziert – und bleiben ein Andenken, das gepflegt wird. Vom Klub, von den Fans. Auch Letztere genießen bei den Eisbären einen besonderen Status. Zwischen den Namensbannern der jungen Helden auf der einen Seite und den Klubältesten auf der anderen prangt über dem Arena-Restaurant ein riesiges Fan-Banner. Umrahmt von zwei weiteren Bannern, die bedruckt sind mit den Logos vieler Fanklubs.

Machen wir mit dem schon länger Vergangenen weiter. Die meisten Fans kennen es, diejenigen, die schon früher in Hohenschönhausen dabei waren. Die schon mal eine Trainingseinheit besucht haben. Diejenigen, die wirklich nah am Klub sind. Denen die alten Helden genauso viel bedeuten wie die jungen. Die schon im Wellblechpalast standen. Dort hängt seit 2004 an der Seite des Haupteingangs auch eine Reihe von Bannern. Vier Spieler, die Dynamo einst prägten, finden sich dort verewigt. Der große Joachim Ziesche, der beste Torschütze. Dietmar Peters, der Rekordnationalspieler. Dieter Frenzel, der Scharfschütze von der Blauen Linie. René Bielke, der Hexer im Tor.

Die Meisterbanner für die Titel aus DDR-Zeiten fallen im Welli etwas großzügiger aus, sie sind auf zwei statt einem Stück Stoff verteilt. Zwei Banner zeugen zudem von den ersten DEL-Meisterschaften 2005 und 2006. Anders als in der großen Arena bieten die Erinnerungsstücke in der alten Halle auch noch eine andere Dimension. Hier wurde sogar an die Titel aus den Punkterunden gedacht. In den Spielzeiten 1997/98, damals als Meisterrunde ausgetragen, 2002/03, 2003/04 und 2005/06 beendeten die Berliner die

Punktspiele im Welli auf Platz eins der Tabelle. Eine gute Idee, das auch zu würdigen. In der Mercedes-Benz Arena ließe sich das ja nur schwer umsetzen. Denn wegen der vielen Meistertitel wäre dort ja fast kein Platz mehr für diese Resultate. Und schließlich sollen auch in Zukunft noch ein paar Meisterbanner unter das Dach gezogen werden können.

GRUND 47

Weil sie mal fremdgegangen sind

Manche Dinge lassen einen Fan einfach ratlos zurück. Sicher, Veränderungen gehören zum Leben. Aber es gibt so Sachen, da muss man erst einmal schlucken. Zum Beispiel damals, als die Eisbären fremdgegangen sind. Und zwar richtig böse. Fast schon an der Grenze zum Verrat war das. Oder vielleicht auch darüber hinweg. Für diese Meinung lassen sich gewiss Vertreter finden. In die Deutschlandhalle sind die Eisbären abgehauen. Nach Charlottenburg. In den Westen also. Rübergemacht. Als der große Ost-Kultklub. Schande!

Ruhig, ganz ruhig. Ja, die Eisbären zogen nicht nur in den westlichen Teil der Stadt, sondern auch noch dorthin, wo der verhasste Lokalrivale sein Domizil hatte. Zu ihrer Verteidigung muss man jedoch sagen, dass es nie ohne triftigen Grund geschah. Im Prinzip sogar nicht einmal freiwillig. Allerdings, und das darf nicht verschwiegen werden, hatten die Ost-Berliner gar nichts gegen das West-Berliner Intermezzo. Sie freuten sich sogar darauf. Also kleine Ansätze von Verrat ließen sich doch durchaus finden.

Zunächst muss aber festgehalten werden, dass infrastrukturelle Zwänge die temporären Umzüge verursachten. Zum ersten Mal am 19. August 2001, zu einer Zeit, als die Capitals noch existierten. Im Wellblechpalast wurde damals die Eisanlage erneuert. Also musste ein Testspiel gegen den Zweitligisten ETC Crimmitschau in die Deutschlandhalle verlegt werden. Auch der zweite Ortswechsel hatte mit der Eisfläche in der heimischen Arena zu tun. Weil aus dem Kühlsystem Ammoniak ausgetreten war, sperrte der Senat den Welli für die Reparatur. So mussten die Eisbären sogar öfter in der Deutschlandhalle trainieren, ehe sie am 25. August erneut ein Testspiel dort durchführten, diesmal gegen die Hannover Scorpions.

Zu dieser Zeit hatte sich die Lage verändert, die Caps waren pleite, die höchste deutsche Liga hatte erstmals seit zehn Jahren nur einen Berliner Klub. Und die Deutschlandhalle bot eben einfach mehr Platz für Zuschauer. Damals verkaufte der EHC erste Dauerkarten nach Zehlendorf, nach Spandau und eben Charlottenburg. Vor allem Marketing-Chef Billy Flynn sah viel Potenzial in der Arena im Feindesland. Eishockey ist teuer, das Geld muss irgendwie verdient werden. Der Welli war mit seiner Kapazität von 4.695 Zuschauern nun mal eine der kleinsten Hallen der Liga. Der Klub wollte aber hoch hinaus und leistete sich einen teuren Kader. Natürlich sah die Perspektive mit der neuen Arena an der Spree sehr gut aus. In der Zwischenzeit allerdings hätte man nicht ungern in der Deutschlandhalle die Heimstatt aufgeschlagen. Um ein paar Euro mehr zu verdienen.

Derlei Gedanken behielt Flynn nicht für sich. Bei den Fans kam das nicht gut an, verständlicherweise. Sie fühlten sich, als wolle man sie ihrer Identität berauben. »Ost-, Ost-, Ost-Berlin« als Schlachtruf in Charlottenburg? Geht einfach nicht. Zumindest nicht auf Dauer. Weil der Wellblechpalast vom 10. bis 17. März 2003 allerdings wegen der Eisschnelllauf-WM gesperrt gewesen war, trugen die Eisbären in dieser Zeit sogar zwei Pflichtspiele in der Deutschlandhalle aus. Am 12. und 16. März trafen sie in den Viertelfinalspielen eins und drei auf die Hamburg Freezers. Beide Partien wurden gewonnen, die erste 5:2, die zweite 3:2. Bilanztechnisch ein Erfolg, sportlich wie wirtschaftlich. Denn es kamen zunächst 6.880, dann 8.722 Besucher. Letzteres bedeutete einen Rekord im Berliner Eishockey.

Doch was sagen Zahlen schon. Im Herzen fühlten sich die meisten Fans nicht heimisch. Als es für das dritte Heimspiel der Serie wieder zurück in den Welli ging, atmeten viele auf. Nirgends ist es schöner als im eigenen Zuhause. Vor allem, wenn die Alternative doch historisch stark belastet ist.

Die Rückkehr endete mit dem Seriensieg gegen die Freezers. In die Deutschlandhalle mussten die Fans danach nie mehr. Gott sei Dank.

GRUND 48

Weil mancher Kanadier zum richtigen Ost-Berliner wurde

Anfangs, als die Wende noch jung, der Eishockey-Osten ein weitgehend unentdecktes Land und die Suche nach Orientierung in der neuen Welt bei den Eisbären noch die Hauptbeschäftigung war, da konnte mancher Spieler, der zum Klub kam, nicht mit allem etwas anfangen. Zwar durften zu dieser Zeit noch nicht viele Ausländer mitspielen, aber wenn mal eine Frage auftauchte, dann hatte die Reaktion darauf durchaus Potenzial, im Gedächtnis zu bleiben.

Der kanadische Profi Scott Metcalfe etwa wollte bei einem Auswärtsspiel in Kassel wissen, was diese Typen auf der Tribüne da ständig rufen. In einem Ton, der keine Freundlichkeiten erwarten ließ. Als Stasischweine bezeichnete man die Berliner seinerzeit mit Vorliebe im Westen der Liga. Als Metcalfe die Antwort erhalten hatte, sprang er gegen das Plexiglas und schrie zurück: »Stasi, Stasi, I am Stasi!« Vor einer Kamera verdeutlichte er noch einmal, dass er »100 Prozent Stasi« sei. Eine interessante Form von Verbundenheit mit seinem Klub.

Für viele Kanadier, die damals nach Berlin kamen, war der Osten eine seltsame Sache, die sie nur vom Hörensagen kannten. Wenn überhaupt. Manchen Profis aber, die hier landeten, wurde er unverhoffte Heimat. Ungeplant, einfach so. Weil das Leben sie im Osten festhielt. Mit viel mehr als nur Eishockey.

Mittlerweile sind viele Kinder von ausländischen Profis der Eisbären in Berlin geboren. Viele Kanadier oder Amerikaner kehren irgendwann zurück in die Heimat mit perfekt deutsch sprechendem Nachwuchs. Eine Bindung ist also oft da. Einige aber kehren gar nicht mehr zurück. Über Rob Leask sagte EHC-Legende Hartmut Nickel einst, er sei ein richtiger Ossi geworden.

Leask lebt zwar nicht mehr in Berlin, seine Verbindung in die Stadt ist dennoch eng. Der Verteidiger kam 1996 zu den Eisbären, zehn Jahre spielte er hier. In dieser Zeit lernte er seine Frau kennen, eine Ost-Berlinerin. Die Stadt ist Heimat der Kinder, der Großeltern. Leask nahm sogar die deutsche Staatsbürgerschaft an, spielte für die Nationalmannschaft. Inzwischen arbeitet er als Assistenz-Trainer bei den Straubing Tigers.

Deutsch-Kanadier ist auch Jeff Tomlinson. Seine Zeit bei den Eisbären wuchs nach der Ankunft 2000 auf fast zwölf Jahre an. Tomlinson gehörte nach nur drei Jahren als Spieler in verschiedenen Positionen zum Klub. Er war immer da, als Nachwuchstrainer, als Assistenztrainer, später sogar als Cheftrainer. Berlin wurde auch für ihn viel mehr als nur eine Durchgangsstation, wobei seine Ambitionen als Chef ihn zwangsläufig irgendwann anderswo hinführen mussten. Zunächst nach Düsseldorf und Nürnberg, dann nach Rapperswil in die Schweiz.

Ein Ortswechsel kommt für Peter John Lee nicht mehr infrage. Seit 1995 lebt er in Berlin. Zwischendurch hatte er sein Domizil lange in Bernau, weil dort seine Partnerin herstammt. Nun wohnen beide in Sichtweite des Sportforums. In Kanada hat Lee längst alles hinter sich gelassen, selbst zwei der drei Söhne leben mittlerweile in Deutschland. Beide mit Berlin als festem Anker. Beide sind im

Klub aktiv. Besser kann man sich kaum assimilieren. Sogar Enkelkinder hat Lee, die im Nachwuchs des EHC schon langsam mit dem Eishockey beginnen.

Gut, die deutsche Sprache wird für ihn wohl nie etwas werden, was er problemlos beherrscht. Da sind ihm Leask und Tomlinson weit voraus. Genauso wie Billy Flynn, der ist zwar Amerikaner, doch seit er 1993 nach Berlin kam und nach zwei Jahren bei den Preussen zu den Eisbären wechselte, blieb auch er dem Klub aus Hohenschönhausen treu. Mit ständigem Wohnsitz im Berliner Umland. Wer hätte gedacht, dass der Osten manchen Nordamerikanern dermaßen nahegehen kann?

GRUND 49

Weil es mal drei Heimspiele in vier Tagen gab

Im Februar jährt sich immer wieder der Fasching, die tollen Tage begeistern also die Leute. Bei rheinischen Klubs natürlich auch die Eishockeyfans, und zwar nicht zu knapp. Doch selbst ein Klub, der kein Karnevalsverein ist, darf im Februar schon mal tolle Tage erleben. Zeitgleich sogar in diesem Fall, aber trotzdem auf einer ganz anderen Ebene. Mit Eishockey im Akkord, mit Toren im Minutentakt, mit Jubel bis zur Erschöpfung.

Es trug sich 2009 zu, was bis dato wohl einzigartig war in Deutschland und es noch immer ist. Binnen vier Tagen sah der Spielplan für den EHC Eisbären drei Heimspiele vor. Nicht etwa besucherfreundlich weitgehend über das Wochenende verteilt, sondern Dienstag, Mittwoch und Freitag. Für alle, die sich genau erinnern wollen: Es waren der 24. (Fastnacht), der 25. (Aschermittwoch) und der 26. Februar. Wobei hier gleich die Liga, die gern für solche Eskapaden verantwortlich gemacht wird, in Schutz genommen werden muss. Sie hatte da keinen Anteil dran. Der Fluch der Großarena ereilte die Berliner. In großen Hallen finden eben gern mal große Produktionen statt. Damals war es die Echo-Verleihung; der Aufbau nahm so viel Zeit in Anspruch, Ausweichtermine gab es auch nicht, sodass die für den Dienstag zuvor geplante Partie gegen Mannheim auf den Mittwoch geschoben werden musste.

Logistisch für alle nicht ganz einfach, am Ende aber eben der Heldengeschichte doch viel zuträglicher waren die Folgen. »Drei Heimspiele in so kurzer Zeit habe ich noch nie erlebt«, sagte Stürmer Sven Felski.[22] Irgendwie hatte jeder etwas davon, alle konnten sich über etwas Außergewöhnliches freuen, darüber, Teil von etwas Besonderem gewesen zu sein. Als Erstes nutzte gleich mal die Merchandising-Abteilung die Gunst der Stunde. Der Fanshop gewährte an den Spieltagen große Rabatte. Sogar ein Schal wurde eigens aufgelegt mit dem Slogan: »Heimspiele wie noch nie«. Angelehnt an den Spruch »Eishockey wie noch nie«, mit dem die Eisbären ihren Umzug in die Arena ein paar Monate zuvor beworben hatten.

Für die drei letzten Hauptrunden-Heimpartien kam der Klub den Fans aufgrund der Umstände sogar entgegen: Die Tickets wurden im Dreierpack günstiger abgegeben. Am Ende waren insgesamt über 40.000 Besucher trotz der ungünstigen Spieltage in die Halle geströmt. Und kein einziger musste das bereuen, sofern er den Eisbären zugeneigt war. Mit grandiosen Leistungen spielte sich die Mannschaft durch die tollen Tage, kombinierte sicher, traf traumhaft und kämpfte unvergleichlich.

Los ging es am Dienstag mit dem 7:2 gegen die Nürnberg Ice Tigers. Mit dieser Partie schob sich der EHC in der Tabelle an den Hannover Scorpions vorbei auf Platz eins. Die waren erst zwei Tage zuvor in Hannover 7:2 besiegt worden. Am Mittwoch schon folgte gegen die Adler Mannheim das nächste 7:2. Zum dritten Mal in Folge so ein deutliches Resultat, immer gegen Spitzenteams. Die Kondition der Fans wurde mit den ständigen Jubelaufforderungen in Form von Toren ebenso auf die Probe gestellt wie die der Spieler. Hüpfen, Schreien, Klatschen bis zur Erschöpfung. Rennen, Passen, Angreifen, Verteidigen bis zur Erschöpfung.

Trainer Don Jackson achtete in den Partien darauf, viel mit vier Reihen zu spielen, um die Belastung für die Profis gut zu dosieren. »Gut schlafen und vernünftig essen sind jetzt besonders wichtig«, sagte Manager Lee.[23] In der Kabine versiegte der Nachschub an Obst in den nächsten Tagen nicht. Auch wurde wenig trainiert. Normal im Play-off, doch das war noch kein Play-off, und selbst den Rhythmus dort übertraf diese Situation ja noch. Im Vorfeld witzelten viele Fans, ob sie Hängematten mit in die Arena bringen sollten. Um dort gleich zu übernachten.

Als anstrengend erwies sich der Spielemarathon auch für die Soundanlage der Arena. Zwar brachte der Donnerstag etwas Ruhe für alles und jeden. Doch am Freitag gegen die Frankfurt Lions drang statt kristallklarer Töne nur noch dumpfes Grollen aus den Boxen. Auf dem Eis konnten die Eisbären ihren 7:2-Lauf nicht fortsetzen, gewannen aber immerhin 5:3 und hatten sich damit den Hauptrundensieg in der DEL gesichert. Mit einer enormen Energieleistung, denn in dieser Partie erhöhte sich die Zahl der Verletzten auf vier. Trotzdem zeigten die Eisbären mit einem famosen Schlussdrittel, was in ihnen steckt. Es war die Krönung einer unglaublichen Heimspielserie. Angetrieben von der Aussicht, als Erster in das Play-off zu gehen, meisterten die Eisbären eine einzigartige Herausforderung. Was schließlich ein paar Wochen später in den vierten Meistertitel mündete.

KAPITEL 5

Aus Liga und Verband

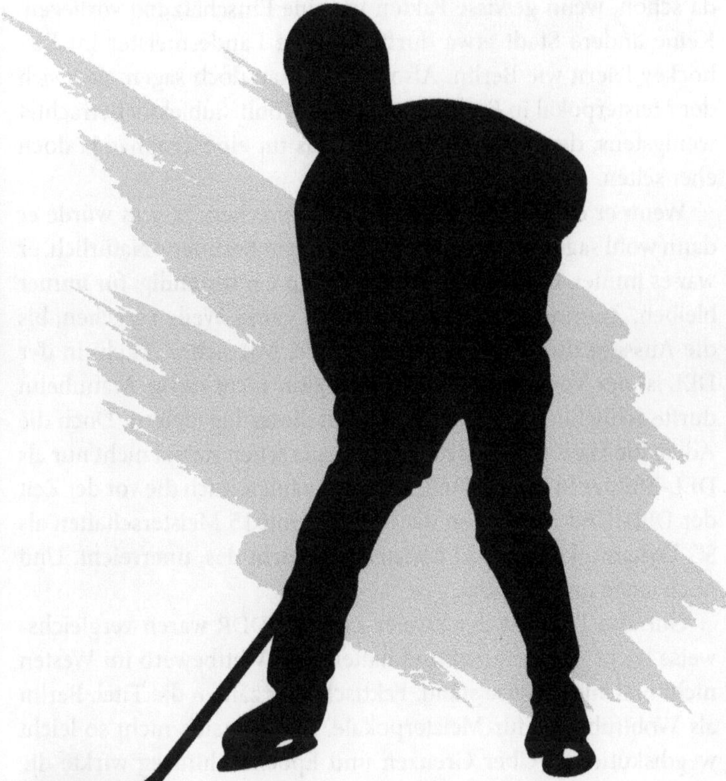

GRUND 50

Weil der Meister-Pokal sich in Berlin am wohlsten fühlt

Manche Dinge sind sehr subjektiv. Geschmack etwa, deshalb lässt sich über ihn nicht wirklich streiten. Was der eine mag, kann dem anderen ein Graus sein. Richtig oder falsch, solche Einordnungen finden nur schwer Anwendung auf diesem Gebiet. Einfacher ist es da schon, wenn gewisse Fakten für eine Einschätzung vorliegen. Keine andere Stadt etwa durfte so viele Landesmeister im Eishockey feiern wie Berlin. Also könnte man doch sagen, dass sich der Meisterpokal in Berlin am wohlsten fühlt. Subjektiv betrachtet wenigstens, denn wahrlich fühlen, das tut eine Trophäe ja doch eher selten.

Wenn er es könnte, und dazu noch sprechen, ja, was würde er dann wohl sagen, dieser Pokal? »Ich bin ein Berliner.« Natürlich, er war es immer. Und er wird es, das hoffen wir inständig, für immer bleiben. Zumindest müsste schon eine ganze Weile vergehen, bis die Aussage ihre Kraft verlieren würde. Mit sieben Titeln in der DEL ist der Vorsprung der Eisbären zwar nicht riesig. Mannheim durfte schließlich schon sechs Mal in dieser Liga feiern. Doch die Adler, die Haie, die Düsseldorfer, sie alle sehen sich ja nicht nur als DEL-Meister in ihrer Bilanz. Alle Titel zählen, auch die vor der Zeit der DEL. Und da können die Eisbären mit 15 Meisterschaften als SC Dynamo kontern. 22 Meistertitel macht das, unerreicht. Und noch lange unerreichbar.

Gut, die Titel aus der Zweier-Liga der DDR waren vergleichsweise leicht zu gewinnen und halten dem Wettbewerb im Westen nicht mal ansatzweise stand. Faktisch aber zählen die Titel. Berlin als Wohlfühloase für Meisterpokale, das lässt sich nicht so leicht wegdiskutieren. Über Grenzen und Epochen hinweg wirkte die Stadt wie ein Magnet für die Meisterschaften. Osten, Westen. Egal, vor der Wende, nach der Wende, vor dem Krieg, nach dem Krieg. Immer Berlin.

Nicht immer Eisbären/Dynamo, sondern auch Schlittschuhclub oder SC Brandenburg Berlin. 20 Titel feierten die einen, einen die anderen. Macht zusammen 44 Meisterschaften für die größte Stadt des Landes, und den größten Anteil daran haben die Eisbären. Sie sind auch die Einzigen, die diese Zahl noch erhöhen können. Streng genommen müssen. Damit die subjektive These vom Meisterpokal, der sich in Berlin am wohlsten fühlt, nie an objektivem Wahrheitsgehalt verliert.

GRUND 51

Weil die Eisbären einige Rekorde in der DEL halten

Klar, Statistiken sind eher was für Freaks. Es gibt so viele Zahlen, die sich im Sport aneinanderreihen, mal mit mehr, mal mit weniger Sinn. Die einen sind ihnen hörig, die anderen verlassen sich lieber auf Bauchgefühl und Herz. Richtig schön werden Statistiken erst dann, wenn sie mit Rekorden zu tun haben. Zahlen für die Ewigkeit, zumindest vorläufig. Zahlen, die einfach stolz machen. Wenn es sich nicht gerade um negative Rekorde handelt. Wie etwa die 1.806 Strafminuten, die sich Sven Felski in der DEL einfing. Es ist der einzige Fakt, mit dem die Eisbären in der Kategorie der Rekorde auftauchen, die keiner will. In der anderen mit den guten Bestmarken kommen sie deutlich öfter vor.

Von allen Rekorden der wichtigste ist natürlich die Anzahl der Meistertitel. Die Berliner sammelten sieben Meisterschaften, der höchste Wert seit der Gründung der Liga 1994. Als einziger Konkurrent sind die Mannheimer den Eisbären auf den Fersen. Beide Klubs liefern sich auch ein Kopf-an-Kopf-Duell um die Vorherrschaft bei den meisten erzielten Toren in der Punkterunde. Vor der Saison 2016/17 lagen die Eisbären mit 3.886 Treffern als Dritter der ewigen Tabelle vor den Adlern, dem Ersten, die auf 3.852 Tore kamen. Im Laufe der Spielzeit näherten die Werte stark an, da der EHC von einer ausgiebigen Torkrise geplagt war. Am Ende mussten sie diesen Rekord sogar abgeben (4.011:4.035). Doch es bleiben genug andere.

Wollte man die Rekordliste der Eisbären ins Unermessliche treiben, ließe sich mit den Daten aus der Zeit der DDR sicher einiges bewirken. Doch die damalige Zweierliga, in der die meiste Zeit gespielt wurde, bietet eine zu schmale Basis, um sich an den Spitzenwerten jener Tage wirklich berauschen zu können. In der DEL verhält es sich anders. Ein Rekord der Berliner wäre zum Beispiel der, als einer von nur sechs Klubs immer Bestandteil der Liga gewesen zu sein. Was sich recht banal anhört, war letztlich wohl eine der größten Leistungen überhaupt. Denn mehr als einmal stand das finanzielle Überleben des Klubs auf der Kippe.

Fragen mit solcher Brisanz stellten sich später nicht mehr, als die Berliner in der großen Arena in Friedrichshain spielten. Dort wurde die Zuschauerstatistik der DEL dauerhaft geentert. Zwar konnten sie aufgrund der Kapazität nie das Spiel mit den meisten Besuchern für sich reklamieren, mit insgesamt 14.091 Zuschauern pro Spiel (inklusive Play-off) in der Saison 2011/12 legten die Eisbären dennoch eine Marke vor, die von den Kölner Haie trotz der größten Arena nie erreicht worden ist.

Ebenso einzigartig ist der Fakt, dass die Eisbären in der DEL mit Trainer Don Jackson fünf Titel feierten. Kein anderer Trainer war erfolgreicher in der Liga. Jackson holte in München sogar noch zwei Meisterschaften und baute seine ohnehin komfortable Position weiter aus. Die Berliner verfügen in der Historie der DEL auch über den Torhüter, der die meisten Titel gewonnen hat. Rob Zepp wurde ebenfalls fünf Mal Meister. Und ganz nebenbei – auch sonst verfügt der DEL-Rekordmeister natürlich über die meisten Spieler mit den meisten deutschen Meisterschaften in seinem Team, vier sogar mit allen sieben Titeln. Rekord, Rekord, Rekord, Rekord.

Doch hier ist noch längst nicht Schluss. In der Saison 2009/10 holten die Eisbären so viele Punkte wie nie ein Team in der DEL zuvor und nicht danach. 123 Zähler in der Hauptrunde waren es, 2,2 im Durchschnitt pro Spiel. Noch eine Bestmarke. Auch die Saison 2002/03 war ganz ordentlich, an 44 von 52 Spieltagen führten die Eisbären die Tabelle an. Gab es seitdem nicht mehr – und vorher ebenso wenig. Einen Bestwert teilt sich der frühere EHC-Stürmer Jiří Dopita mit dem damaligen Kasseler Mike Millar: Beide trafen in der Saison 1994/95 gleich sechsmal in einer Partie. Mark Beaufait setzte 2003 vor allem auf Geschwindigkeit, erzielte das schnellste Tor nach Drittelbeginn. Und zwar nach fünf Sekunden beim 3:2 nach Penaltyschießen gegen Düsseldorf. Richard Žemlička, Dopitas tschechischer Kollege, sicherte sich den schnellsten Doppelpack in der DEL. In der Premierensaison beim 4:3 gegen Ratingen war das und dauerte sechs Sekunden. Später gehörten die Eisbären zu jenen beiden Mannschaften, die es schafften, sich gegenseitig am schnellsten vier Treffer einzuschenken. Das passierte 2009 in Iserlohn, Mark Beaufait und Florian Busch waren auf Berliner Seite an dem 58-Sekunden-Feuerwerk beteiligt.

Neben diesen Zahlen, die mehr harte Fakten darstellen, gibt es noch die eher weichen. Punkte also, die nicht ganz so gut verifizierbar sind, sich aber dennoch so anfühlen, als stecke in ihnen alle Wahrheit dieser Welt. Die Berliner gehen sicher als die größten Profiteure des Bosman-Urteils durch, das sie damals für den radikalsten Umbau in der DEL nutzten und plötzlich zu Erfolg kamen. Fast ohne Deutsche. Außerdem gelten die Eisbären als bekanntester deutscher Klub außerhalb des Fußballs. Was wiederum viel mit der besten Hymne, die man im Eishockey und weit darüber hinaus finden kann, zu tun hat. Der Gassenhauer *Hey, wir woll'n die Eisbärn sehn* passt in keine Statistik für Freaks, dafür aber überall dorthin, wo gute Laune ein wohliges Bauchgefühl verbreitet.

GRUND 52

Weil ein Eisbären-Profi mal sechs Tore in einem Spiel erzielte

Viele Profis werden zu Helden, wenn sie ein paar Jahre in einem Klub sind. Genug Zeit haben, sich die Sympathien der Fans zu erarbeiten. Wer lange da ist, was heute ja gar nicht mehr so oft passiert, muss nicht mal viele Tore schießen. Identifikation funktioniert ebenso gut über Leidenschaft, über Einsatz und Kampfgeist. Nach solchen Typen sehnen sich die Fans selbst dann noch lange, nachdem sie aus welchen Gründen auch immer irgendwann nicht mehr da sind.

Ab und an ist es auch andersherum. Da geistern Spieler durch die Gedanken der Fans, die nur einen geringen Teil ihrer Karriere im Klub verbracht haben, aber doch immer ein Thema bleiben. Bei den Eisbären bezieht sich das auf Jiří Dopita, den nicht nur körperlich großen Tschechen. Dessen Kapitel beim EHC war zwar schon 1995 beendet. Doch selbst zehn Jahre später munkelte das Umfeld noch munter über eine Rückkehr. Diese Gerüchte gab es eigentlich immer, solange der Stürmer spielte.

Weil er sagenhaft spielte. In Berlin brachte er es auf 103 Partien. In denen schoss er unglaubliche 65 Tore – mehr erzielte keiner in der ersten Liga in so wenigen Spielen – und gab 77 Vorlagen. Zwar kam er einst im Januar 1993 zum EHC und absolvierte so nur einen kleinen Teil der Saison. In den nächsten beiden kompletten Spielzeiten erzielte er jedoch jeweils die meisten Treffer für die Berliner. Die 28 Tore aus der Saison 1994/95, der DEL-Premierenspielzeit, stellen noch immer den Klubrekord beim EHC für Hauptrundentreffer dar. Seine 68 Punkte waren damals auch ausreichend, um die ganze Liga in dieser Hinsicht anzuführen.

Genug Stoff also, um eine Heldengeschichte zu erzählen. Zumal Dopita mit seiner Show in den ersten Auftritten für den Klub einen guten Teil zum Erhalt der Erstklassigkeit beitrug. An sein allererstes Spiel erinnern sich noch viele, die damals dabei waren: erstes Tor nach zehn Minuten, krachender Bandencheck von hinten und Spieldauerstrafe noch vor der Drittelsirene. »Ich dachte, das geht ja gut los mit dem. Ihn kannte damals ja noch niemand, und keiner wusste, was das mal für eine Granate wird«, sagte Sven Felski einst.[24] Es dauerte aber nicht lange, bis das alle ahnten. Im Spiel gegen die Augsburger Panther schoss er im November 1994 mal eben sechs Tore beim 9:3. Bis heute ein Rekord in der DEL.

Dopita war ein junger Kerl damals, ein begnadeter Spieler, der etwas entdecken wollte. Herausgefunden hat er bald, dass er trotz allen Talents eher jemand ist, der die Heimat braucht. Sie versuchten, ihn in die NHL zu holen. Klar, so ein Mann gehörte da auch hin. Doch mehr als 73 Partien für Philadelphia und Edmonton mit 12 Toren und 21 Vorlagen wurden es nicht. Vielleicht stand ihm sein spielerisches Naturell dort ebenso etwas im Weg wie der Heimatbezug. Dopitas Kunst war das Spiel nach vorn. Hinten hielt er sich ungern auf. Auch ließ er sich zu Strafen hinreißen, die andere eher als unnötig betrachteten. Als Diva ging er gern durch.

Wie dem auch sei, mit seinen Qualitäten als Spieler ist die kurze Zeit in Nordamerika nicht erschöpfend zu erklären. Das zeigte sich bei etlichen Turnieren mit Tschechien, drei Mal wurde Dopita Weltmeister, er wurde Olympiasieger, war im Allstar-Team der WM. Masse, um die 100 Kilogramm, und Größe, 1,93 Meter, brachte er in eleganten Bewegungen zusammen, er nutzte seine große Reichweite – und er sorgte mit seinem unwiderstehlichen Instinkt dafür, dass er bei jeder WM zu einer Geschichte für Berliner Medien wurde. Immer mit der Frage konfrontiert, ob er sich denn eine Rückkehr vorstellen könne. Rein wörtlich war das nie ein Problem, die Hoffnung der Fans auf eine neue Liaison erhielt also stetig Nahrung. Allein die Absicht bestand nie. Die NHL und Berlin, das blieben die einzigen Versuche, sich mal außerhalb der Landesgrenze zu probieren. Daheim gefiel es ihm immer am besten, sieben Meistertitel gewann er dort.

Schade, sicher. Jiří Dopita gehörte zweifellos zu den besten Spielern, die je das EHC-Trikot trugen. Er schaffte es, in recht kurzer Zeit zum Helden zu werden.

GRUND 53

Weil sie Teil des ersten Outdoor-Spiels der DEL waren

Freiluftspiel. Hört sich irgendwie exotisch an heutzutage. Früher war das normal, es gab Zeiten, da fand jedes Spiel unter freiem Himmel statt. Im Zuge der Modernisierung des Lebens im Allgemeinen dann nicht mehr. Da waren offene Seiten in manchen irgendwann überdachten Stadien das letzte Relikt einer längst vergangenen Zeit. Die mittlerweile unwiderruflich vorbei ist. Im Allgemeinen.

Doch regelmäßig findet eine Rückbesinnung auf die Ursprünge statt. Könnte man zumindest meinen. Viel präsenter ist die Idee, mit dem Ausflug in die Vergangenheit ein besonderes Flair zu schaffen, einmal im Jahr oder in noch etwas größerem Abstand, und damit einen so großen Reiz auszuüben, dass die Leute in Strömen kommen und die Kassen kräftig klingeln. Romantik? Keine Spur. Obwohl die natürlich auch verkauft werden soll. Genau, verkauft. Es geht ums Verkaufen, Event lautet das Zauberwort. Winter Game haben sie es in der DEL genannt und nach dem US-Vorbild zur ganz großen Nummer aufgeblasen.

Das ist es am Ende auch, wenn 50.000 und mehr Zuschauer so ein Winter Game sehen wollen. In einem umgebauten Fußballstadion. Das erste in der DEL fand in Nürnberg statt mit den Ice Tigers als Gastgeber, am 5. Januar 2013 war das. Als Gegner wurde der EHC Eisbären ausgewählt, als amtierender Meister. Nicht nur deshalb eine perfekte Wahl, denn kaum ein Team im deutschen Profi-Eishockey hat so viel Erfahrung mit Partien oben ohne. Der Klub spielte zu DDR-Zeiten mangels Konkurrenz jedes Auswärtsspiel in Weißwasser. Im Kunsteisstadion Wilhelm Pieck, einer riesigen Arena mit Platz für bis zu 16.000 Zuschauer. Bis zur Wende 1990 traten die Dynamos dort an.

Ein paar von denen, die 2013 dabei waren, kannten die Tage von Weißwasser noch aus eigenem Erleben. Keiner von den Spielern, aber von den Betreuern, die früher selbst mal Spieler gewesen waren. Diesmal wurde freilich keine fertige Infrastruktur genutzt, sondern eine Fußballarena bedarfsgerecht angepasst. Das kostete mit allem Drum und Dran etwa eine Million Euro, lohnte sich aber, denn durch die 50.000 Zuschauer blieb am Ende sogar ein Gewinn hängen.

Drei Wochen vorher wurde ein Spielfeld auf einem 2.500 m² großen Holzpodest angelegt. Drei Kältemaschinen stellten eine sieben Zentimeter dicke Eisschicht her, für die 180.000 Liter Wasser benötigt wurden und 90 Kilometer Kühlschlauch. Selbst bei Lufttemperaturen von plus fünf Grad Celsius sollte dieses Eis halten und bespielbar sein. Die restliche Innenraumfläche inklusive Laufbahn und weiteren Leichtathletikanlagen wurde mit einem 15.000 m² großen weißen Teppich abgedeckt.

Die Temperaturen waren dann eher weniger das Problem, dafür nieselte es permanent. Der Regen minderte den Durchblick bei den Visieren, besonders jedoch plagte er die Spieler auf dem Eis. Jeder Tropfen fror sofort, sodass sich eine Oberfläche bildete, die mit Gänsehaut zu vergleichen ist. Dazu rutschte der Puck vom Schläger, hoppelte gern. Es rumpelte also ordentlich, was das Spiel in seiner Qualität phasenweise tatsächlich auf den guten alten Teich zurückführte. Nichts für Liebhaber der feinen Ästhetik. Aber ehrlich, es geht auch mal so.

Für alle war das Spiel ja ohnehin mehr Vehikel des Gesamtkonzepts als Garant für tollen Sport. Mit einem pompösen Rahmenprogramm wartete das erste DEL Winter Game auf. Mit »The Boss Hoss« als musikalischer Aufwärmphase, mit einem Legendenspiel, bei dem auch EHC-Chef Peter John Lee den Schläger schwang. Mit Feuerwerk als knalligem Abschluss. Die Medien sprangen dankbar auf das große Getöse an, vermeldeten einen Europarekord an Besuchern in einem Ligaspiel. Das Fernsehen ließ keine Perspektive aus, sodass die Spieler vor lauter Stadionbeleuchtung und reflektierendem Untergrund sich nach US-amerikanischem Brauch dicke schwarze Striche unter die Augen malten.

Ihren Spaß, das berichteten alle, hatten die Spieler des EHC bei dieser Premiere, die seither alle zwei Jahre ihre Wiederholung fand. Trotz des Resultats von 3:4 (0:0, 1:1, 2:3). Florian Busch, André Rankel und Travis James Mulock trafen für die Eisbären. Die Berliner dürfen irgendwann bestimmt noch einmal Teil eines solch exotisch anmutenden Events sein.

GRUND 54

Weil ihre Dominanz abrupt enden konnte

Wir hatten schon von einer Ära gesprochen in diesem Buch; und unbestritten konnten die Eisbären in der DEL diesem Begriff in seiner Bedeutung voll entsprechen. Als bislang letzter Klub. Doch diese Ära – das soll keine Kritik sein, sondern lediglich eine Auflistung von Fakten – könnte vielleicht noch ein wenig imposanter daherkommen, als sie es ohnehin schon tut. Denn die Berliner verpassten schließlich ein paar Gelegenheiten in ihren großen Jahren. Da konnte die Dominanz auch mal ganz schnell vorbei sein.

Wirklich frappierend und letztlich ebenso ein bisschen schockierend war die Situation im Frühjahr 2010. Ein besseres Beispiel für das Ende einer Phase, in der eigentlich alles perfekt klappte und die dann jäh ihren Abschluss fand, gibt es eigentlich nicht. Vielen Fans dürfte es noch heute schwer ums Herz werden bei der Erinnerung daran. Als Meister gingen sie in die Saison und hielten sich zunächst gewohnt weit vorn auf. Nach einem minimalen Zwischentief im November folgte Sieg um Sieg, die Berliner rauschten durch die DEL, wie das noch keine Mannschaft getan hatte. Nach 56 Spieltagen standen 123 Punkte für den Tabellenführer in der Statistik, ein absoluter Rekord. Ganze 2,2 Punkte nahmen die Eisbären durchschnittlich aus jeder Partie mit, auch das ein Bestwert.

Da der Zweite der Hauptrunde, die Frankfurt Lions, erst mit 25 Zählern Rückstand folgten, schien der Titelhattrick nach den Meisterschaften 2008 und 2009 nur noch Formsache. Dachte jeder, dachten die Spieler des EHC, die Fans, fast alle, die sich mit der DEL beschäftigen. Im Viertelfinale trafen die Berliner auf die Augsburger Panther, den Achten, der sich im Pre-Play-off noch mit Adler Mannheim auseinanderzusetzen hatte. Das erste Spiel, ein 2:1 für den EHC in Berlin, fiel noch unter die üblichen Startschwierigkeiten nach einer Woche Spielpause gegen einen im Rhythmus befindlichen Gegner. Mit dem zweiten Spiel aber wurde klar, dass die Aufgabe kein Selbstläufer werden würde. Augsburg gewann daheim 2:1. Spiel drei offenbarte, dass eine Sensation in der Luft liegen könnte. In Berlin unterlagen die Eisbären 3:5. Zwar revanchierten sich die Eisbären in Augsburg noch einmal mit einem 5:3. Das fünfte und letzte Duell der »Best of five«-Serie in Berlin schaffte mit einem 2:6 jedoch die traurige Gewissheit: Aus im Viertelfinale, als Team, das gerade noch für seinen Punkterekord gefeiert worden war. Mehr als bitter.

Wie konnte das nur passieren? Zu sehr von der Bestmarke berauscht? Zu überzeugt von sich selbst? Zu wenig Respekt vor dem Gegner? Alles spielt sicher eine kleine Rolle. Den Berlinern gingen im Viertelfinale gegen ein Team, das in der Hauptrunde 36 Punkte weniger eingeholt hatte, die Ideen aus, die mentale Stärke, die Kraft verflüchtigten sich. Vor dem Play-off fehlten einige Spieler verletzt, die Mannschaft holte auch dezimiert die Zähler für den Rekord. Mit diesem im Fokus musste die Mannschaft zu oft am Limit agieren, emotional und konditionell. Gegen die Augsburger hatten die Eisbären schließlich nichts mehr zuzusetzen. Spieler wie Derrick Walser, eine Stütze, musste teilweise lange von der Bank aus zusehen, weil Trainer Don Jackson ihn wegen schwacher Leistung nicht aufs Eis lassen wollte. Augsburg hingegen nutzte den Schwung aus dem Erfolg gegen den Meister und zog bis ins Finale.

Auch schmerzhaft, aber weniger dramatisch endete die Saison 2002/03. Also dramatisch bezüglich des sportlichen Resultats. Was dieses wiederum beim damaligen Trainer Pierre Pagé auslöste, hatten wir schon anderweitig erwähnt. Die Spielzeit hatte ebenso historische Ausmaße, 52 Spieltage war die Hauptrunde lang, an 44 davon standen die Eisbären an der Tabellenspitze. DEL-Rekord. Im Viertelfinale gegen die Hamburg Freezers verlief die »Best of seven«-Serie problemlos mit 4:1 Siegen zugunsten des EHC.

Im Halbfinale standen die Berliner den Krefeld Pinguinen gegenüber, Sechster, 31 Punkte hinter Tabellenführer EHC in der Hauptrunde. Aber ausgestattet mit der damals besten Sturmreihe der Liga, ein paar sehr guten Verteidigern sowie einem glänzenden Torhüter. Nach dem Auftaktsieg (4:1) setzte es drei Niederlagen in der »Best of five«-Serie. Das erste Spiel hatte den EHC leichtgläubig gemacht die Stärke des Gegners betreffend. Davon konnten sich die Berliner nicht mehr befreien und hatten wenig zu bestellen in den folgenden Partien (2:4, 0:1, 1:4). Zwar galten die Eisbären als Favorit auf den Titel, sie offenbarten jedoch, dass der Umbau der Mannschaft noch nicht weit genug vorangeschritten war, um bereits den Titel, den sich Krefeld überraschend holte, zu gewinnen.

In der folgenden Saison hätte jeder erwartet, dass es nun so weit sein würde. Das Team war noch einmal verstärkt worden und bestätigte seine Entwicklung mit der Wiederholung des ersten Platzes nach der Hauptrunde. Im Viertelfinale setzte sich der Trend fort, Düsseldorf wurde in der »Best of seven«-Serie mit vier Siegen abgefertigt. In der »Best of five«-Serie des Halbfinales erging es dem ERC Ingolstadt ebenso, drei Spiele, drei Siege für die Berliner. Im Finale trafen die Eisbären auf die Frankfurt Lions. Die ersten beiden Spiele entschied das Heimteam jeweils mit 5:2 für sich, ein Trend war daraus noch nicht abzuleiten. Im dritten Duell in Berlin waren beide Teams ebenbürtig, bis in der Verlängerung ein Puck unglücklich vom Rücken des EHC-Verteidigers Rob Leask abprallte und Frankfurt den Siegtreffer zum 4:3 ermöglichte. Auch das letzte Spiel in Frankfurt verloren die Eisbären 3:4. So nah vor dem Ziel scheiterten sie erneut. Mancher lastete das dem Trainer an, der mit einem Hin und Her zwischen den Torhütern für Aufregung gesorgt hatte und der in einem großen Spannungsverhältnis zur Mannschaft lebte. Letztlich aber wirkt auch dieses Ereignis wie ein wichtiger Schritt auf dem Weg zur Dominanz der Berliner, auf dem Weg zu ihrer Ära.

Die wurde in der Saison 2006/07 nur unterbrochen, weil die Atmosphäre zwischen Pagé und dem Team zu geladen war, um weiter erfolgreich zu sein. Ihr Ende fand die große Zeit der Eisbären mit dem Titel 2013. Die großen Helden der Erfolge hatten ihre Karrieren beendet, Nachfolger konnte der Klub nicht im gleichen Maß bieten. Die Dominanz war diesmal für längere Zeit dahin.

GRUND 55

Weil die Berliner einen besonderen Jahrgang hervorbrachten

Talente gibt es viele, sie kommen und gehen. Meist aber schön auf alle Klubs verteilt. Mal bringt der eine einen ganz besonders begabten Nachwuchsspieler hervor, der dann eine tolle Karriere hinlegt. Mal der andere.

Selten ist es, dass diese Talente gehäuft auftreten, also in einem Klub. Zu denen, die sich dieses glücklichen Umstands rühmen dürfen, zählen die Eisbären. Bei ihnen durchläuft eine Gruppe von Spielern den Großteil ihrer Karriere, sie sind eng mit dem Klub und seinem Erfolg verbunden. Die Rede ist vom sogenannten 85er-Jahrgang. Vier Profis umfasst er, vier Spieler, die sich alle aus dem Nachwuchs der Eisbären bis in die Nationalmannschaft hocharbeiteten. Die zur goldenen Generation der Berliner aufstiegen.

Sie heißen: Florian Busch, Jens Baxmann, Frank Hördler und André Rankel. Echter Berliner, und damit eine Besonderheit, ist nur Rankel. Seinen Anfang aber hatte auch er in einem anderen Verein – und zwar bei den Capitals. Die gut aufgestellte Nachwuchsarbeit der Eisbären ließ den Blick aber auch über den städtischen Tellerrand hinaus schweifen und versammelte schon in jungen Jahren Spieler aus dem ganzen Land in Hohenschönhausen. Hördler kam aus Selb nach Berlin, Baxmann aus Braunlage, Busch aus Klostersee.

Sie alle liefen für die Eisbären Juniors schon in der vierten und dritten Liga auf, Baxmann spielte sogar in der DNL im Trikot mit dem Bären auf der Brust. Ihre Chance bei den Profis erhielten alle früh, Trainer Pierre Pagé liebte es, wenn Talente neue Energie in eine Mannschaft brachten und den Älteren Druck machten. Also gab er ihnen Einsätze, nicht immer so viele, wie gern in Heldengeschichten über Pagé erzählt und geschrieben wird, aber eben doch genug, damit die jungen Spieler gedeihen konnten, ihre Fähigkeiten schärften und sich profilierten.

Mit der Erkenntnis, dass das Konzept der Eisbären bei diesen vier Spielern – es gab noch ein paar weitere Kandidaten aus dem 85-er Jahrgang, diese jedoch hatten nicht das Niveau und mussten den Klub früher oder später verlassen – grandios funktioniert, mehrten sich die Eiszeiten. Nach und nach wurden sie herangeführt, stiegen auf von Spielern aus den hinteren Reihen zu Profis mit wichtigen Aufgaben. Und wie das Leben so spielt, werden auch die Jungen irgendwann älter. Mit jedem älteren Spieler, der dann später ausschied, wuchs schließlich die Rolle der 85er im Team. Sie trugen stetig mehr bei zu den sieben Meisterschaften der Eisbären. Jeder der vier gehörte bei allen Titeln in der DEL zum Kader, später wurden die Stürmer zu den besten deutschen Punktesammlern im Team oder wie Rankel sogar zum Topscorer im Play-off. Hördler entpuppte sich als einer der fähigsten Abwehrspieler des Landes, Verteidiger Baxmann wurde zum defensiven Gewissen der Eisbären

Die Vorstellungen des Klubs trafen genau ein: Sich die Führungsspieler von morgen selbst heranzuziehen, lautete der Traum. Mit der Unterstützung von älteren deutschen Spitzenspielern sowie für die DEL überdurchschnittlichen Ausländern nahm die Entwicklung den gewünschten Verlauf. Rankel geht mittlerweile als Kapitän voran. Zwar mag die Führung im Team nicht mehr so autoritär sein wie ein paar Jahre zuvor, dazu sind alle vier nicht die entsprechenden Typen. Doch auch der auf mehr Eigenverantwortung setzende Stil der neuen Leader passte zumindest eine Zeit lang gut zur Mannschaft.

Der 85er-Jahrgang wurde für die Eisbären zur Erfolgsgarantie. Doch auch die Berliner schafften es nicht, noch einmal eine derart spezielle Gruppe zu entwickeln. Nicht jeder Jahrgang kann eben golden glänzen. Talente treten lieber einzeln als gehäuft auf. Das Glück der Berliner war und ist sehr besonders. Interessant wird jetzt noch, ob diese einzigartigen Spieler, die ihr Eishockeyleben weitgehend beim EHC verbrachten, dieses auch in Berlin beenden werden.

GRUND 56

Weil sie am weitesten reisen müssen

Klar, dieser Grund hat Potenzial für die Rekordrubrik. Kilometer schrubben mal anders. Die Eisbären nicht nur als Rekordmeister der DEL, sondern auch als Rekord-Reisemeister. Klasse. Irgendwie auch logisch, so als einziger Klub weit im Osten und weit ab vom Schuss. Oder doch nicht ganz so weit, denn im Norden gibt es ja auch immer noch so einen Einzelgänger. Erst die Freezers in Hamburg, dann die Pinguins aus der Fischtown Bremerhaven. Gefühlt gar nicht so leicht zu sagen, wer da nun die längsten Betriebsausflüge im deutschen Eishockey für sich reklamieren kann.

Gut, wir haben es ja schon vorweggenommen. Die Eisbären reisen am meisten. Das gar nicht mal so schlecht. Meist erkunden sie die schöne Heimat von oben aus, sind überwiegend mit dem Flugzeug unterwegs. Sonst würde das auch alles viel zu lange dauern und den Rahmen eines Wochenendes leicht sprengen. Ganze 14.152 Kilometer beträgt die Gesamtdistanz zu allen anderen 13 Klubs in der DEL zusammen. Und weil alle qua Spielplan doppelt besucht werden, kommen eben 28.304 Reisekilometer zusammen. Das habe ich übrigens nicht selbst ausgerechnet, die Zahlen stammen vom Klub. Und ich stelle hier auch nicht die Frage, wer Zeit hat, solche Rechnungen für alle Klubs der Liga anzustellen.

Natürlich muss man nicht alle Vereine durchdeklinieren, da genügt schon ein Blick auf die Landkarte in Nordrhein-Westfalen und in Bayern, um zu sehen, dass dort eher die Kurzstrecken dominieren. Aber irgendjemand scheute keine Mühe und rechnete sich durch die Eishockey-Republik.

Ganz am anderen Ende der Skala, also mit den geringsten Entfernungen gesegnet, sind die Nürnberg Ice Tigers. Quasi im Herzen von Eishockey-Deutschland gelegen reichen den Franken gerade einmal 17.028 Kilometer, um einmal durch die Hauptrunde zu fegen. Mannheims Adler müssen mit 17.172 Kilometern nicht viel mehr Strapazen auf sich nehmen. Die Kölner Haie (18.932), der ERC Ingolstadt (18.532) und die Iserlohn Roosters (18.228) liegen am unteren Ende. In der Mitte bewegen sich die Grizzlys Wolfsburg (21.856), ohne Frage mit nur einer Anreisestunde per ICE die dankbarste Tour für die Berliner, Straubing (21.408) und München (21.096).

Bei diesen Entfernungen wird schnell klar, dass die Eisbären deutlich mehr unterwegs sind als die Konkurrenz. Quasi in ihrer eigenen Liga. Zusammen mit Bremerhaven vielleicht noch. Die Nordlichter haben mit 26.816 Kilometern ebenso ein ordentliches Pensum abzureißen. Allerdings ist der kleine Verein von der Küste in seinen Reisen weniger komfortabel dabei, die Pinguins zeigen, dass ein DEL-Wochenende selbst in diesen Dimensionen auch per Bus, zwar im Sitzen, aber mit Anstand absolviert werden kann.

GRUND 57

Weil ein paar Spieler mit der Nationalmannschaft eine Sensation erlebten

Viele Spiele, viel Verschleiß. Viel Verschleiß, viele Chancen. So ungefähr könnte eine kleine Kausalkette aussehen; und zwar die mit den Variablen für die Frage, warum es im Eishockey so viele Nationalspieler gibt. Klar, die Teams an sich sind groß. Doch weil viel gespielt wird und dazu noch jedes Jahr eine Weltmeisterschaft stattfindet, kann oder will nicht jeder immer bei einem Turnier des Nationalteams dabei sein. Also werden immer neue Spieler berufen, sodass einen manchmal das Gefühl erfüllt, dass fast jeder Deutsche in der DEL auch mal für die Nationalmannschaft im Einsatz gewesen war.

Deutschlands erstes Eishockeyteam hat es in der Welt der Großen überaus schwer. Mitspielen ist nur manchmal möglich, für eine Partie vielleicht. Wird es mehr, nimmt das WM-Turnier gleich einen überdurchschnittlichen Verlauf für den Deutschen Eishockey-Bund. Dennoch ist das Ende an sich vorgezeichnet. Immer. Im Viertelfinale ist Schluss, weiter geht es nicht. Das schien irgendwie in Stein gemeißelt. Zumindest bis 2010. Erwartungsfroh war damals kaum jemand in das Turnier gegangen, das in Köln und Mannheim stattfand. Dazu waren die Vorergebnisse zu schlecht gewesen. Umso größer fiel dafür die Überraschung aus, als ausgerechnet bei der Heim-WM die große Schranke namens Viertelfinale durchbrochen werden konnte mit einem Sieg gegen die Schweiz (1:0).

Halbfinale, seit 57 Jahren stand der DEB nicht mehr so gut da bei einer WM. Dass die Nationalmannschaft wie Phönix aus der Asche emporstieg ein Jahr nach dem Desaster von Bern und dem sportlichen Abstieg, der nur durch den Gastgeberstatus bei der folgenden WM nicht vollzogen worden ist, hat viel mit den Eisbären zu tun. Kein anderer Klub stellte damals so viele Spieler im Team. Mit fünf Akteuren lagen die Berliner weit vorn.

Ausgewählt hatte sie Bundestrainer Uwe Krupp, später selbst Trainer der Berliner – und schon damals heimlicher Eisbären-Fan? In Sven Felski hatte er einen erfahrenen Spieler dabei, der schon alles erlebt hatte und seine Routine in die Mannschaft brachte. Der zweite EHC-Stürmer, André Rankel, sorgte für die körperliche Komponente in der Mannschaft. Im Tor war Rob Zepp von den Eisbären als Ersatzmann dabei, in der Abwehr wuchs Constantin Braun zu einer soliden Größe heran. Defensivkollege Frank Hördler übernahm eine Nebenrolle.

Kaum mehr vorstellbar eigentlich. Später ging Hördler sogar als Kapitän in die WM, war der einzige Berliner, der bei der erfolgreichen Olympiaqualifikation 2016 und der Heim-WM 2017 mitwirken durfte. Doch damals gehörte er lediglich zum Kader, wurde später auch nachnominiert, erhielt aber keine Eiszeit. Ersatzkeeper Zepp durfte immerhin in zwei Partien auflaufen. Unter anderem im legendären Halbfinale gegen Russland, das durch einen späten Konter von Pawel Daziuk mit 1:2 verloren ging. Braun erhielt sogar die drittmeiste Eiszeit in der Mannschaft, konnte sich aber ebenso wenig wie Rankel in die Scorerliste eintragen. Felski gelang das mit drei Vorlagen.

Der Routinier hatte gemeinsam mit Rankel bereits drei Monate zuvor an den Olympischen Spielen teilgenommen. Als dritter Berliner war Travis James Mulock mit nach Vancouver gereist. Viel mehr Eisbären-Profis wären auch bei der WM eigentlich nicht zu erwarten gewesen. Traditionell waren die Berliner in den Jahren davor und danach eher unterrepräsentiert in den WM-Kadern. Was oft daran lag, dass die Eisbären lange im Play-off spielten und erst spät an der WM-Vorbereitung teilnehmen konnten. Krupp hingegen mochte es, seine Spieler früh beisammen zu haben und lange auf das Turnier einstimmen zu können. Just 2010 war das bei den Berlinern möglich durch das überraschende Aus im Viertelfinale gegen den Außenseiter Augsburg.

Diese Chance, einmal wirklich ausgiebig das Nationalteam zu erleben, nutzten die EHC-Akteure und brachten sich für die WM-Sensation, nichts anderes war der vierte Platz am Ende, in Stellung. Der Einfluss Berlins auf diesen großen Erfolg ließ sich jedoch nicht nur in der Anzahl der Eisbären-Profis bemessen. Neben diesen standen zudem Marcel Müller, der ein Tor erzielte und eines vorbereitete, sowie Alexander Barta, mit drei Treffern erfolgreichster deutscher Schütze des Turniers, auf dem Eis – zwei gebürtige Berliner, die ebenfalls schon das EHC-Trikot getragen haben. Es ist also wohl nicht übertrieben, dem Eishockey aus der Hauptstadt eine Schlüsselrolle beim größten WM-Erfolg seit mehr als einem halben Jahrhundert zu bescheinigen.

GRUND 58

Weil die Eisbären den Deutschen Eishockeypokal gewannen

Du sollst keine Klub-Wettbewerbe neben der Meisterschaft haben, sprach der Eishockey-Gott. Und sein Volk gehorchte. So könnte das wirklich irgendwann mal gelaufen sein, möchte man meinen. Denn es ist schon interessant, wie sehr sich die Eishockeyfans als Einzige dagegen sträuben, dass sich internationale Klub-Wettbewerbe durchsetzen können. Sie gehen einfach nicht hin. In jeder anderen Teamsportart sind kontinentale Vergleiche für alle spannend, nur beim Eishockey finden das viele Anhänger nicht. Warum auch immer.

An nationale Nebenprodukte braucht also gar keiner erst zu denken. Die gibt es ja auch nicht. Nicht mehr. Zumindest nicht für die Spitze. Denn eine Zeit lang veranstalteten DEL und ESBG, damals für zweite und dritte Liga zuständig, tapfer den Deutschen Eishockeypokal. Konsequent ignorierten die Fans auch diesen Versuch, neben der Meisterschaft noch eine andere Wettkampfform zu etablieren. Die Halbwertzeit des Pokals war also kurz. Denn ohne Fans hatte auch der Veranstalter keine Lust, den ohnehin engen Terminplan weiter zu strapazieren.

Das Terminproblem begleitet das Eishockey permanent. Die jährliche WM am Saisonende ist schuld. Trotzdem wollten es DEL und ESBG nach in den 1980ern gescheiterten Anläufen noch einmal wissen. Sie legten 2002 den Deutschen Eishockeypokal auf in der Hoffnung, die Fans würden ihm eine Chance geben. Dass dies nicht funktionieren würde, zeichnete sich bald ab. Für die Klubs ergab sich schnell die Betrachtungsweise einer zusätzlichen Belastung, für die nicht mal adäquat Geld in die Kasse kam.

Welche Priorität dem Pokal bei den Eisbären eingeräumt wurde, zeigte teilweise die Mannschaftsaufstellung. Ein leicht verstärktes Oberliga-Team, die zweite Mannschaft des EHC, schickte Trainer Pierre Pagé in den Kampf. Doch in der Saison 2007/08 kam mit Don Jackson ein neuer Trainer, einer, dem egal war, welchen Status der Pokal genoss oder nicht. Jackson wollte immer nur gewinnen, deshalb brachte er stets die beste Mannschaft auf das Eis. Das hatte er schon zuvor in Düsseldorf getan, wo der 2006 bereits den Pokal gewinnen konnte. Und er tat es bei den Eisbären.

Warum auch nicht? Sich gleich in der Premierensaison mit einem Titel einzuführen, ist schließlich nicht der schlechteste Weg, um sich beliebt zu machen. Zwar hatten die Berliner in der ersten Runde beim Zweitligisten EV Landsberg beim 3:2 einige Probleme – und auch in der zweiten Runde beim Zweitligisten Kassel Huskies lief es beim 5:3 nicht rund. Aber die Pflicht wurde erfüllt. Als es bei den Iserlohn Roosters im Viertelfinale gegen einen DEL-Konkurrenten ging, wäre beim 3:2 nach Verlängerung fast Schluss gewesen. Dafür wurde das Halbfinale, das daheim im Wellblechpalast stattfand, zu einem Offensivfestival. Mit 10:4 fegten die Berliner die Augsburger Panther vom Eis.

Der Zuspruch hielt sich da mit 3.100 Besuchern in Grenzen, zum Finale gegen die Frankfurt Lions kamen aber schließlich doch 4.695 Zuschauer, Berlin meldete ausverkauft. Na gut, in dem Spiel ging es eben konkret um einen Titel. Dann kann man schon mal zum Pokal-Fan werden. Vor heimischer Kulisse setzten sich die Eisbären mit 3:2 durch, Brandon Smith (3.), Richard Mueller (50.) und Jens Baxmann (51.) hießen die Helden, die den Klub am 19. Februar 2008 zum ersten und einzigen Gewinn des Pokals schossen. Dafür gab es 20.000 Euro Siegprämie. Wenigstens waren die Unkosten damit gedeckt, sagte sich das Management.

Für den Erhalt des Wettbewerbs setzten sich die Berliner allerdings trotzdem nicht ein. Seit Jahren wurde parallel in der DEL über einen Ausstieg diskutiert, nach der Saison 2008/09 kam der dann auch. Mit der bevorstehenden Heim-WM und Olympia erlaubte der Zeitplan keine Spielereien mehr. Der Pokal wurde, wie es hieß, zunächst für eine Saison ausgesetzt. Ein guter Anlass, fanden alle, das Thema gleich ganz abzuhaken. Der Spielbetrieb – zumindest mit Beteiligung der DEL-Klubs – wurde nicht reaktiviert. Vermisst hat den Pokal seither niemand.

GRUND 59

Weil sie Teil eines Skandals waren, der sich als eher klein erwies

Junge Spieler machen immer wieder mal Dinge falsch. Dafür sind sie jung, sie müssen und dürfen lernen. Manche Fehler wiederum lassen sich nicht so leicht ausbügeln wie andere. Ein dummes Foul auf dem Eis? Okay, kann passieren. Ein Schritt zu viel oder zu wenig? Alles normal, wenn man noch nicht genügend Erfahrung hat. Aber einen Dopingkontrolleur einfach abblitzen lassen? Ganz bestimmt keine gute Idee.

Das muss auch Eisbären-Stürmer Florian Busch am 6. März 2008 durch den Kopf gegangen sein. Leider nur etwas zu spät. Da hatte er sich bereits mit dem Kontrolleur verbal duelliert und eine Probe mal eben verweigert. In einer Welt des Misstrauens bei sportlichen Leistungen bringt so etwas schnell Verdachtsmomente auf. Skandal, Skandal, da hat einer etwas zu verbergen. Grundsätzlich kein falscher Instinkt. Eben weil im Sport munter betrogen wird. Eine Bitte, vorgetragen nach einer kurzen Zeit des Nachdenkens und der Einsicht, kann zwar dann wie bei Busch noch immer eine negative Probe erbringen, den unangenehmen Vorfall genauso wie den Verdacht aber nicht aus der Welt schaffen.

Das musste Busch schmerzlich erfahren. Über eineinhalb Jahre zog sich das juristische Hin und Her in die Länge. Erst Ende November 2009 konnte Busch wieder unbeschwert seine Witze, ein Markenzeichen, machen. Zwischendurch hatte ihn der Internationale Sportgerichtshof Cas für zwei Jahre gesperrt. Davor allerdings bescheinigte ihm ein Schiedsgericht, dass kaum etwas passieren würde. Achterbahn fuhren Gefühle und Gedanken, alles nur wegen einer ebenso dummen wie unnötigen Aktion.

Die begleitet Busch seither. Kurz danach erzielte er in Köln das Tor zur dritten Meisterschaft der Eisbären. Das Thema machte während der Serie die Runde, die Rheinländer witterten eine Verschwörung und schließlich ein unlauter beendetes Finale. Busch wurde mit 23 Jahren zum Buhmann. Für die Fans der Haie. Bald aber auch für die Antidoping-Agenturen. Die Nationale ebenso wie die Internationale wollten ihn verurteilt sehen. Der Grund wäre mit dem Verstoß gegen die Richtlinien auch gegeben. Doch Busch war eben nicht der Einzige, der einen Fehler gemacht hat. Auch der Deutsche Eishockey-Bund schlampte vor sich hin, die Richtlinien wurden nicht konsequent umgesetzt. So existierte keine gültige Athletenvereinbarung mit Busch, in der er sich zu den Antidoping-Richtlinien bekennt und der Sportgerichtsbarkeit unterwirft.

Am Ende war alles also ganz einfach: Es gab einen Grund für eine Sperre, aber eben keine Grundlage. Zwar jagte der Cas Busch mit seinem Urteil im Sommer 2009 einen ordentlichen Schreck ein. Doch das Schweizer Bundesgericht kassierte den Spruch schließlich, weil Busch sich den Antidopingrichtlinien gar nicht unterworfen hatte und damit die Voraussetzung für die Bestrafung durch den Cas fehlte. Der eigentliche Skandal lag also beim DEB, Busch hat ihn nur unfreiwillig ans Licht befördert.

Dafür musste der EHC-Stürmer mehr symbolisch 5.000 Euro Strafe zahlen für ein Verfahrensvergehen und Sozialstunden leisten. Das tat er bei einem Jugendprojekt der Eisbären. Mit der Entschädigung von der Weltantidopingagentur, die ihm das Bundesgericht zusprach, kam Busch sogar bei fast null raus, was die Geldstrafe anging. Sportlich aber brachte ihn das ganze Gezeter um eine lange Karriere in der Nationalmannschaft. Dort mochte er nach einem kurzen Comeback nach der Affäre nicht mehr spielen. Zu viel Rummel wegen der Verweigerung, zu viel Aufwand mit den Antidopingregeln. Da lebte es sich in der kleinen Welt der Eisbären fortan deutlich bequemer. Ohne den ständigen Hinweis darauf, mal etwas falsch gemacht zu haben, was sich nicht so einfach korrigieren lässt.

GRUND 60

Weil ein paar Berliner tatsächlich ohne die Eisbären glücklich wurden

Zu Hause ist es doch am schönsten. Ja, mag sein. Das heißt aber noch lange nicht, dass einem anderswo nicht ebenso Gutes widerfahren kann. Manchmal sogar noch viel Besseres. So schön, wie es sich in der Eisbären-Familie lebt, fällt das zwar in die Kategorie »Unglaublich!«. Doch wie es so ist: Einige Jungs, aus denen später Eishockeyprofis wurden, wenn sie es denn nicht schon in Berlin waren, fanden ihr Glück außerhalb der Heimatstadt. Also nicht bei den Eisbären. Auch das muss es geben.

Zum Nachteil gereichte es niemandem. Nicht dem Klub, der seine Erfolgsgeschichte auch ohne diese Spieler schrieb. Besser wäre diese selbst mit jenen Profis sowieso nicht verlaufen. Ebenso mussten die Spieler nichts bereuen. Manche gewannen mit anderen Klubs Meistertitel, manche nahmen wichtige Plätze in ihren Teams ein, waren Kapitän oder Führungsspieler. Ehren, die ihnen in Berlin kaum erwiesen worden wären. Einer schwang sich sogar auf und schaffte, was noch keinem gebürtigen Berliner vor ihm gelang. Er lief in der NHL auf, dazu noch in einer der größten Eishockey-Städte der Welt – in Toronto für die Maple Leafs. Die Rede ist von Marcel Müller. Noch immer ist er der einzige Berliner, der es bis in die NHL geschafft hat. Deshalb gebührt ihm auch ein eigener Grund.

Talent übersehen haben die Eisbären selten, wie bei Müller gab es oft andere Faktoren, die zum Abschied führten. Gerade der Punkt, dass nicht alle jungen Spieler, die aus einem Klub hervorgehen, auch bei diesem unterkommen können, wenn das Talent für die großen Pläne nicht genügt, traf öfter zu. René Röthke etwa verzeichnet mehr Einsätze im EHC-Nachwuchs als im DEL-Team der Eisbären. Er wendete sich früh ab, mit der Aussicht, anderswo mehr spielen zu können. Augsburg, Hamburg, Hannover und Ingolstadt waren seine Arbeitgeber, bevor der Flügelspieler 2009 nach Straubing kam und dort eine sportliche Heimat fand.

Viel umher wanderte auch Björn Barta. Der Stürmer, der aus der Talentschmiede der Berliner stammt, spielte sogar nie in der DEL für den EHC. Trotzdem durfte er zwei Meistertitel feiern, war gleich bei seiner ersten DEL-Station in Köln 2002 am richtigen Platz und gewann 2014 mit Ingolstadt erneut die Meisterschaft. Zwischendurch zog er sich noch für Augsburg und Nürnberg um.

In seiner letzten DEL-Saison, die er 2015/16 in Ingolstadt verbrachte, erfüllte sich für Barta noch ein Wunsch: Er konnte zum ersten Mal mit seinem kleinen Bruder zusammen in einem Team spielen. Alexander ist drei Jahre jünger, lief anders als sein Bruder sogar für die Eisbären in der DEL auf und gehörte 2005 zum Team, das den ersten Titel der Berliner gewann. Danach aber ging der Mittelstürmer, er fühlte sich nicht genug geschätzt. Das wurde in Hamburg anders, über Jahre entwickelte er sich zur zentralen Figur dort, wurde Kapitän und durfte bei Olympia spielen. Nach einer Episode in Schweden erhielt Barta, der später nach Düsseldorf wechselte, in München erneut das Amt des Spielführers.

Einen großen Namen in der Eisbären-Geschichte trägt Steffen Ziesche. Nach dem Karrierestart im Heimatklub, in dem sein Vater eine Ikone aus DDR-Zeiten ist, musste sich der Angreifer nach einem Aufenthalt in Frankfurt während der großen Ausländerschwemme nach dem Bosman-Urteil lange Zeit in der zweiten und dritten Liga durchschlagen. Als dann die Krefeld Pinguine an die Tür klopften, ging auch für ihn ein Traum in Erfüllung: 2003 wurde Ziesche Meister. Nach dem Karriereende in Kassel kehrte er zurück in den Klub, profilierte sich als Sportdirektor und Trainer im Nachwuchs. Dort, wo er einst anfing.

Ein Wiedersehen dieser Art wird es für Patrick Köppchen kaum geben. Er zog aus dem Nachwuchs nach Nordamerika; als er zurückkam, war beim EHC kein Platz mehr für ihn. Auch der Verteidiger musste unten anfangen, zweite Liga, dritte Liga. Bis ihn sein Weg nach München in die DEL führte, schließlich nach Hamburg und Hannover sowie von einem erneuten Anlauf in Hamburg nach Ingolstadt. Dort wurde Köppchen zum Kapitän, 2014 zum Meister. Das hatte er 2010 auch schon mit Hannover geschafft. Dem gebürtigen Berliner gelang zudem das Kunststück, die meisten seiner DEL-Spiele ohne seine Unterbrechung zu absolvieren. Er hält den Rekord für die längste Serie, bestritt 506 Partien in Folge für seine Klubs, ohne dabei wegen Verletzungen oder Sperren zu fehlen.

Diese fünf sind die bekanntesten Beispiele. Doch es gibt noch den einen oder anderen Berliner, der ebenso mehr Zeit seiner Profikarriere bei anderen Klubs verbrachte als bei den Eisbären. Oder gar keine, wie Lasse Kopitz und Jochen Molling. Die sind bei den Preussen in Charlottenburg groß geworden. Aber das gehört nicht hierher.

GRUND 61

Weil ein Torhüter Meister wurde, der sich nicht genug geliebt fühlte

Wertschätzung, die braucht jeder von Zeit zu Zeit. Ein paar warme Worte, Lob, Anerkennung, egal in welcher Form. Hauptsache, man spürt, dass das eigene Tun befürwortet wird. Und zumindest im Mannschaftssport im Sinne aller ist.

Da war Oliver Jonas keine Ausnahme. Er war vielleicht ein ganz anderer Typ Eishockeyspieler als die meisten, doch auch er brauchte, im übertragenen Sinn, das Gefühl, geliebt zu werden. Weil das irgendwann nicht mehr gegeben war aus seiner Sicht, verließ er die Eisbären. Dabei hätte ihm die Zukunft gehört im Tor des EHC.

Im Herbst 2001 kam der Goalie als 22-Jähriger nach Berlin, von Anfang an hatte er etwas Besonderes. Denn er kam als Uni-Absolvent aus Harvard/USA. Er kam ebenso als Neffe des früheren Nationaltorhüters Helmut de Raaf. Intelligent und familiär vorbelastet in Sachen Eishockey, eine interessante Mischung.

Was das schließlich auf dem Eis ausmachen würde, ließ sich damals nicht absehen. Jonas war ein hagerer Typ, für den die Torhüter-Ausrüstung manchmal zu schwer erschien. Ein ruhiger Typ, intellektuell verklärt. Doch er hatte auch sportlichen Ehrgeiz, der ihn Jahr um Jahr voranbrachte. In seiner dritten Saison beim EHC war er fester Bestandteil des Teams, die Berliner schafften es bis in das Finale. Dass sie nicht Meister wurden, lag nicht an Jonas, der inzwischen auch zum Nationalspieler herangewachsen war.

Die Entwicklung der Mannschaft schien vorherbestimmt, Jahr für Jahr ging es aufwärts. Allerdings ergab sich in der Saison 2004/05 eine Eskalation des Gehaltsstreits in der NHL. Die Saison dort fiel aus, und viele Klubs in der DEL griffen bei den Star-Spielern zu, um die eigenen Chancen auf den Titel zu erhöhen. Auch die Eisbären wollten dem nicht nachstehen. Die sportliche Leitung mochte sich bei der Auswahl des Personals jedoch nicht auf die Feldspielerpositionen beschränken. Nein, neben Stürmer Erik Cole und Verteidiger Nathan Dempsey verpflichteten die Berliner auch den deutschen Star-Torhüter Olaf Kölzig.

Ein Transfer-Coup, gewiss. Sportlich wie medial. Die Eisbären hatten nun einen der gefragtesten Interviewpartner im deutschen Eishockey in ihren Reihen. Aber sie hatten intern eben auch Ärger, denn Jonas fand das alles andere als erbaulich. Die Nummer eins stand nur noch im Schatten. Oder besser gesagt, sie saß auf der Bank. Zwar eine Zeit lang nur, denn Kölzig verletzte sich bald. Nur elf Spiele, acht in der Hauptrunde und drei in der ersten Phase des Play-offs, konnte der NHL-Profi bestreiten, bevor er sich eine Knieverletzung zuzog. Jonas durfte also wieder spielen, führte die Berliner als Torhüter zur ersten Meisterschaft in der DEL. Die Wunden seiner Seele aber, die konnten selbst durch den Titel nicht geheilt werden.

Einen Vertrauensbruch verspürte der Goalie, weil die Berliner einen anderen geholt hatten. Er sah sich um den Lohn seiner Arbeit gebracht, ja sogar geopfert. »Ich kann mir nicht vorstellen, dass es jemanden voranbringt, wenn man nicht im Tor steht. Das ist verdrehte Logik. Deswegen habe ich ein kleines Problem damit, wenn nun jemand sagt, er wollte nur mein Bestes«, sagte er damals vor dem Finale.[25] Dieses Interview mit der *Morgenpost* sorgte für einigen Wirbel, Jonas sprach von einem gestörten Verhältnis zu bestimmten Personen. Das äußerte sich schließlich darin, dass sein laufender Vertrag nach dem Titelgewinn auf seinen Wunsch hin aufgelöst worden ist. Obwohl sein Status als Nummer eins außer Frage gestanden hätte hernach.

Doch der Torwart konnte die aus seiner Sicht mangelnde Zuwendung der Eisbären nicht beiseiteschieben. Jonas wechselte nach Köln, später nach Wolfsburg. Dort wurde er 2009 Pokalsieger. Auch nach diesem Titel ging er, diesmal verließ er das Eishockey für immer. Nicht, weil er zu wenig Liebe erfuhr, sondern weil die Liebe zur Wissenschaft stärker war. Mit 29 Jahren wendete er sich einer akademischen Karriere zu.

KAPITEL 6

Sieben Wege zum Titel

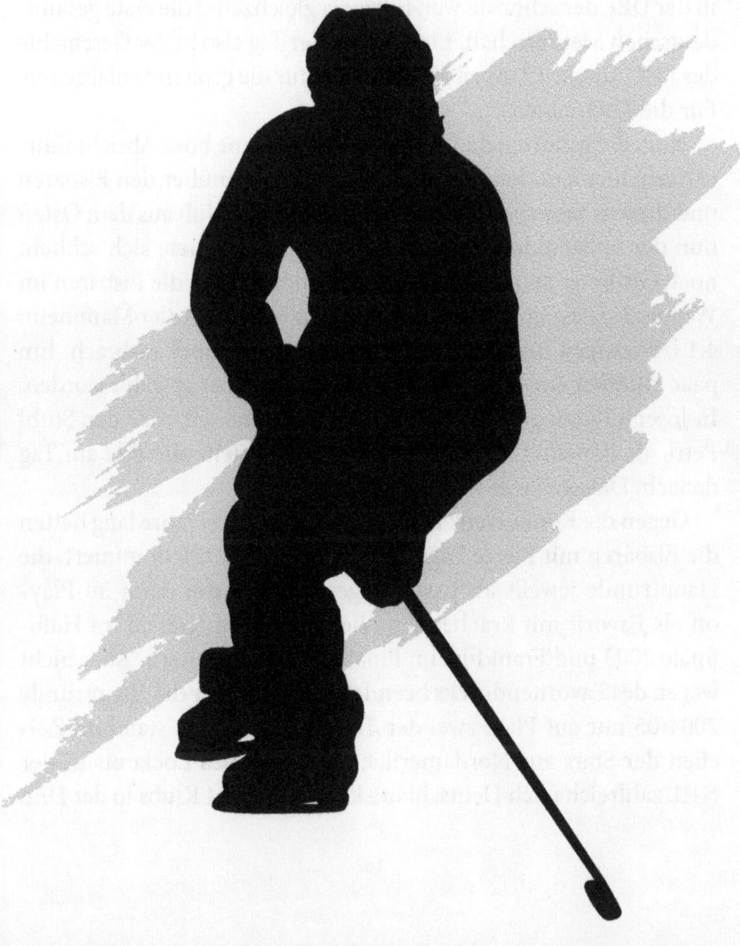

GRUND 62

Weil der Papst den Eisbären die Titelseite klaute

Jeder Titel ist anders, jeder besonders, jeder schön. Darüber gibt es keine zwei Meinungen. Genauso wenig darüber, dass vor allem für diejenigen, die mehrmals Gelegenheit hatten, mit dem EHC zu feiern oder schon länger im Klub waren, finden, dass der erste Titel in der DEL der schönste war. Es war ja gleichzeitig die erste gesamtdeutschen Meisterschaft. Ein ganz großer Tag also in der Geschichte des EHC, dieser 19. April 2005. Ein Tag für die großen Schlagzeilen. Für die Titelseiten.

Nun, die gehörten den Berlinern nicht. Keine böse Absicht führte dazu, niemand hegte so viel Missgunst gegenüber den Eisbären und diesem sehr speziellen Umstand, dass ein Klub aus dem Osten nun der Spitzenklub der Republik war. Es ereignete sich schlicht noch Größeres an diesem Dienstagabend, an dem die Eisbären im Wellblechpalast im dritten Spiel der Finalserie die Adler Mannheim 4:1 bezwangen und um 21:41 Uhr der große Jubel ausbrach. Ein paar Stunden zuvor war in Rom ein neuer Papst gewählt worden. In Joseph Ratzinger bestieg der erste Deutsche seit 1523 den Stuhl Petri, als Benedikt XVI. »Wir sind Papst!«, titelte die *Bild* am Tag danach. Dagegen war kein Ankommen.

Gegen die Konkurrenz in der Liga schon. Zwei Jahre lang hatten die Eisbären mit Pierre Pagé an der Bande die DEL dominiert, die Hauptrunde jeweils als Erster abgeschlossen, um dann im Playoff als Favorit mit krachenden Niederlagen an Krefeld im Halbfinale 2003 und Frankfurt im Finale 2004 zu scheitern. Aber nicht wegen des Favoritendrucks beendeten die Berliner die Hauptrunde 2004/05 nur auf Platz zwei der Tabelle. Die Saison stand im Zeichen der Stars aus Nordamerika, die wegen des Lockouts in der NHL zahlreich nach Deutschland kamen. Von 14 Klubs in der DEL holten sich elf Verstärkung aus der besten Liga der Welt. Wobei die Eisbären scheinbar nicht unbedingt die glorreichsten Griffe getätigt hatten. Sicher, Torhüter Olaf Kölzig von den Washington Capitals kam mit großem Namen, wegen Blessuren konnte er aber nicht die Rolle spielen, die er übernehmen sollte. Mit Nathan Dempsey holten sie einen eher unscheinbaren Verteidiger von den Los Angeles Kings und mit Erik Cole einen Stürmer, der zwar schon im NHL-Finale stand mit den Carolina Hurricanes, der aber auch mehr ein Versprechen für die Zukunft denn ein Star war.

Gegen Klubs wie Ingolstadt, Mannheim oder Frankfurt wirkten die Eisbären nicht gerade übervorteilt. Die hatten mehr Star-Power aus Nordamerika dabei, galten vielen deshalb auch als Favoriten. Dafür aber verfügten die Berliner über eine gewachsene Mannschaft mit vielen Profis, die über dem Durchschnitt der Liga lagen in ihrer Leistungsfähigkeit. Das glich den NHL-Nachteil aus, der mit dem Saison-Aus von Kölzig im Play-off und der Spielsperre von vier Partien für Cole, drei davon im Halbfinale, doch erheblich war.

Mit 4:1 setzten sich die Berliner in der Viertelfinalserie gegen Augsburg durch. Kölzig, der seine Oma in Augsburg traf, und Cole mit einem Check gegen Arvids Rekis zogen hier die meiste Aufmerksamkeit auf sich. Gegen Ingolstadt mit seinen vier NHL-Jungs prophezeiten einige den Eisbären nach der Heim-Niederlage in Spiel eins des Halbfinales bereits das Aus. Zumal es fortan auf den noch jungen Oliver Jonas im Tor ankam. Die mannschaftliche Geschlossenheit und der extreme Wille, nach zwei Jahren mit enttäuschendem Ende nun endlich den Titel zu holen, erwies sich jedoch als stärker. Und Coles Einfluss mit zwei Treffern bei der Rückkehr in Spiel vier nach seiner Sperre als immer entscheidender. Mit 3:1 in der nun als »Best of five« ausgetragenen Serie setzten sich die Berliner durch.

Im Finale warteten die Adler Mannheim, drei Serien hatten die Eisbären bislang im Play-off gegen die Kurpfälzer absolviert und alle verloren. Diesmal aber folgte die ultimative Revanche: drei

Spiele, drei Siege, Meisterschaft. Neben den Jubelarien nach dem letzten Spiel bleibt vor allem der zweite Auftritt in der Serie, die Partie in Mannheim, in ewiger Erinnerung. Selten gab es ein Auswärtsspiel bei einer Spitzen-Mannschaft, die Adler hatten sogar fünf NHL-Cracks dabei, in dem ein Team das andere so gnadenlos dominiert hat. Mit 4:0 verabschiedeten die Berliner die Adler beim letzten Spiel in deren altem Eisstadion, dem Friedrichspark. Eine Demütigung sondergleichen. Aber nicht der letzte zünftige Stadion-Abriss der Meisterbären, die in Cole sogar den wertvollsten Spieler des Play-offs stellten. Im Mittelpunkt der Freudenfeiern standen allerdings andere. Hartmut Nickel und Sven Felski, die Langzeit-Bären, die schon gar nicht mehr damit gerechnet hatten, tatsächlich noch mal Deutscher Meister zu werden. Sie hatten Tränen in den Augen. An Titelseiten dachte in diesen Augenblicken niemand.

Das erste Meisterteam:

Torhüter: Oliver Jonas, Olaf Kölzig, Youri Ziffzer. – **Verteidiger:** Ricard Persson, Rob Leask, Tobias Draxinger, Frank Hördler, Micki DuPont, Jens Baxmann, Derrick Walser, Shawn Heins, Norman Martens, Nathan Dempsey. – **Stürmer:** Steve Walker, Kelly Fairchild, Rob Shearer, Sven Felski, Florian Keller, Mark Beaufait, Alexander Barta, Florian Busch, Denis Pederson, André Rankel, Stefan Ustorf, Christoph Gawlik, Kay Hurbanek, Erik Cole, Marcus Sommerfeld, Richard Mueller.

GRUND 63

Weil Titel auch mit Nachwuchsarbeit kombiniert werden können

Nach einem Titel möchte jeder mehr. Noch einmal gewinnen, das Gefühl des Triumphes konservieren. Am liebsten für immer. Insofern mutete es für viele schon eigenartig an, wie die Eisbären nach der Meisterschaft 2005 dieses Ziel angingen. Vielleicht lieferten die Berliner sogar eine der bemerkenswertesten Spielzeiten ab, die je ein Klub in der DEL vollbracht hat. Ihre Strategie war jedenfalls ungewöhnlich, aber letztlich doch erfolgreich.

Zunächst fehlte der DEL nach der Saison 2004/05 der Glanz der NHL. Die spielte wieder, es zog also Normalität ein. Bis zu einem gewissen Punkt wenigstens, denn da die NHL eine neue Gehaltsregelung beschlossen hatte, die auf preiswertere Spieler setzte, wollten viele Akteure, die sonst Kandidaten für Europa gewesen wären, lieber erst einmal drüben länger auf eine neue Chance warten. Bis zum 1. August waren in der gesamten DEL dadurch erst vier Spieler aus Nordamerika verpflichtet worden. Die Eisbären setzten dem Ganzen allerdings die Krone auf. Sie starteten ohne neue Spieler, dafür mit neun Abgängen in die neue Saison. Begründung: Man wolle den vielen Nachwuchsspielern nicht mit durchschnittlichen Akteuren den Weg verbauen.

Was für eine Ansage, mutig. Aber auch riskant. Mit einem Altersdurchschnitt von nur 22,4 Jahren begannen die Berliner, beim ersten Saisonsieg in Krefeld machte sich Marcel Müller mit 17 Jahren und zwei Monaten zum jüngsten DEL-Torschützen des EHC. Anfang Oktober mussten die Eisbären nach einer Serie von vier Niederlagen, der bis dahin längsten Pleitenserie unter Trainer Pierre Pagé seit 2002, und allgemein viel zu vielen Gegentoren feststellen, dass das Risiko größer war als der Mut. Mit drei 19-jährigen Nachwuchs-Torhütern (Daniar Dshunussow, Youri Ziffzer und Sebastian Stefaniszin) kein Zufall. Dass es mit dem Ende Oktober verpflichteten Tschechen Tomáš Pöpperle besser würde, bezweifelten viele. Der war schließlich auch erst 21, aber ein echter Glücksgriff, wie sich später zeigte. »Er war unser wichtigster Spieler in dieser Saison und das fehlende Puzzle zum guten Kern der Mannschaft, den wir aus der letzten Saison noch hatten«, sagte Steve Walker damals.[26]

Zusätzliche Erfahrung verordnete Manager Peter John Lee dem Team dennoch, er holte nach Stürmer Patrick Jarrett noch die NHL-Haudegen Deron Quint und Drake Berehowsky für die Abwehr. Mit zehn Siegen in Folge im November und Dezember legten die Berliner im Anschluss an eine interne Aussprache sogar einen Klubrekord hin. Die erste Reise nach Davos zum Spengler Cup Ende Dezember sorgte für gute Laune im Team, nur Trainer Pagé moserte – vor allem wegen des engen Spielplans. In der DEL nahmen die Berliner davon keinen Schaden, sie lösten am vorletzten Spieltag sogar Ingolstadt an der Tabellenspitze ab, das zuvor die meiste Zeit der Saison dort verbracht hatte.

Das Play-off gegen die Krefeld Pinguine begann mit einem kleinen Schock, die Berliner verloren daheim 2:4. Die Bären waren gereizt und schlugen nun gnadenlos zu. Wieder siegten sie zehn Mal in Folge, ließen Krefeld im Viertelfinale, Hannover im Halbfinale und Düsseldorf im Finale keinerlei Chance. Der Weg durch das Finale an Ostern glich einem Osterspaziergang gegen das Team von Don Jackson, dem Freund von Pagé, der ein Jahr zuvor als Berater am ersten Titel der Berliner seinen Anteil gehabt hatte. Wie schon Mannheim ein Jahr zuvor absolvierten auch die Düsseldorfer in dieser Serie ihr letztes Spiel im alten Stadion. Der Abschied von der Brehmstraße fiel mit einer Niederlage wenig nostalgisch aus, wieder hatten die Berliner eine fremde Halle mit einem Sieg quasi abgerissen.

Es gab noch andere bemerkenswerte Fakten zu diesem Lauf der Eisbären. Erstmals seit fünf Jahren hatte wieder ein Hauptrundensieger den Titel gewonnen. Erstmals seit sieben Jahren gelang eine Titelverteidigung. Das obendrein mit dem jüngsten Meistertorhüter der DEL-Geschichte. Und der Premiere zweier mit 3:0 Siegen gewonnenen Finalserien in Folge. Zehn Siege am Stück hatte es im Play-off auch noch nicht gegeben.

Die Unbedarftheit des jungen Pöpperle zeigte sich besonders gut darin, dass er im letzten Spiel am Ostermontag bei jeder Gelegenheit ins Publikum winkte. Der Welli tobte vor Freude, im Zelt nebenan ging es 1.200 weiteren Fans nicht anders. »Wie sich die erfahrenen Spieler damit arrangiert haben, dass wir die Nachwuchsarbeit vorantreiben wollen, darf man nicht unterschätzen. Es gab auch von ihnen kritische Töne, aber die Chemie stimmte letztlich«, sagte Hartmut Nickel.[27] Ein schönes Fazit einer Saison, die mehr als ungewöhnlich verlief.

Das zweite Meisterteam:

Torhüter: Tomáš Pöpperle, Daniar Dshunussow, Youri Ziffzer. – **Verteidiger:** Deron Quint, Rob Leask, Frank Hördler, René Kramer, Tobias Draxinger, Drake Berehowsky, Derrick Walser, Micki DuPont, Jens Baxmann, Norman Martens. – **Stürmer:** Patrick Jarrett, Sven Felski, Richard Mueller, Stefan Ustorf, Mark Beaufait, Denis Pederson, Kelly Fairchild, Jonathan Lehun, André Rankel, Florian Busch, Steve Walker, Sean Fischer, Alexander Weiß, Marcel Müller, Christoph Gawlik, Thomas Schenkel.

GRUND 64

Weil Titel drei im Zeichen von Neu und Alt stand

Am Ende übernahm der Bürgermeister das Kommando. Sven Felski sagte einfach mal, wo es langgeht. Und zwar nach Hohenschönhausen. Via TV hatte er mal eben verkündet, dass die Mannschaft mit den Fans am Welli den dritten DEL-Titel feiern würde. Das war am späten Nachmittag in Köln.

Nach Berlin wollte die Mannschaft ohnehin zurückreisen, nachdem Florian Busch in der Verlängerung von Spiel vier den Siegtreffer zur Meisterschaft erzielt hatte. Eine Premiere, erstmals holten sich die Eisbären den Titel in der Fremde. Über das Prozedere danach hatte noch niemand nachgedacht, aber Felski lenkte zwar ohne Absprachen, dafür jedoch geistesgegenwärtig alles nach Hohenschönhausen um, indem er sagte, das Team würde dort den Meisterpokal präsentieren. Gut so, denn schließlich war gerade die letzte Saison zu Ende gegangen, die die Berliner in ihrer alten Heimat absolviert hatten. Im Sommer stand ja der Umzug in die O_2 World bevor. Angesichts dieser geschichtsträchtigen Ebene kamen dann gut 2.000 Fans ins Sportforum. Bis zwei Uhr in der Nacht harrten sie aus.

Abschied vom Alten, mit einer Premiere. Mit jeder Menge Erfolg, mit einem neuen Trainer. Die Saison 2007/08 bot einige interessante Konstellationen. Angefangen damit, dass nach über fünf Jahren Trainer Pierre Pagé nicht mehr da war. Stattdessen stand nun dessen alter Freund Don Jackson an der Bande. Anfangs lag eine gewisse Ungewissheit über dieser Saison. Die davor hatte im Chaos geendet, im Pre-Play-off, im endgültigen Zerwürfnis zwischen Trainer und Mannschaft. Die wollte nun zeigen, dass es nicht an ihr lag, dieses verlorene Jahr. Sie wollte die Wunden heilen, die die Zeit mit Pagé hinterlassen hatte. Das Reizklima, das der cholerische Coach schaffte, stachelte anfangs an, hatte die Mannschaft letztlich aber moralisch kaputtgemacht.

Jackson war mehr als Seelenstreichler gefragt, eine Rolle, die ihm zweifellos lag. Mit dem Finaleinzug 2006 mit der DEG hatte er gezeigt, dass er auch kein Schlechter ist. Doch gegen die anfängliche Skepsis genügten die Meriten nicht. Nach den ersten Siegen zu Saisonbeginn sah das schon anders aus. Im Oktober standen die Berliner erstmals wieder an der Tabellenspitze und hielten sich die ganze Saison über unter den besten Teams auf.

Neben dem Trainer hatte der Klub auch im Team ein paar Dinge verändert. Mit Rob Zepp wurde nach dem gescheiterten Experiment mit jungen deutschen Goalies in der Saison zuvor ein neuer Torhüter geholt. In Nathan Robinson überzeugten die Eisbären einen der Topstürmer von Titelverteidiger Mannheim von einem Engagement in Berlin. Mit Brandon Smith und Tyson Mulock kamen weitere Profis, die sich gut in die Mannschaft einfügten.

Spätestens mit dem Gewinn des Deutschen Eishockeypokals im Februar durch ein 3:2 gegen die Frankfurt Lions wuchs die Zuversicht im Umfeld, dass diese Mannschaft tatsächlich wieder um den Titel mitspielen würde. Als Zweiter hinter Nürnberg ging der EHC ins Play-off, angeführt vom unglaublichen Steve Walker, der 27 Tore erzielt und 58 Vorlagen gegeben hatte, sowie Deron Quint, dem mit 21 Treffern überragenden Verteidiger der Liga.

Das Play-off bot diesmal weit mehr Spannung als bei den ersten beiden Titeln. Noch nicht im Viertelfinale gegen Hamburg, das mit 4:1 Siegen endete. Aber im Halbfinale gegen Düsseldorf, das sich heftig wehrte und nur mit Mühe in fünf Spielen bezwungen werden konnte. Im Finale gegen die Kölner Haie sorgte der Umstand der zunächst verweigerten und später nachgeholten Dopingprobe von Florian Busch für die größte Aufregung. Obwohl Spiel drei, das letzte im Welli vor dem Umzug, Geschichten bot, aus der Legenden werden. Mit Felskis spätem Führungstreffer. Dem Ausgleich in Unterzahl, bei dem Walker auf der Strafbank gesessen hatte. Mit seinem Sturmlauf zum Siegtor zum 4:3, unmittelbar nachdem er wieder zurückgekehrt war, dem Jubelsprung in das Plexiglas. Und dann Buschs Tor zum Titel in Spiel vier in Köln früh in der Verlängerung, in die Quint den EHC erst in der Schlussminute mit dem Treffer zum 1:1 geschossen hatte.

Insgesamt 18 deutsche Spieler setzten die Berliner in dieser Saison ein, so viele wie kein anderer Verein. Und von diesen 18 waren 15 nicht älter als 23 Jahre. Mit der jüngsten Mannschaft der Liga gewannen die Berliner, die zudem freiwillig drei Ausländer weniger beschäftigten als erlaubt, den Titel. Auch ein besonderer Aspekt dieser Meisterschaft – der letzten in Hohenschönhausen.

Das dritte Meisterteam:

Torhüter: Rob Zepp, Youri Ziffzer. – **Verteidiger:** Jens Baxmann, Derek Dinger, Tobias Draxinger, Frank Hördler, René Kramer, Deron Quint, Andy Roach, Brandon Smith. – **Angreifer:** Mark Beaufait, Constantin Braun, Florian Busch, Sven Felski, Christoph Gawlik, Daniel Weiß, Richard Mueller, Tyson Mulock, Elia Ostwald, Denis Pederson, André Rankel, Nathan Robinson, Stefan Ustorf, Steve Walker, Alexander Weiß.

GRUND 65

Weil mit Titel vier Ost und West zusammengebracht wurden

Als was gingen die Eisbären wohl in die Saison 2008/09? Genau, als Favorit. Zwar jagten alle die Berliner nach bereits drei Meisterschaften in vier Jahren. Doch die Eisbären selbst blieben cool, machten genauso weiter wie bisher. Sie hatten doch gezeigt, dass ihr Team, so wie es ist, ein ganz enormes Niveau hat. Was also groß verändern? »Man braucht einen guten Kern in der Mannschaft und immer ein paar gute Spieler, die dazukommen«, beschrieb Kapitän Steve Walker die damalige Praxis.[28] Im Prinzip veränderten die Berliner sich kaum, lediglich Verteidiger Richie Regehr kam als echte Verstärkung hinzu.

Mehr als das eigentliche Geschehen auf dem Eis sorgte in dieser Saison der Umzug der Berliner von Hohenschönhausen an die Spree, vom alten Wellblechpalast in die neue O_2 World, für die großen Nachrichten. Ein mächtiger Schritt, der Aufbruch in die Welt der Großarenen, der mit einem Spektakel sondergleichen begann beim Eröffnungsspiel gegen die Augsburger Panther. Das endete 11:0, Klubrekord. Sicher noch lange. Das machte Lust auf mehr, unendliche Lust auf die neuen Eisbären, die aus ihrem kleinen Kiez herausgekommen und nun nicht mehr nur etwas für Liebhaber waren, sondern für alle. Für den Osten, für den Westen. Beim EHC wurde alles zusammengeführt, die ganze Stadt. »Wir sind jetzt ein Klub für ganz Berlin«, sagte Geschäftsführer Billy Flynn stolz.[29] Gut 14.000 Besucher pro Spiel in der ersten Saison ließen Flynns große Worte nicht überhöht erscheinen.

In der Liga glich jede Partie nun einem riesigen Fest, mit ihren Leistungen machte die Mannschaft die Saison auch wieder zu einem. Die meiste Zeit hielten sich die Eisbären vorn auf, wurden auch Erster der Hauptrunde. Die echten Eishockeykenner genossen in dieser Phase die erstmals ausgespielte Champions Hockey League schon deutlich mehr als die heimische Liga. Als einziges deutsches Team in der Gruppenphase verkauften sich die Eisbären sehr gut gegen die starken Finnen aus Oulu, die zweimal geschlagen wurden. Auch gegen Metallurg Magnitogorsk spielte der EHC stark, gewann sogar eine Partie, wurde aber letztlich nur Zweiter und scheiterte damit in der Gruppenphase.

Respekt auf europäischer Ebene hatten sich die Berliner allerdings erarbeitet, zumal ihr Kader wie gehabt zu einem großen Teil aus jungen deutschen Spielern bestand. Das Konzept der Eisbären hatte da über Jahre Früchte getragen, auch in dieser Saison hatten sie wieder einige jungen Spieler in das DEL-Team befördert und blieben ihrem Weg treu. Der führte im Viertelfinale einmal mehr zu den Hamburg Freezers, die wie immer klar beherrscht wurden. Die Serie endete mit 4:0 Siegen und wenig Aufregung. Das änderte sich im Halbfinale, in dem die Eisbären auf den geliebten Adler Mannheim trafen. Der Spruch vom »Wendekreis eines Öltankers«, den die Adler-Verteidiger hätten, getätigt natürlich von Spaßvogel Florian Busch, führte zu einer Begegnung der außerordentlich harten Art beim zweiten Spiel der Serie in Mannheim. Mit 1:6 kassierten die Eisbären eine kleine Quittung, erholten sich davon aber sehr gut und schlossen die Serie konzentriert mit 3:1 Siegen ab. Waren eben doch Öltanker.

Kurz vor dem vierten Titel stellten sich den Berlinern erneut die DEG Metro Stars in den Weg. Wieder kam es zum Duell der Torhüter Rob Zepp beim EHC und Jamie Storr bei den Düsseldorfern. Storr hatte im Halbfinalduell im Jahr zuvor ein paar Bemerkungen gemacht über Zepp, wonach sich die DEG durchsetzen müsse, weil sie den besseren Torhüter habe. Storr wurde zum zweiten Mal eines Besseren belehrt. Zepp spielte im Play-off einfach meist sehr stark, mit 3:1 Siegen setzten die Eisbären sich durch. Den Titel gewannen sie zum zweiten Mal auswärts. Am Abend erst, sodass die große Sause in der neuen Arena einen Tag auf sich warten lassen musste. »Die Eisbären sind ein Qualitätsprodukt geworden«, sagte der gerührte Hartmut Nickel nach dem vierten Titel.[30] Sein Chef Billy Flynn brachte es noch etwas mehr auf den Punkt. Er bezeichnete die Eisbären als das Bayern München des Eishockeys. Damals konnte ihm niemand widersprechen. Das blieb auch noch eine ganze Weile so.

Das vierte Meisterteam:

Torhüter: Rob Zepp, Youri Ziffzer. – **Verteidiger:** Jens Baxmann, Frank Hördler, René Kramer, Deron Quint, Andy Roach, Richie Regehr, Brandon Smith. – **Angreifer:** Constantin Braun, Mark Beaufait, Florian Busch, Sven Felski, Norman Martens, Matt McIlvane, Tyson Mulock, Denis Pederson, André Rankel, Patrick Pohl, Alexander Oblinger, Nathan Robinson, Christian Swärd, Stefan Ustorf, Steve Walker, Alexander Weiß, Daniel Weiß.

GRUND 66

Weil Diskussionen um Don Jackson sich nicht lohnen

Diesmal wirkte alles so anders bei den Eisbären. Ein bisschen, als würden ein paar Auflösungserscheinungen einsetzen. Oder so, als wäre da eine Mannschaft vielleicht über ihren Zenit hinaus. Hinter den Berlinern lag zwar eine Saison mit Superlativen, der besten Hauptrunde aller Zeiten in der DEL. Aber eben auch eine der größten Play-off-Enttäuschungen mit dem Ausscheiden im Viertelfinale gegen Augsburg. Dazu verkündete Denis Pederson im März sein Karriereende, Steve Walker nahm sich eine Auszeit ohne Garantie auf Wiederkehr. Wirklich schwer zu greifen diese Situation damals.

Sicher, jede große Ära einer Mannschaft geht mal zu Ende, und viele außerhalb Berlins mochten diesen Punkt nun kommen sehen. Trotz der Kehrtwende von Pederson. Der wollte sich mit 34 Jahren zunächst nur noch seiner Familie widmen, entschied sich im Sommer aber doch noch mal um und gehörte zu Saisonbeginn wieder zum Team der Eisbären. Gut für die Berliner, die sich im Vergleich zur vorherigen Spielzeit kaum verändert hatten. Jim Sharrow war neu in der Abwehr, Mads Christensen im Angriff, jedoch oft verletzt.

Die neue Spielzeit lief dann ziemlich holprig an. Lange bewegten sich die Eisbären mehr im Mittelfeld. Das junge Team entwickelte sich nicht schnell genug, um den hohen Ansprüchen in Berlin gerecht zu werden. Stark schwankende Leistungen lieferte die Mannschaft ab, in der die Eigengewächse aus dem 85er-Jahrgang nun immer größere Rollen einnehmen sollten. Das funktionierte nur bedingt, entsprechend froh waren die Eisbären und Trainer Don Jackson, dass Walker sich Ende November wieder dem Klub anschloss für eine letzte Abschiedstour durch die DEL. Er hatte die Auszeit gebraucht, um sich mental und körperlich zu erholen von der ganzen Schinderei seiner langen Karriere.

Leichter wurde es auch mit Walker kaum. Was tatsächlich dazu führte, dass Jackson immer stärker in die Kritik geriet. Sein Vertrag lief aus, und nicht wenige empfanden es als besser, den US-Amerikaner spätestens nach der Saison ziehen zu lassen. Zum Höhepunkt der Diskussionen um den Trainer kulminierte schließlich eine Pressekonferenz nach einer Partie gegen Augsburg, in der Panther-Coach Larry Mitchell sein Interesse am Job von Jackson kundtat. Nach einem 7:1 des EHC gegen Augsburg Anfang Januar 2011. Jackson, ein stiller, höflicher Mann, teile später mit, wie überrascht er über das öffentliche Ausmaß einer Angelegenheit gewesen sei, die professionell intern zu behandeln gewesen wäre.

Zu dieser Zeit hatten sich die Eisbären wieder nach oben orientiert, sie übernahmen auch hin und wieder die Tabellenführung. Ins Play-off starteten sie allerdings als Dritter der Hauptrunde und damit so schlecht wie noch nie unter Jackson. Der behielt jedoch wie immer seine Ruhe, selbst die Verletzung von Denis Pederson Ende Januar ließ ihn nicht verzweifeln. Nach einem Kniecheck in Straubing erlitt der Kanadier einen Kreuz- und Außenbandriss. Damit war seine Karriere faktisch nun doch beendet. Mehr als ein ganz kurzes Comeback in der folgenden Saison war nicht drin. Überhaupt hatten es die Eisbären geschafft, vielen Verletzungsproblemen zu trotzen, auch im Play-off, das mit 3:1 Siegen im Viertelfinale gegen den ERC Ingolstadt begann.

Interessant wurde vor allem das Halbfinale, die Eisbären trafen mal wieder auf die DEG Metro Stars. Diesmal dort an der Bande: Jeff Tomlinson. Der hatte den EHC im Sommer 2010 nach zehn Jahren verlassen, um sich als Cheftrainer entfalten zu können. Nun traf er gleich auf seinen Mentor, dem er zuvor als Assistent geholfen hatte. Tomlinsons Truppe verlangte den Berlinern alles ab, hatte in Spiel vier in der Hauptstadt sogar den Seriensieg vor Augen. Doch in den entscheidenden Momenten waren die Eisbären cleverer, die fünfte Partie in Düsseldorf gewannen sie mit 3:1.

Nachdem schon im Halbfinale der Heimvorteil beim Gegner gelegen hatte, traf das auch im Finale gegen Wolfsburg zu. Doch Spiele bei den Niedersachsen machen die Berliner Anhänger gern zu Heimspielen, die kleine Halle dort vermittelt mit gut 1.000 EHC-Fans nicht den Anschein, dass der Gegner einen großen Vorteil hätte. So verlief dann auch die Serie, die Eisbären setzten sich zum dritten Mal in einem Finale in nur drei Spielen durch. Zum dritten Mal in Folge gewannen sie die Meisterschaft in fremder Halle. Richtig gefeiert wurde also erst nach der Rückkehr in die O_2 World mitten in der Nacht. Wer hatte noch etwas auszusetzen an der Arbeit von Trainer Jackson? Er bekam anschließend einen neuen Vertrag.

Das fünfte Meisterteam:

Torhüter: Rob Zepp, Kevin Nastiuk. – **Verteidiger:** Jim Sharrow, Constantin Braun, Derrick Walser, Frank Hördler, Jens Baxmann, Richie Regehr, Dominik Bielke. – **Stürmer:** Chris Hahn, Laurin Braun, Mads Christensen, Tyson Mulock, Travis James Mulock, Alexander Weiß, Daniel Weiß, Jeff Friesen, Florian Busch, Sven

Felski, André Rankel, Stefan Ustorf, Denis Pederson, Steve Walker, Patrick Pohl.

GRUND 67

Weil Titel sechs den Rekord brachte

Umbruch! Das war eines der meistgebrauchten Schlagworte im Umfeld der Eisbären in den vergangenen Jahren. Ständig erwarteten ihn alle, meistens fiel er aber aus – oder es ließ sich höchstens ein halber Umbruch feststellen. Die Hartnäckigkeit, mit der Chef Peter John Lee am gut kultivierten Klubkonzept des langfristigen Verbleibs der Spieler festhielt, verblüffte schon. Ab und zu aber kam er nicht umhin, mehr Spieler auszuwechseln, als ihm vielleicht lieb war. Vor der Saison 2011/12 verhielt es sich so. Steve Walker hörte auf, Jeff Friesen auch, Derrick Walser wollte in der Schweiz mehr Geld verdienen, Alexander Weiß in Köln mehr spielen, als er es in Berlin durfte.

Mit dem, was später noch passierte, war diese Saison tatsächlich eine Zäsur. Die letzten Helden der ersten großen Siegergeneration traten ab. Teilweise nicht freiwillig. Denis Pederson startete ein Comeback nach seinem Kreuzbandriss fast ein Jahr zuvor, das im Januar 2012 nach nur drei Spielen wieder beendet war. Genau wie seine Karriere. Stefan Ustorf kehrte nach einem Check im Dezember 2011 nie wieder aufs Eis zurück. Es war das letzte Quäntchen gewesen, das seine über die Laufbahn erlittenen Schädigungen im Kopf folgenschwer spürbar werden ließen. Mit einem Bilderbuch-Karriereende, dem Meistertitel im 1.000. Spiel für den Verein, verlief der Abschied bei Sven Felski zwar deutlich angenehmer. Aber eigentlich hatte auch er noch weitermachen wollen, sein Knie jedoch verhinderte das.

Trainer Don Jackson ahnte, dass vor ihm keine leichte Saison liegen würde. Zu Beginn beklagte er das Fitnesslevel der neuen

Nordamerikaner. Außerdem griff die Konkurrenz zu neuen Methoden. »Mir ist jetzt auch bewusst, wie die anderen Mannschaften inzwischen gegen uns spielen. Sie übernehmen mehr und mehr unseren Stil. Das ist eine Herausforderung für uns. Es ist aber auch schön zu sehen, dass bei uns das Selbstvertrauen da ist, weiter unseren Weg zu gehen, obwohl andere das Gleiche versuchen. Das heißt aber auch, dass ich mehr arbeiten muss«, sagte der US-Amerikaner damals.[31] Der Start in die Saison verlief verheißungsvoll. Doch meist wechselten sich gute und schlechte Tage ab. Sogar so regelmäßig, dass etwas schlechte Stimmung aufkam und Kritik seitens des Trainers und des Managers nicht ausblieb.

Damit konnte die Mannschaft umgehen, genauso wie mit den sehr gehäuft auftretenden Verletzungssorgen. Mehr und mehr konnten Spieler wie Darin Olver und Barry Tallackson zeigen, was in ihnen steckt. Als zwei der besten DEL-Topscorer kamen sie im Doppelpack aus Augsburg und schossen sich auch bei den Berlinern klubintern an die Spitze. Julian Talbot gelang das nach ein paar Schwierigkeiten in den ersten Wochen beim EHC ebenso. In der Abwehr spielte Nick Angell einen soliden Part. Mit einer ausgedehnten Siegesserie schoben sich die Berliner zur Saisonmitte an die Spitze. Die behaupteten sie am Ende der Hauptrunde auch.

Problemlos erledigten sie anschließend die Aufgabe, die ihnen das Viertelfinale stellte. Erstmals trafen die Eisbären im Play-off auf Uwe Krupp mit den Kölner Haien. In vier Spielen ohne Niederlage in der »Best of seven«-Serie ließen sie den im Aufbau befindlichen Rheinländern keine Chance. Etwas schwieriger wurde es im Halbfinale. Erstmals im Play-off überhaupt bekamen es die Eisbären, bei denen seit ein paar Wochen mit Jon Sim noch ein kleiner, giftiger Stürmer mitwirkte, mit den Straubing Tigers zu tun. Eine körperlich sehr intensive Serie mit vielen Auseinandersetzungen und letztlich sogar Verschwörungstheorien am kleinsten Standort der Liga, wonach selbige die Tigers nicht im Finale sehen wolle. Schiedsrichterentscheidungen nahmen die auf dem Eis mehr als grenzwertig agierenden Straubinger zum Anlass dafür, vergaßen dabei jedoch, dass die Regeln des Eishockeys auch im Play-off weiter gelten. Ein Spiel, das dritte, konnten sie immerhin gewinnen und zwangen die Eisbären so über vier Partien.

Der Rest ist Legende. Eisbären gegen Mannheim, die Adler im Höhenflug nach dem 2:1 in Berlin im dritten Spiel und der 2:1-Führung in der Serie. Das epische Spiel vier hielt Eishockey-Geschichte bereit. Die Eisbären entrissen den Adlern, die den Meisterpokal schon in Händen zu haben schienen, den Titel noch einmal, gewannen in Mannheim 6:5 nach Verlängerung und krönten sich zwei Tage später im Duell der fünfmaligen DEL-Champions mit der sechsten Meisterschaft zum alleinigen Rekord-Titelträger der Liga. Dass dies gegen den größten Rivalen glückte, machte diesen Titel noch wertvoller.

Das sechste Meisterteam:

Torhüter: Rob Zepp, Kevin Nastiuk. – **Verteidiger:** Nick Angell, Richie Regehr, Dominik Bielke, Constantin Braun, Jim Sharrow, Jens Baxmann, Frank Hördler, Thomas Supis. – **Stürmer:** Mads Christensen, Laurin Braun, Julian Talbot, Travis James Mulock, Darin Olver, Daniel Weiß, Barry Tallackson, Florian Busch, Frank Hördler, Sven Felski, André Rankel, Stefan Ustorf, Vincent Schlenker, Jon Sim.

GRUND 68

Weil der Hattrick überraschend kam

Nun lag sie plötzlich vor einem: die erste Saison ohne die alten Helden. Zwar noch nicht mit letzter Gewissheit, aber es zeichnete sich deutlich ab. Walker und Beaufait spielten ohnehin nicht mehr. Pederson nun ebenso wenig. Ustorf und Felski vielleicht nur unter glücklichsten Umständen, aber die traten nicht ein. Die Führungsriege von einst war Geschichte, André Rankel der neue Kapitän und der glorreiche 85er-Jahrgang endgültig am Ruder.

Bester Stoff für viele Diskussionen. Um Führungsqualitäten, um Nachfolger, um Ersatz. Der wurde besonders in der Abwehr gebraucht, nachdem Scharfschütze Richie Regehr sich in Richtung Schweden verabschiedet hatte und Nicholas Angell kurz vor Saisonbeginn plötzlich nicht mehr in Berlin spielen mochte nach der Trennung von seiner Freundin, die aus Berlin stammte. Auf einmal standen die Eisbären vor einem Problem, mit Mark Katic war nur ein Verteidiger verpflichtet worden.

Sie entschieden sich für das Abwarten. Schließlich schwelte in der NHL ein Gehaltsstreit, der später viele Spieler nach Europa spülen sollte. Dabei ergab sich allerdings ein Konflikt. Niemand wusste, wie lange der Lockout dauern würde. Was also tun? Ausländerlizenzen vergeben mit dem Risiko, dass diese Spieler bald wieder weg sind, die Lizenzen damit futsch und der Kader schließlich Lücken hat, die nicht zu stopfen sind? Da die Berliner mit nur sieben Ausländern in die Saison starteten, zwei davon waren die neuen Stürmer Jamie Arniel und Matt Foy, bestand Spielraum. Weshalb man sich für einen echten Coup entschied. Anfang Oktober holten die Eisbären die NHL-Stars Claude Giroux und Daniel Brière. Beide zusammen bildeten eine spektakulärsten Verpflichtungen, die die Geschichte des deutschen Eishockeys zu bieten hat.

Kein Engagement für lange, das war ihnen wohl bewusst, aber eines mit Wirkung. Die Mannschaft durchlebte eine äußerst schwierige Saison. »Wir hatten so viele Probleme, es gab viele Lücken zu füllen, aber jeder hat seine Rolle angenommen. Auch wenn es ihm vielleicht nicht immer gefallen hat«, sagte Trainer Jackson.[32] Lange brauchte das Team, bis es sich fand. Die beiden Stars nahmen dabei eine entscheidende Rolle ein. Mit ihrem begeisternden Eishockey rissen sie die anderen mit, entfachten einen neuen Ehrgeiz in der Mannschaft. Zwar liefen Giroux und Brière nur neun Mal bzw. 21 Mal für die Berliner auf, doch die Inspiration hielt lange.

Richtig zum Tragen kam sie erst im Play-off. In der Hauptrunde konnte das Problem in der Abwehr nie wirklich gelöst werden, obwohl mit Ryan Caldwell noch ein Verteidiger nachverpflichtet worden war. Mit Corey Locke kam auch noch ein Stürmer, sodass die Berliner die Kaderkapazität schließlich voll ausnutzten. Mit Platz vier nach der Punkterunde gingen die Eisbären trotzdem so schlecht wie noch nie unter Jackson in das Play-off.

Dort ließ sich alles sehr zäh an im Viertelfinalduell mit den Hamburg Freezers. Ein Grund dafür war nicht die Stärke des Gegners, sondern der Protest der eigenen Fans. Der Klub wollte zur Folgesaison die Dauerkartenpreise erhöhen, das führte zu langwierigen Querelen, die in Boykottaktionen während des Viertelfinales führten. Sechs Spiele, darunter eine bittere 4:8-Heimniederlage, dauerte es, bis die Eisbären in das Halbfinale einzogen. Hier zeigte sich dann die erstaunliche Verinnerlichung der Siegermentalität. Der Substanzverlust war nie zu leugnen. Bei keinem Titel zuvor mussten die Eisbären so lange mit so vielen individuellen Unzulänglichkeiten kämpfen, die durch den Austausch von Spielern entstanden sind.

Gute Unterhaltung mit attraktivem Eishockey boten die Berliner eher selten. Doch wie wertvoll der Kern dieses über Jahre aufgebauten Teams war, wurde dafür umso deutlicher. Mit letzter Kraft gelang es, auf niedrigerem Niveau agierende Kollegen aufzufangen. »Nach so einer Berg-und-Tal-Fahrt haben wir ein so geiles Play-off gespielt, ich bin so überwältigt«, sagte Verteidiger Frank Hördler.[33] Im Halbfinale wurde Krefeld mit 3:0 Siegen abgefertigt. Im Finale hielten viele die Kölner Haie für stärker, doch gegen die Mentalität der Berliner kamen sie nicht an. Die Haie mit Trainer Uwe Krupp zitterten vor den Eisbären und ihrer Titelliste. Die nach vier Spielen um den Hattrick erweitert wurde.

Einigermaßen überraschend nach dieser Saison. Das entfachte allseits Euphorie. »Ich bin ein Eisbär, bis sie mir sagen, dass ich keiner mehr bin. Es gibt keinen Grund, Berlin zu verlassen«, sagte Jackson auf dem Eis noch durchnässt von Siegersekt.[34] Spekulationen hatte es viele gegeben vorher, ob er seinen auslaufenden Vertrag wieder verlängern würde. Plötzlich schien das nur eine Selbstverständlichkeit zu sein. Vielleicht ging ihm allerdings später auf, dass er das Potenzial der Mannschaft bis auf das Letzte ausgereizt hatte. Dass nur noch dieser eine Titel drin war unter den aktuellen Bedingungen und kein bisschen mehr. Sechs Wochen später heuerte er in Salzburg an. Für die Eisbären begann eine lange Phase des Leidens. Die große Ära des EHC war vorbei.

Das siebte Meisterteam:

Torhüter: Rob Zepp, Sebastian Elwing. – **Verteidiger:** Frank Hördler, Constantin Braun, Jens Baxmann, Mark Katic, Jim Sharrow, Dominik Bielke, Henry Haase, Thomas Supis, Ryan Caldwell. – **Stürmer:** Mads Christensen, Vincent Schlenker, Matt Foy, Darin Olver, Laurin Braun, Julian Talbot, Daniel Weiß, Barry Tallackson, Florian Busch, André Rankel, Travis James Mulock, Corey Locke, Jamie Arniel, Claude Giroux, Daniel Brière.

KAPITEL 7

Auf einer höheren Ebene

Die Eisbären international

GRUND 69

Weil EHC-Spieler schon in Indonesien und Singapur geboren worden sind

Eishockey ist kein Sport für alle, da sorgt allein die Natur für. Der Kreis der Länder, in denen es die Männer am Puck zu großer Popularität gebracht haben, beschränkt sich folglich auf eine überschaubare Anzahl. In den Kadern der Klubs aus der DEL lässt sich das gut beobachten. Neben deutschen Herkunftsorten, die selbstverständlich die Mehrheit ausmachen, finden sich vor allem kanadische und US-amerikanische. Mal ist auch ein schwedischer dabei, ein finnischer, ein slowakischer, vielleicht ein lettischer oder ein tschechischer. Ein paar andere Möglichkeiten gäbe es noch. Überraschend ist davon jedoch wenig bis gar nichts.

Eine Ausnahme bildeten die Eisbären seinerzeit, in der Saison 2008/09 war das. Als Geburtsorte standen da tatsächlich Bandung/Indonesien und Singapur in der Kaderliste. Die ganz große Exotensause, die starteten die Berliner damals freilich nicht, die Spieler waren ein Deutscher und ein Kanadier. Doch zur Abwechslung eben mal welche, die nicht in Deggendorf oder in Prince Albert/Saskatchewan das Licht der Welt erblickten, sondern ganz weit weg. Dort, wo Eishockey nun gar keine Rolle spielt.

Zu Singapur gehört Youri Ziffzer, ein Torhüter, der seinen Weg in die DEL bei den Eisbären begann, der im Nachwuchs spielte und langsam an die Eliteliga herangeführt wurde. Die ungewöhnliche Herkunft verdankt er seinem Vater, der damals bei einer Bank arbeitete und im Ausland tätig war. Viel bekam Ziffzer allerdings nicht mit von der Millionen-Metropole, mit nur sechs Monaten kehrte die Familie nach Deutschland zurück. Vater Stefan wurde später sogar Geschäftsführer des Fußball-Klubs 1860 München.

Etwas mehr exotisches Flair erlebte da schon Richie Regehr. Seine Eltern lebten als christliche Missionare im indonesischen

Dschungel mit der Familie. Als der Verteidiger zweieinhalb war, zog es die Eltern wieder nach Kanada. Dort gab es dann zwar keinen Affen mehr als Haustier, aber eben Eishockey. Das wurde nicht nur für Richie wichtig, sein Bruder Robyn, ebenso ein Verteidiger, feierte später den Gewinn des World Cup, war WM-Zweiter und Stanley-Cup-Sieger in der NHL. Ein Exot war auch der ältere Bruder, er wurde in Recife/Brasilien geboren.

Regehrs Eltern verschlug es damals oft an entlegene Orte. In Brasilien lebten sie sogar fünf Jahre. Mutter Edith, eine Krankenschwester, kümmerte sich um die medizinische Versorgung bedürftiger Menschen. Vater Ron, ein Bauer, half bei landwirtschaftlichen Problemen. Mit ihrem Fernweh und ihrem sozialen Engagement verschafften sie den Brüdern sogar einen besonderen Status. Auch Richie schlug sich bis in die NHL durch, spielte im selben Team wie Robyn – bei den Calgary Flames. Beide waren die ersten Profis überhaupt in der Liga, die in diesen Ländern geboren worden sind.

Für die DEL gilt das wohl auch, also bei Richie Regehr und Youri Ziffzer. Während Regehr zur Stütze der Berliner wurde und drei Titel gewann von 2008 bis 2012, hatte Ziffzer nach der ersten gemeinsamen Saison genug von Berlin. Er ging als Ersatztorwart, immerhin aber mit vier Titeln im Gepäck. Im Play-off hatte er allerdings nur ein einziges Spiel bei den Meisterschaften bestreiten dürfen. Viel mehr wurde es auch später nicht. Ziffzer entwickelte sich zur klassischen Nummer zwei. Von Hannover ging es über Köln nach Mannheim, wo er seinen fünften Titel feiern konnte. Sogar mit zwei Einsätzen im Meister-Play-off. Der Gewinn der Meisterschaft 2010 in Hannover wird nicht in seiner Statistik geführt, die Scorpions hatten Ziffzer damals zur Saisonmitte an die Hannover Indians in die zweite Liga weitergereicht.

Regehr zog es 2012 für zwei Jahre nach Schweden, dann kehrte er in die DEL zurück, schloss sich Red Bull München an und wurde auf Anhieb zum punktbesten Verteidiger der DEL. Zum Meistertitel in der folgenden Saison konnte er wegen einer Verletzung allerdings im Play-off nichts mehr beitragen. Beim nächsten in der Spielzeit 2016/17 war er allerdings wieder richtig dabei, ehe er anschließend nach Österreich wechselte. Er leistete natürlich genau wie Ziffzer seinen Beitrag, die DEL ein bisschen bunter zu machen mit seiner Geschichte, mit seiner Herkunft.

Während die beiden längst anderswo spielten, blieben die Eisbären in dieser Hinsicht nicht untätig. Sie holten für die Saison 2015/16 in Shūhei Kuji nicht nur einen Spieler, der im eishockeyexotischen Japan geboren worden ist. Der war sogar echter Japaner, der erste in der DEL.

GRUND 70

Weil die Eisbären den ersten Japaner in die DEL brachten

Offen zu sein lohnt sich im Allgemeinen. Wer von vornherein alles für sich ausschließt, was er nicht kennt, dem entgeht viel. Auch viel Gutes. Ja, und es hätte doch sein können, dass so ein Japaner wirklich für eine Überraschung gut ist. Machen sie doch im Fußball auch. Holen Japaner und erfreuen sich an deren Laufbereitschaft, Kampfgeist und Fleiß.

Aber Fußball ist eben kein Eishockey. Letzteres spielt in Japan nur eine untergeordnete Rolle. Die Liga dort besitzt keine große Akzeptanz in den Eishockeyländern dieser Welt. Wer dort spielt, gerade als jemand aus einer eishockeyaffinen Nation, wird schnell abgestempelt als Verlierer. Das ging auch Chris Marinucci so. Vielleicht erinnern sich nicht mehr viele an den Stürmer. Die Eisbären holten ihn 2001 aus Kokudo nach Berlin. »Was soll das denn?«, war eine der meistgestellten Fragen damals. Den Ruf des Versagers aus Japan wurde der US-Amerikaner nie los, dabei hatte er sogar mal ein paar Partien in der NHL gespielt. Und seine zehn Tore sowie 26 Vorlagen waren an sich nicht schlecht. Doch damals unter dem neuen Trainer Pierre Pagé wurde nach der Saison ein bestimmtes Konzept verfolgt. Marinucci passte da nicht rein – nach einer Saison musste er wieder gehen.

Länger als eine Spielzeit hielt sich auch Shūhei Kuji nicht bei den Eisbären. Aber er war immerhin richtiger Japaner, nicht nur ein Ausländer aus der dortigen Liga. Wieder geisterte vor allem eine Frage durch den EHC-Kosmos: »Was soll das denn?« Also erst einmal sicherte es den Berlinern einen Eintrag in den Geschichtsbüchern. Kuji war der erste Japaner überhaupt in der DEL, auch in Europa. Nicht aber in einer großen Liga. Nein, da erwies sich die NHL schon als deutlich experimentierfreudiger. Die Los Angeles Kings beriefen in der Saison 2006/07 den Torhüter Yutaka Fukufuji für vier Partien in den Kader, 96 Minuten durfte er sogar zwischen den Pfosten stehen. Kein Japaner lief mehr nach ihm auf.

Aber Kuji schnupperte immerhin mal an der NHL. In seiner Zeit in Berlin in der Saison 2015/16 ging das ein bisschen unter. Der Angreifer durfte mal an einem Camp der New York Islanders teilnehmen. Schon eigenartig, genau die beiden NHL-Klubs, für die einst Marinucci auflief, der dann nach Japan ging, holten sich später mal Japaner ins Team. Bereits in New York fiel auf, dass Kuji schnell wie der Blitz ist, aber es eben sonst nicht reicht für eine große Liga. Zu klein, zu schmächtig, zu schwacher Schuss. Immerhin, für die Eisbären erzielte er in der Champions Hockey League sogar ein Tor. Das war noch vor Saisonbeginn in der DEL. Dort blieb er ohne Treffer, kam in 37 Einsätzen nur auf zwei Vorlagen.

Lange stand er bei diesen Spielen nie auf dem Eis, meist schaute er von der Bank aus zu. Im Play-off gehörte er gar nicht mehr zum Kader. Sein Fleiß und seine Schnelligkeit konnten seine Wirkungslosigkeit einfach nicht kompensieren. Als Fehler bezeichneten die Eisbären seine Verpflichtung trotzdem nicht. Sie kostete kaum Geld, weil er von seinem japanischen Klub ausgeliehen und überwiegend bezahlt worden ist. Außerdem ließen sich im Merchandising ein paar Euro mit dem Exoten verdienen. Einmal kauften seine Eltern einen ganzen Batzen Trikots mit Kujis Namen hinten drauf. Wer weiß, vielleicht gibt es sogar bald den ersten Eisbären-Fanklub in Japan. Ins Leben gerufen von Kuji.

Vermittelt hatte ihn Mark Mahon zu den Eisbären, der frühere Nationaltrainer der Japaner, der über diesen Weg ein Praktikum beim EHC erhielt. Wiederum als Vermittler, denn mit dem Englischen hatte es Kuji nicht so. Entsprechend schwer war die Verständigung, doch im Notfall half eine Übersetzungs-App auf dem Handy. Kuji nahm alles in Kauf und vieles auch hin, wenn es nicht klappte, denn für ihn ging es darum, im Ausland zu lernen, wie anderswo gespielt und trainiert wird. Das wollte er mit in die Heimat tragen und dort helfen, das Eishockey besser zu machen. Eine schöne Absicht und ein großer Schritt für einen kleinen Mann. Für dessen Landsleute ist es eher ungewöhnlich, sich allein in der so weit entfernten Fremde durchzuschlagen. »Ich bin gewissermaßen ein Pionier«, sagte Kuji, der in der japanischen Liga ein Torjäger ist und sogar in der Nationalmannschaft spielt, bezogen auf das Eishockey.[35] Leute wie er erfahren dafür in der Heimat großen Respekt.

Den brachte ihm auch Genki Haraguchi entgegen. Der ist Fußballprofi bei Hertha BSC gewesen zu jener Zeit. Um mal etwas Heimatliches zu erleben, führte ich die beiden gemeinsam mit einem Kollegen zum Gespräch zusammen. Es ist schon interessant, wie sich Japaner begegnen. Selbst fern der Heimat lassen sich die traditionellen Benimmregeln kaum abschütteln. Das heißt, offenherzig geht es dabei nicht unbedingt zu.

GRUND 71

Weil Dynamo einst im Europapokal der Landesmeister auftrumpfte

Früher, als alles noch in geordneten Bahnen lief (später tat es das nicht immer), da gab es jedes Jahr einen Europapokal der Landesmeister. Das internationale Geschäft war also existent für die Eishockeyklubs, wenngleich die Bedeutung hier und da nicht unbedingt überbordend war. Für die Klubs aus der DDR jedoch stellte der Europacup eine mehr als willkommene Abwechslung dar. Er glich einem Ausbruch aus dem starren System, das einem stets nur das Gleiche bot. Zumindest ab 1970, als sich die beiden Dynamos aus Berlin und Weißwasser 20 Jahre lang duellierten. Der Vorteil dabei: Der Weg zur Teilnahme am Europapokal der Landesmeister, der war wirklich kurz.

Die erfolgreichste Zeit in diesem Wettbewerb erlebten die Hohenschönhauser allerdings noch vor der Verkleinerung der Liga. Von 1966 bis 1969 nahmen sie in drei aufeinanderfolgenden Spielzeiten am Landesmeistercup teil – zweimal kämpften sie sich dabei bis in das Halbfinale. Und das gegen hochwertige Gegner wie etwa den schwedischen Vertreter Brynäs Gävle, der in der zweiten Runde bezwungen wurde. Im anschließenden Viertelfinale ereilte den finnischen Meiser Ässät Pori das unerwartete Schicksal, gegen die Berliner auszuscheiden. Erst in der Vorschlussrunde schied Dynamo aus, und zwar gegen Dukla Jihlava aus der ČSSR (1:5 und 4:5).

Gegen das Team aus dem Nachbarland hatten die Berliner immerhin noch den Hauch einer Chance. Ein Jahr später, wieder hatte sich Dynamo für das Semifinale qualifiziert, standen sie dem sowjetischen Klub ZSKA Moskau gegenüber. Dass dort keinerlei Ambitionen angebracht waren, wussten alle vorher. Die Ergebnisse mit 1:11 daheim und 0:13 in Moskau fielen dann auch entsprechend klar aus. Übrigens waren es nicht die letzten Spiele gegen ZSKA, die genau mit diesen Resultaten endeten.

Zwar kamen die Berliner nie über das Halbfinale hinaus, sich als so kleines Eishockeyland auch international behaupten zu können, durfte jedoch schon als Beleg für die Qualität des Spiels in Hohenschönhausen gelten. Angenehmer Nebeneffekt war für viele aber eben auch, dass ein paar Reisen in das westliche Ausland dem Ganzen eine in jedem Fall angenehme Note verliehen. Mal etwas anderes sehen. Wer konnte das sonst schon? In der Saison 1976/77 mussten die Ostberliner gar nicht weit fahren, um in einer anderen Welt zu landen. Die Auslosung erbrachte das erste Duell mit dem Westberliner Pendant, dem Berliner Schlittschuhclub. Zwar konnte Dynamo beim 2:8 und 3:4 in der zweiten Runde keinen Punkt holen, doch ohne es zu ahnen, erlebten einige schon einen Vorgeschmack auf die späteren Derbys mit den Preussen.

In der Saison darauf immerhin setzten sich die Berliner im zweiten Duell gegen ein BRD-Team gegen die Kölner Haie durch und zogen damit in das Halbfinale gegen die Tschechen aus Kladno ein (5:5, 2:9). Ein paar aufsehenerregende Ergebnisse wie der Triumph über den SC Bern (2. Runde der Saison 1979/80) oder das höchste Europacupresultat gegen Vålerenga Oslo mit 16:2 folgten (Vorrunde 1982/83), ehe die Berliner wieder ganz vorn mitmischen konnten. In der Saison 1983/84 schafften sie es, in die Endrunde des Pokals einzuziehen. Die wurde in Italien ausgetragen. Die Gegner hießen: Dukla Jihlava, ZSKA Moskau und Djurgården Stockholm. Gegen die Tschechen unterlag Dynamo am deutlichsten (2:7), gegen die Sowjets erstaunlich knapp (3:4), und gegen die Schweden gelang sogar ein Sieg (5:3). Damit war der dritte Platz erkämpft, ein toller Triumph. Und der letzte große Auftritt im Europapokal vor der Wende für Dynamo, das sich 15 Mal für den Landesmeister-Wettbewerb qualifiziert hatte.

GRUND 72

Weil die Eisbären ihre internationale Auferstehung feierten

Mit der DDR verschwand nicht nur ein Land – alle politischen Ebenen dieses Vorgangs werden hier ausgeblendet –, sondern im Osten Berlins ging auch das internationale Flair etwas verloren. Sicher, die Eisbären hatten noch ihre Sommerturniere. Doch Sommerhockey ist Sommerhockey, nichts Ernstes, kein Vergleich mit Punktspielen. Kein Europapokal der Landesmeister so wie früher. An solche Dinge dachte in Hohenschönhausen nach der Wende erst einmal keiner mehr. Zumindest nicht als Ziel einer Saison. Höchstens in Erinnerungen an früher mochte mancher Anhänger schwelgen.

Der Alltag war Abstiegskampf. Über Jahre. Erst das Bosman-Urteil änderte das, und die Pfiffigkeit des Eisbären-Managements, dieses auszunutzen. Mit dem Abschneiden in der Saison 1996/97 gelang es der runderneuerten Mannschaft des EHC, den Klub wieder in das internationale Geschäft zu schießen. Nicht die erste Liga, die damals European Hockey League (EHL) hieß, sondern in den Continental Cup, der zweiten Liga. Aber egal, die Häme und der Misserfolg der Vorjahre machten auch diesen Cup zu einem Erlebnis. Einem ganz besonderen sogar.

Ganze elf Jahre nach dem letzten Heimspiel von Dynamo im Europacup traten die Eisbären nun wieder auf der großen Bühne auf. Gleich mit dem Halbfinalturnier in Berlin im November 1997. Gegen die nicht ganz so illustre Konkurrenz aus Oslo (4:1), Grenoble (3:2) und Trondheim (7:0) gelang der Gruppensieg, der Einzug ins Finale. Das wurde in Tampere in Finnland über Weihnachten ausgetragen und blieb im Gedächtnis vor allem als vergebene Chance. Anreise erst am Spieltag, freie Tage vor dem Turnier für die Spieler. Einiges wirkte eigenartig, was der Klub auch eingestand. Trotzdem konnte die Mannschaft nach dem 2:5 gegen Košice (Slowakei), mit dem 5:4 gegen Ilves Tampere und dem 4:3 gegen Ufa (Russland) bis zum Schluss auf den Titel hoffen. Der ging letztlich an die Slowaken, obwohl die Fans der Eisbären in der letzten Partie zwischen Košice und Ilves lautstark für die Finnen eintraten. So erhielt dieses Turnier eine ganz spezielle emotionale Note, doch es war auch der größte Erfolg nach der Wende.

Trotz einiger Versäumnisse von Klubseite vor dem Finalturnier: Die Mannschaft zeigte, was in ihr steckt. Das bestätigte sie dann schließlich ein paar Monate später mit dem ersten Finaleinzug in der DEL. Zwar unterlag der EHC damals Mannheim. Dennoch: Nie waren die Eisbären seit der Wende so gut gewesen, ein Top-Team national und international. Wenngleich Letzteres sich in der folgenden Spielzeit erst noch erweisen musste. Egal, die Freude über so viele gute Nachrichten nach Jahren des Leidens in der neuen Welt trieb interessante Blüten. Ein Buch über *Die besten Zweiten aller Zeiten* erschien Ende 1998.

Dieses Jahrbuch sollte eigentlich seine Fortsetzungen finden. Dass es dazu nicht kam, lag nicht daran, dass die Eisbären zu wenige Erfolge lieferten. Es wurde sogar noch besser. Streng nach Platzierung betrachtet nicht, da mussten die Berliner in der Saison 1998/99 mit Rang drei vorliebnehmen. Den eroberten sie dafür in der EHL, also auf der höchsten Stufe des kontinentalen Klubvergleichs. Zwölf Spiele absolvierten sie in der europäischen Top-Liga, neun davon gewannen sie. Setzten sich in der Vorrunde gegen Dukla Jihlava, Djurgården Stockholm und Jokerit Helsinki durch. Bezwangen im Viertelfinale Färjestad BK. Schlugen im Halbfinalturnier in Hohenschönhausen die Mannheimer (5:3) und spielten gegen Dynamo Moskau 2:2. Als Gruppenzweiter durften sie nach Moskau zum Finalturnier reisen – und mit ihnen viele Fans. Sie genossen die neue Rolle des EHC. Zwar genügte sie nicht, um Metallurg Magnitogorsk im Halbfinale (1:5) etwas entgegenzusetzen, aber sie reichte, um Ilves Tampere im Spiel um Platz drei zu schlagen, eine grandiose internationale Saison zu krönen und unvergesslich werden zu lassen.

Und sich einen Namen zu machen in Europa. Jedenfalls gelang es Manager Lorenz Funk, die nächste Endrunde des Continental Cups zur Weihnachtszeit 1999 nach Hohenschönhausen zu holen, wodurch der Klub automatisch gesetzt war. Da sich die Eisbären in der DEL nicht für die erneute Teilnahme an der EHL qualifiziert hatten, fühlte sich das Finalturnier nach einer guten Chance an, den nun seit zwei Jahren andauernden kontinentalen Höhenflug mit einem Titel zu versehen. Doch wie in der heimischen Liga bauten die Eisbären auch auf dieser Ebene etwas ab. Gegen Ambri-Piotta (Schweiz/2:2), Zvolen (Slowakei/2:2) und Kasan (Russland/3:2) sprang nur Platz zwei heraus. Nach drei atemberaubenden Jahren in der DEL sowie international verließen die Berliner die große Bühne nach diesem Auftritt wieder für ein paar Jahre. Bis zur nächsten Auferstehung, die dann endlich einen Titel brachte.

GRUND 73

Weil sie die Premiere der European Trophy gewannen

Alles muss einen Anfang haben. Wahrscheinlich auch ein Ende, aber hier geht es vor allem um den Anfang. Der war seinerzeit bescheiden im Vergleich zu dem, was nun an die Stelle der European Trophy von 2010 getreten ist. Heute gibt es die Champions Hockey League, sie darf sich als weitgehend etabliert bezeichnen und wird von den Klubs als Ziel angestrebt, das nur durch sportlichen Erfolg erreicht werden kann.

Vor ein paar Jahren verhielt sich vieles anders, da träumten alle von einem europäischen Wettbewerb. Ein paar Klubs taten sich sogar als Initiatoren zusammen, wollten etwas aufbauen und nutzten bereits vorhandene Strukturen, um schnell voranzukommen. Nachdem die Champions League in ihrer ersten Auflage von 2008/09 sich wegen finanzieller Probleme sofort erledigt hatte, war das notwendig. Mit der Nordic Trophy in den Nordländern und dem Turnier von Red Bull in Salzburg wurden zwei Dinge kombiniert zur European Trophy – mit dem Red Bull Salute als großem Finale.

Immerhin etwas, dachten sich auch die Eisbären. Die hatten im Frühjahr 2010 gerade eine herbe Pleite erlebt, dabei zuvor die DEL in der Hauptrunde dominiert, wie noch kein Team das geschafft hatte. Und wozu? Nur um als Erster gleich im Viertelfinale gegen den Achten aus Augsburg rauszufliegen. Noch bevor die Berliner ihr erstes Spiel der neuen Saison absolvierten, hatten sie sich gewissermaßen rehabilitiert. Sie starteten mit einem Titel in die nächste Spielzeit.

Damals war die Trophy als etwas ganz Neues noch klar als Saisonvorbereitung eingeordnet, vom frühen August an sah der Spielplan Partien bis zum ersten September-Wochenende vor. An dem begann auch die DEL, die Eisbären weilten jedoch in Zell am See und Salzburg, wo das Red Bull Salute als Finalturnier der Trophy stattfand. Um dorthin zu gelangen, hatten sich 18 Mannschaften in zwei Gruppen dem Wettbewerb gestellt. Sechs aus Schweden, fünf aus Finnland, zwei deutsche und schweizerische. Dazu jeweils ein tschechisches, ein österreichisches sowie ein norwegisches Team.

In der Gruppenphase, in der jeder einmal gegen jeden antrat, bekamen es die Berliner mit DEL-Dauerrivalen Adler Mannheim zu tun, mit Djurgården Stockholm, Färjestad BK, Linköping HC, HIFK und Jokerit Helsinki sowie Sparta Prag und Vålerenga Oslo. Nach dem ersten Wochenende in Helsinki schien sich die Trophy nicht gerade zum Lieblingsturnier des EHC zu entwickeln, 2:3 gegen HIFK und 2:7 gegen Jokerit endeten die Spiele. Doch das Glück wendete sich, alle weiteren Partien in Oslo (5:1), gegen Linköping (4:3 n.P.), Färjestad (5:2), Stockholm (4:2), Prag (5:2) und in Mannheim (3:1) wurden gewonnen. Die Heimpartien gegen Linköping und Sparta trugen die Berliner dabei in Crimmitschau und Dresden aus. Um sich den Eishockeyfans außerhalb Berlins zu zeigen. Aber auch, um mit der großen Arena in Berlin nicht zu große Kosten bei verhältnismäßig wenig Zuschauern zu produzieren.

Mit 17 Punkten gewannen die Eisbären ihre Gruppe, waren damit zweitbestes Team der Punkterunde hinter HV 71 aus Jönköping mit 20 Zählern als Sieger der zweiten Gruppe. Beim Finalturnier trafen die Eisbären im Viertelfinale auf den Vierten der anderen Gruppe, das war TPS Turku. Mit 4:1 fertigte der EHC die Finnen in Zell am See ab, Jim Sharrow, Stefan Ustorf, Jeff Friesen und Richie Regehr erzielten die Treffer. Noch souveräner erledigten die Eisbären die Aufgabe im Halbfinale gegen den SC Bern. Die Schweizer gerieten beim 5:1 durch Tore von Ustorf (2), Regehr und André Rankel (2) unter die Räder. Für das Finale am 5. September reisten die Berliner nach Salzburg und standen dort dem anderen Gruppensieger HV 71 gegenüber. Tore von Laurin Braun, Friesen (2), Sharrow und Ustorf machten den zuvor vielleicht angestrebten, aber doch kaum erwarteten Triumph perfekt. Als Premierensieger der European Trophy gingen die Eisbären in die Geschichte ein. Rob Zepp und Jim Sharrow wurden sogar als bester Torhüter sowie Verteidiger des Turniers ausgezeichnet.

So blieb das Jahr 2010 also doch nicht titellos. Vielmehr war es der Auftakt für einen Meisterschafts-Hattrick in der DEL. In der Trophy konnten die Eisbären ihren Erfolg derweil nicht wiederholen. Sie scheiterten 2011 in der Gruppenphase, 2012 im Viertelfinale in Wien an den Vienna Capitals (2:3). Ein Jahr später konnten sie als gesetzter Ausrichter am Finalturnier im Dezember in Berlin teilnehmen, verloren aber eines der beiden Spiele (0:4 gegen Färjestad BK, 4:3 gegen Frölunda Göteborg) in der diesmal als Gruppenphase organisierten Finalpartie-Findung und wurden Gruppenzweiter. Es war die letzte Auflage der European Trophy, die dann von der Champions Hockey League beerbt wurde.

GRUND 74

Weil Profis aus 22 Ländern bei den Eisbären spielten

Die Welt des Eishockeys ist bunt und vielfältig. Das legt schon die Mitgliedsliste des Eishockey-Weltverbandes IIHF nah. Erstaunliche 76 Länder werden darin geführt. Ja, und es wäre sicher interessant, ein paar Spieler dieser Nationen mal in Aktion zu sehen. Etwa einen Neuseeländer oder einen Kuwaiter, einen Thai oder einen Inder. Das hätte mal was.

Gut, für das Niveau in der DEL kommen die wohl nicht infrage, sonst hätte es schon jemand versucht mit ihnen. Doch Mut zur Exotik zeigten immerhin die Eisbären schon mal, als sie den Japaner Shūhei Kuji für eine Saison verpflichteten. So schnell werden sie diesen Mut aber sicher nicht noch einmal aufbringen.

Wobei die Liste der Nationalitäten der beim EHC einst beschäftigten Spieler auch manche eher ungewöhnliche Herkunft bezeugt. Immerhin aus 22 Ländern stammen die Profis, die nach der Wende ihr Geld in Hohenschönhausen verdient haben. Zumindest theoretisch. Denn Herkunft ist manchmal relativ, vor allem im Sport, wo um der Chance willen, sein Geld leichter verdienen zu können, der eine oder andere bereit ist, Staatsbürgerschaften zu wechseln oder zumindest eine zweite anzunehmen. So steht selbst hinter der deutschen Fahne, natürlich die am meisten vorhandene Flagge in den Kaderlisten, im Porträt vieler früherer Eisbären ein Spieler, der nicht einmal richtig deutsch sprechen konnte. Weil er eben doch ein Kanadier war.

Als das mit dem Eindeutschen dieser besonders eishockeyaffinen Nordamerikaner noch nicht so gut funktionierte, fand man allerlei lustige Doppelstaatsbürgerschaften beim EHC. Da trug dann ein Grieche (Chris Govedaris) das EHC-Trikot. Zwei Iren liefen auf, ein paar Briten (unter anderem der spätere Klubchef Peter John Lee, der sogar gebürtiger Brite ist), Italiener, ein Belgier, ein Franzose, ein Österreicher. Es war die Erfolgsformel der frühen DEL-Jahre für die Eisbären, als sie deutsche Spieler aussortierten und ab 1996 mit vielen Ausländern reüssierten.

Vor dieser Zeit, als Ausländer noch nicht inflationär das deutsche Oberhaus stürmen durften, da versuchten es die Eisbären vor allem mit Tschechen, den großen Jiří Dopita und Richard Žemlička, sie setzten auf Russen wie den exzentrischen Andrei Lomakin. Auch ein Weißrusse, ein Kasache und ein Ukrainer durften mitmachen. Anders als bei all diesen Osteuropäern, die später bis auf ein paar Ausnahmen nicht mehr in den Teams der Berliner auftauchten, verhielt es sich bei den Slowaken. Über die Jahre durfte immer wieder mal einer zu den Eisbären kommen. Finnen hingegen gehörten erst in jüngerer Zeit zur Mannschaft. Dafür gab es eine schwedische Hochphase kurz vor der Jahrtausendwende mit großen Namen wie Thomas Steen. US-Amerikaner waren zu der Zeit etwas unterrepräsentiert, was sich später jedoch änderte mit Mark Beaufait oder Deron Quint. Sogar ein Däne schoss mal seine Tore für den EHC. Bei den beiden Spengler-Cup-Teilnahmen mischten jeweils auch zwei Schweizer mit. Jüngst kam in Blake Parlett sogar ein Kanadier mit kroatischer Zweit-Staatsbürgerschaft zum EHC.

Wie schon angedeutet speiste sich die stets größte Fraktion an ausländischen Arbeitnehmern immer aus dem schier unerschöpflichen Reservoir der kanadischen Weiten. Dort gibt es nun mal die meisten Spieler – und insgesamt betrachtet sicher auch die besten. Leute wie Daniel Brière oder Claude Giroux, die den Fans des EHC viel Freude machten bei ihrem kurzen Engagement. Oder Leute wie Marc Fortier, der lange Kapitän des Klubs war und viel Ansehen genießt bei den Anhängern. Oder natürlich wie Steve Walker, den Topspieler für mehr als ein Jahrzehnt.

So richtig bunt, das bleibt beim Blick auf die Kaderlisten der Berliner festzuhalten, sieht die Eishockeywelt dann wohl doch nicht aus. Sie scheint mehr, als sie ist, diese hohe Zahl an Nationen, die im Trikot der Eisbären schon zu sehen waren. Aber der Trend, vielleicht mal wieder weniger Nordamerikaner und mehr Europäer in die Mannschaft zu holen, könnte sich durchaus ergeben. Irgendwann, für mehr Vielfalt bei den Flaggen, die auf die Trikots der Spieler genäht werden. Und für mehr Erfolg am besten auch.

GRUND 75

Weil die Eisbären schon am Polarkreis siegten

Wir nehmen es hier nicht ganz so genau. So viel vorweg. Das heißt, mit den Ereignissen bleiben wir natürlich korrekt, aber die Entfernungen mögen dem einen oder anderen nicht ganz passen. Doch das spielt keine entscheidende Rolle. Wichtig ist nur, dass die Eisbären schon mal ganz schön weit im Norden waren. Was gut ist, denn da gehören Eisbären doch auch hin.

Bis ganz zum Polarkreis, ihrer natürlichen Heimat in bestimmten Regionen, stießen die Eisbären aus Berlin dabei im wörtlichen Sinne nicht vor. Doch viel fehlte nicht. Deshalb, was hier das nicht ganz Genaue ausmacht, schafften es die Berliner gefühlt bis zum Polarkreis. In Luleå ist man von dieser imaginären Linie schließlich nur gut 110 Kilometer in Richtung Süden entfernt. Das zählt also und verleiht der folgenden Aussage alle Berechtigung: Die Eisbären siegten schon am Polarkreis.

Mit Bezug auf die Komponente der natürlichen Umgebung haben die Eisbären dort ja immer ein Heimspiel. Entsprechend fällt die Bilanz aus. Vier Partien stehen drei Siegen gegenüber. Fasst man die Region noch etwas weiter, werden aus fünf Spielen drei Siege. Aber der Reihe nach.

Am dichtesten dran am Polarkreis waren die Eisbären wie gesagt in Luleå, in Nordschweden, am nahezu nördlichsten Ende der Ostsee. Dort liegt die Jahrestemperatur im Durchschnitt bei gut einem

Grad Celsius. Nichts für uns. Aber doch interessant genug für die Schweden. Die haben Luleå schon im 14. Jahrhundert gegründet, mit ihren gut 50.000 Einwohnern ist sie eine der ältesten Städte so weit oben auf der nördlichen Erdhalbkugel.

Trotz der langen Geschichte wurde der örtliche Eishockeyklub, Luleå Hockey, nur einmal schwedischer Meister. Es wäre nicht zu kühn zu behaupten, sie hätten ihren Blick mehr auf Europa gerichtet. Dort war Luleå nämlich erfolgreicher, gewann 2012 die European Trophy, 2015 die Champions Hockey League. 2012 war es auch, als die Eisbären dort erstmals spielten, sie verloren 0:2. Doch im September 2016 revanchierten sich die Berliner und gewannen 5:2.

Schon viel früher führte die Champions Hockey League, damals in ihrer ersten und einzigen Auflage der damaligen Version, die Berliner auf die andere Seite der nördlichen Ostsee, nach Finnland. Bei Kärpät Oulu waren die Eisbären zu Gast, dem siebenfachen Meister. Anders als Luleå ist Oulu, das ein paar Kilometer weiter südlich liegt, mit fast 200.000 Einwohnern recht groß, sogar die fünftgrößte Stadt Finnlands. Alt ist Oulu auch, gegründet zu Beginn des 17. Jahrhunderts – vom Schwedenkönig Karl IX. Relativ bekannt geworden, also einem breiteren Publikum, ist die Stadt aber erst in neuerer Zeit. Durch die Luftgitarren-Weltmeisterschaft, die dort jedes Jahr stattfindet.

Also 2008, damals als amtierender finnischer Meister, empfing Kärpät die Eisbären. Es war der erste Auftritt der Berliner so weit im Norden. Sie meisterten ihn mit einem 3:2 nach Penaltyschießen, passenderweise verwandelte Klublegende Sven Felski den entscheidenden Penalty. Auch 2013 reisten die Berliner im Rahmen der European Trophy nach Oulu, wieder kehrten sie mit einem Sieg heim, 4:0 hatten sie gewonnen.

Da Skellefteå, die Heimat des schwedischen Starautors Stig Larsson, auf der anderen Ostseeseite nicht viel weiter südlich auf der Landkarte zu finden ist als Oulu, soll auch dieses Städtchen mit seinen gut 30.000 Bewohnern nicht unterschlagen werden. Immerhin drei Meistertitel feierte der junge Ort, der keine 200 Jahre alt ist, in Schweden. Die Begegnung im Achtelfinale der Champions Hockey League 2015 endete mit einem 1:2. Aber da sich die Eisbären so weit oben im Norden sehr wohl fühlen, würde hier bei einer Revanche, die sich ja in der CHL irgendwann ergeben kann, wohl einiges zurechtgerückt werden.

GRUND 76

Weil die Berliner mal einen schwarzen Top-Stürmer hatten

Manche Spieler versetzen einen ins Schwärmen. Immer wieder geht einem durch den Kopf, was dieser Typ da gerade auf das Eis gezaubert hat, wie unglaublich das war, wie schön, wie einzigartig. Manche Spieler versetzen einen in Wut. Weil sie so unglaublich ignorant ihren Mitspielern gegenüber sind, sie links liegen lassen und nur mit sich allein spielen. Ohne sich dabei jedes Mal derart durchschlängeln zu können zwischen den Kontrahenten, dass für die Mannschaft etwas dabei herauskommt. Denen egal zu sein scheint, was das Team macht, solange sie selbst mit sich zufrieden sind.

Nathan Robinson fiel in beide Kategorien. Genie und Wahnsinn gewissermaßen, beides lag bei ihm sehr nah beieinander. Robinson fiel immer auf, mit seinen abstrusen Streichen, die er den Gegnern mit dem Puck spielte. Oder aber mit seinen zahllosen Haken, die ins Nichts führten. Mit seinen technischen Finessen konnte der Stürmer die Fans in seinen Bann ziehen wie kein anderer. Doch er neigte zur maßlosen Übertreibung, weshalb ihm selten eine Träne nachgeweint wurde, wenn er wieder fortging.

Gekommen und gegangen ist Robinson oft. Schade für einen, der solche Anlagen in sich vereinte. Der so geniale Hände hatte. Er tanzte über das Eis, manchmal glaubte man, seinen Augen nicht zu trauen, wenn er sich wie eine Ballerina um die Gegenspieler wand, ohne den Puck vom Schläger gleiten zu lassen. In seiner Vita fanden sich Anfang 2017 gleich 19 Vereinswechsel. Zuletzt wurde sein Name im Kader des EHC Bayreuth aus der DEL2 geführt. Dorthin war er von einem Team aus der weißrussischen Liga transferiert worden. Zuvor spielte er in der zweiten tschechischen Liga, in Nordirland, in England. Bitter.

Viel mehr hatte er immer gewollt. Doch für höhere Aufgaben war er irgendwann verbrannt, einfach zu berüchtigt. Ein schwieriger Fall. Als Robinson in die DEL kam, 2006 war das, sorgte er sofort für Aufsehen. Die Eisbären lotsten ihn nach 15 Toren und 29 Vorlagen schnell weg aus Mannheim, wo er 2007 den Meistertitel gefeiert hatte. Robinson faszinierte alle, mit seinen Fähigkeiten, aber auch, weil er einer der wenigen schwarzen Eishockeyspieler war. In seiner ersten Saison 2007/08 beim EHC sogar der einzige in der DEL.

Die Investition lohnte sich, bei den Eisbären verbuchte der Kanadier mit jamaikanischen Wurzeln in der ersten Saison 14 Tore und 40 Vorlagen in der Hauptrunde, im Play-off wurde er Liga-Topscorer. Robinson holte mit den Eisbären gleich den nächsten Titel. Auch in seiner zweiten Saison in Berlin durfte er am Ende feiern, doch trotz weiterhin starker Werte zeigte sich die andere Seite des Stürmers immer deutlicher. Sinnlos verrannte er sich in drei Gegenspieler, ohne auch nur daran zu denken, die Scheibe einem Kollegen zu überlassen. Und wenn er den Puck verlor, dann war er eben weg. Ihn scherte das nicht.

Ein schlechter Typ war Robinson sicher nicht, er hatte ein freundliches Wesen, sprach offen über viele Dinge. Etwa darüber, wie es sich als Schwarzer lebt in einem Sport, der sehr überwiegend von Weißen betrieben wird. »Talentierte farbige Spieler gibt es schon in Nordamerika, aber die erhalten meist keine Chance«, sagte er mal bezüglich der geringen Anzahl an Schwarzen in der NHL.[36] Die war immer sein Traum, mehr als sieben Spiele wurden es jedoch nicht. Generell sei es so, dass es sich schwarze Familien in vielen Gegenden der USA nicht leisten könnten, ihre Kinder zum Eishockey zu schicken: »Schlittschuhe kosten 300 Dollar. Basketballschuhe bekommst du für nur 10. Und Fußball ist nicht umsonst eine der beliebtesten Sportarten der Welt, du schnappst dir einen Ball und los geht's. Beim Eishockey benötigst du so viel Ausrüstung, das muss die Familie stark unterstützen. Und darin liegt das Problem.«[37] Den ersten Schwarzen in der NHL, Willie O'Ree, den hatte er mal interviewt für ein Medium in Nordamerika.

Robinsons Problem lag woanders. Er wollte mehr aus sich machen, das Talent war ja da. Als sein damaliger NHL-Agent Mike Gilles ihm nahelegte, nach Europa zu gehen, zu lernen und stärker zurückzukehren, wagte er den Sprung. Als Gilles 2008 Manager der Vancouver Canucks wurde, meldete er sich nicht mehr bei Robinson. »Er fühlt sich von diesem Sport verraten«, sagte EHC-Chef Peter John Lee damals.[38] Umgehen konnte der Stürmer damit nur schlecht.

Das beeinflusste ihn in vielen Dingen. Er fühlte sich schnell angegriffen, wenn er kritisiert wurde, hatte den Eindruck, nicht respektiert zu werden, kein Vertrauen mehr, dass andere es gut mit ihm meinen könnten. Oft reagierte er beleidigt, was sich auf dem Eis dann in seiner Spielweise ausdrückte. Daher nahm man es gelassen, dass Robinson nach zwei Jahren wieder nach Mannheim zurückkehrte. Werte wie in den ersten drei Jahren in der DEL erreichte der Stürmer nie wieder, er wechselte hin und her. In Köln schmissen sie ihn nach zwischenzeitlichen Stationen in Finnland und Österreich Anfang 2014 sogar raus. Seine Karriere, die auf hohem Niveau hätte verlaufen können, ging am Ende steil bergab. Daran fand sich nichts mehr, was einen ins Schwärmen hätte versetzen können.

GRUND 77

Weil sie beim Spengler Cup spielten

Was gibt es Schöneres, als zwischen Weihnachten und Silvester einen Ausflug mit der gesamten Familie zu machen? In die Berge, in den Schnee. Irgendetwas Schöneres gibt es bestimmt, aber die Wahl auf den Familientrip zu lenken, besitzt schon einen enormen Reiz. Vor allem, wenn es sich beim Ziel um die malerische Gegend der Bündner Alpen handelt, um Davos.

Dort kann man nicht nur gut Ski laufen, sondern auch Eishockey spielen. Seit 1923 findet im Landwassertal ein Klubturnier statt, dass das älteste der Welt ist und auch das renommierteste: der Spengler Cup. Jedes Jahr, wenn es besinnlich wird, wenn die meisten Menschen zur Ruhe kommen, geht in der Gemeinde in Graubünden die Post ab. Der Ort ist voll mit Besuchern, die alle Spitzen-Eishockey sehen wollen.

Seine Gegner sucht sich der HC Davos, der Heimklub, dabei aus. Es ist Einladungsturnier. Zweimal durften auch die Eisbären mitspielen, 2005 und 2006. Die Meistertitel dieser Jahre, das starke Auftreten der Berliner mit ihrer offensiven Spielweise, bewogen die Organisatoren, den Eisbären die Offerte zu unterbreiten, die gewohnte Umgebung hinter sich zu lassen.

Für die Berliner war es eine Ehre, bedeutete die Einladung doch Anerkennung der Leistungen. Nur ist es immer so eine Sache mit dem Cup, der straffe Spielplan – vier Partien in fünf Tagen musste der EHC damals absolvieren – schlaucht enorm. Selbst die Ergänzungsspieler, die oft dazuverpflichtet werden, lindern das Auszehren kaum. Die Rückkehr in den DEL-Alltag fiel den Eisbären schließlich beide Male schwer.

Andererseits aber bedeutet der Cup eben Prestige. Wer dabei ist, steht im Rampenlicht. Und das wollten die Berliner nicht verpassen. Sie hatten ja unter Trainer Pierre Pagé die Devise ausgegeben, sich zum besten Klub in Europa entwickeln zu wollen. Auf diesem Weg ist der Spengler Cup eine feste Größe. Deshalb zögerten die Eisbären auch nicht, die Einladung anzunehmen. Sie machten das Beste daraus.

Gerade die erste Teilnahme brachte viele Dinge, die erinnernswert blieben. Mit Platz drei gelang den Eisbären eine große Überraschung, die Mannschaft schlug sogar den HC Davos (3:2), bezwang auch Sparta Prag (3:2) und verlor nur nach Penaltyschießen gegen Metallurg Magnitogorsk (3:4). Lediglich gegen Team Canada setzte es eine Pleite (1:6). Dank tollem Offensiv-Eishockey fehlte nur ein Punkt zum Finale.

Die eigentliche Wirkung zeigte sich erst später, die Mannschaft, so hieß es im Team, habe sich in den Tagen von Davos zusammengefunden. Einen Geist entwickelt, der letztlich den Ausschlag gegeben habe für den zweiten Titelgewinn in der DEL ein paar Monate später. Die Atmosphäre, die dort herrschte, war auch getragen vom Familiären. Jeder konnte seinen Anhang mitnehmen nach Davos, ein riesiger Tross also machte sich auf die Reise, die unmittelbar nach Weihnachten begann und erst an Neujahr endete. Einige gemeinsame Aktivitäten organisierte der Veranstalter, es gab Kutschfahrten im Schlitten, Ausflüge in die Berge. Mancher ging sogar Ski fahren. Also nicht die Profis natürlich, die mussten ja spielen.

Beim zweiten Besuch in Davos 2006 taten sie das nicht ganz so erfolgreich. Der HCD nahm seine Revanche für die Vorjahresniederlage (1:4), auch gegen Team Canada wurde wieder verloren (2:5) und gegen Mora IK aus Schweden (1:6). Gegen die Russen von Atlant Moskowskaja Oblast gewannen die Eisbären zwar (4:1), wurden aber dennoch nur Fünfter und damit Turnierletzter. Ebenso ergab sich diesmal nicht der Geist, der in der Heimat einen neuerlichen Meistertitel in Serie gezeitigt hätte. Spaß hat es dennoch wieder allen gemacht, dem Klub, den Spielern und ihren Familien. Genauso wie den etlichen Fans, die die Mannschaft nach Davos begleiteten, den Sponsoren, die auch dabei waren. Sie nutzten die

Gegebenheiten tatsächlich als kleine, gemütliche Urlaubsreise mit Eishockey-Untermalung. Kann es denn bitte wirklich etwas Schöneres geben?

GRUND 78

Weil es ein Berliner über die Eisbären in die NHL geschafft hat

Zweifel an Pierre Pagés Weitsicht soll bloß keiner zu laut äußern. Man muss diesen knorrigen Trainer nicht mögen, und so geht es vielen, aber sein Talent, Dinge vorauszuahnen, das verlangt schon einen gewissen Respekt. Nur ganz kurz soll hier nochmals erwähnt werden, dass er die Eisbären einst in drei Jahren zum Titel führen wollte. Und das tat er auch. Marcel Müller lernte der Kanadier im Alter von 16 oder 17 Jahren kennen. Pagé nannte schnell eine Perspektive für diesen jungen Spieler. Der werde es mal in die NHL schaffen, prophezeite Pagé. Etwas mehr als fünf Jahre später kam es tatsächlich so.

Müller war früh ein Hüne, fast zwei Meter groß, kräftig. Puck und Schläger beherrschte er ebenso gut wie seine Schlittschuhe. Die Voraussage mit der NHL hatte vor allem mit seiner Statur zu tun. Nach solchen Kerlen suchen sie in diesem intensiven Sport, robust und dennoch spielerisch begabt. Das führte ihn in das wohl beste Nachwuchsprogramm Deutschlands. Der gebürtige Berliner, der zuvor bei den Preussen in Charlottenburg groß geworden war, zog nach Mannheim zu den Jungadlern.

Wie es manchmal so ist, fiel neben seinem Talent auch sein Hang, es den Trainer nicht immer recht machen zu wollen oder zu können, schon früh auf. In Mannheim ließ man ihn daher nach zwei Jahren und offenbar ein paar disziplinarischen Problemen ziehen. Müller kehrte zurück nach Berlin, schloss sich 2005 den Eisbären an und traf auf Pagé. Der setzte ihn mit 17 schon in der DEL ein. Müller spielte aber ebenso bei den Juniors in der Nachwuchsliga und in der dritten Liga. Weil er bei den Eisbären noch sehr jung war, konnte er sein Talent in der DEL kaum zeigen. Immerhin, er darf sich als Mitglied des Meisterteams von 2006 feiern lassen. Bis heute sein einziger Titel.

Dafür ist er auch der einzige gebürtige Berliner, dem es je gelang, bis in die höchsten Sphären des Eishockeys vorzustoßen. Sven Felski darf sich zwar Eisbären-Idol nennen, viele andere sind mehr als einmal Meister geworden. Doch nur Müller spielte sich bis in die NHL vor. Die Toronto Maple Leafs nahmen ihn 2010 unter Vertrag, drei Partien lang durfte sich Müller in der besten Liga der Welt zeigen. Den Rest der Zeit in Nordamerika verbrachte er im Farmteam, den Toronto Marlies. Dort weisen die Statistiken ordentliche Werte für ihn aus. Seinen Vertrag wollten die Maple Leafs nach zwei Jahren dennoch nicht verlängern.

Der Weg nach Toronto führte über Köln, zu den Haien wechselte er 2007 von den Eisbären. Bei den Rheinländern entwickelte er sich sehr gut, wurde zum Nationalspieler, durfte 2010 unter Bundestrainer Uwe Krupp bei den Olympischen Spielen in Vancouver auflaufen, bei der sensationellen Heim-WM spielen. Wegen dieser großartigen Zeit schnappten sich die Haie Müller erneut, als er nach den beiden Jahren in Toronto und einer anschließenden Saison bei Modo Hockey in Schweden wieder zur Verfügung stand. Für die weitere Karriere schien der Schachzug mit Schweden keine schlechte Idee zu sein, es folgten allerdings sehr wechselhafte Jahre.

Die zweite Periode bei den Haien, bei denen nun Krupp als der Trainer arbeitete, verlief enttäuschend. Nachdem Krupp 2014 entlassen worden war, stellte der Klub wenig später auch Müller frei. Der Vorwurf: Er setze die Vorgaben nicht um. Auch taktische Defizite wurden ihm öfter angelastet. Nachdem Müller kurz darauf in Krefeld untergekommen war, erzielte er in 32 Spielen 19 Tore. Ein guter Eishockeyspieler war er also immer noch.

Aber eben einer, der nicht überall hineinpasst. In der Nationalmannschaft gab es immer wieder Anläufe, die schnell abgebrochen wurden. Bei einem Intermezzo in Hamburg, das wegen der Klub-Auflösung nur ein Jahr statt drei Jahre dauerte, lief wieder wenig zusammen. Doch der erneute Wechsel nach Krefeld ließ die Instinkte durchkommen. Diese Unsicherheit, welchen Müller man erhält, genauso wie das Wissen um den eher schwierigen Charakter veranlasste die Eisbären, nie richtig hoch zu pokern, wenn Müller auf dem Markt war. Der Stürmer hatte stets gute Kontakte ins Team, trainierte im Sommer oft mit beim EHC. Er war auch immer mal wieder ein Thema als Transfer. Allerdings verzichteten die Berliner darauf, Konkurrenzangebote zu überbieten. Selbst mit inzwischen Uwe Krupp als Trainer. Was nicht heißt, dass es nicht doch noch irgendwann eine Rückkehr zu den Berlinern geben kann. Obwohl Marcel Müller schon sehr viel erlebt hat in seiner Karriere, war er in der Saison 2016/17 erst 28 Jahre alt. Eishockey kann er also noch eine ganze Weile spielen – und sich bestimmt auch weiterentwickeln.

GRUND 79

Weil sie mal Gastgeber eines NHL-Teams waren

Soll noch einer sagen, dass Stars nicht verwöhnt wären. Kleines Beispiel gefällig? Zwölf Spinning-Räder, zwei Laptops, ein DVD-Rekorder mit Brenner, 100 Packungen Kaugummi sowie je Spiel-Drittel 30 Bananen, 30 geviertelte Orangen und 36 Cola. Außerdem 50 Einwegrasierer, Babypuder und 150 Bügel. Die Wunschliste von Tampa Bay Lightning war lang, als der Klub aus der NHL mal einen Abstecher in die normale Welt unternahm. Nach Berlin, zu den Eisbären. Die sorgten schließlich dafür, dass Tampa alles bekam. Ein teurer Spaß, auf den sich die Berliner damals einließen. Denn sie mussten alles zur Verfügung stellen.

Sie wollten es so. Oder vielmehr der Eigner, die Anschutz Entertainment Group. Es passte einfach toll zusammen: Die NHL zog es damals nach Europa, Anschutz hatte in Berlin eine neue Halle gebaut, die Eisbären richteten sich gerade dort ein. Das mit einem Testspiel gegen ein NHL-Team zu feiern hatte großen Stil. Also bemühte sich Anschutz, alles Notwendige zu tun.

Inzwischen wären solche Szenarien schwer vorstellbar. Mit dem letzten Arbeitskampf in der NHL verflüchtigte sich die Idee, den Markt in Europa intensiv zu beackern. Früher schaute die beste Liga der Welt für ein paar Jahre regelmäßig in den europäischen Eishockeyhochburgen vorbei. In der Hoffnung, hier expandieren zu können. Dazu ließ die NHL ein paar Mannschaften zur Saisoneröffnung Anfang Oktober sogar richtige Punktespiele absolvieren in Prag, Stockholm oder Helsinki. Wenn es sich ergab, konnten die Teams auch gegen die Klubs vor Ort kurz vor den Ligapartien noch ein paar Testspiele ausmachen.

Die Eisbären nutzten das Ende September 2008, sie luden Tampa ein, den Stanley-Cup-Sieger von 2004. Mit so illustren Namen wie Vincent Lecavalier, Martin St. Louis oder Olaf Kölzig. Der deutsche Torhüter hatte in der Saison 2004/05, als die NHL wegen eines Arbeitskampfes die ganze Spielzeit ausfallen ließ, beim EHC angeheuert und Anteil am ersten Meistertitel der Berliner in der DEL. Auch mit dabei: Steven Stamkos, ein damals noch ganz junger Mann, der später zum Star reifte. Für solche Helden macht man gern ein paar Umstände. Die Partie war dann intensiv und körperbetont, bei den Berlinern hatten sich einige vorgenommen, sich der NHL zu zeigen. Sie gingen sogar in Führung durch Denis Pederson, unterlagen dann aber 1:4. Für den Klub dennoch eine schöne Erfahrung, es war das erste Mal, dass die Eisbären gegen ein NHL-Team spielten. Für lange Zeit wird es auch sicher das letzte bleiben.

Die NHL konnten die Eisbären und die Berliner allerdings schon recht bald wieder in der Stadt erleben. Denn am 8. Oktober 2011 richtete Anschutz eines der letzten Europa-Punktspiele der Liga in der eigenen Arena aus. Ausgesucht wurden die Klubs seinerzeit nach nationalen Aspekten, so kamen etwa die Buffalo Sabres nach Berlin. Mit den deutschen Stars Jochen Hecht und Christian Ehrhoff, den der Klub damals zum bestbezahlten Verteidiger der NHL gemacht hatte. Zehn Millionen Dollar verdiente Ehrhoff in jener Saison. Zudem war mit Thomas Vanek der österreichische Superstar im Team und lockte 2.000 Landsleute nach Berlin.

Auf der anderen Seite standen den Sabres die Los Angeles Kings mit Anze Kopitar gegenüber. Das ist der Anschutz-Klub in der NHL, der Bruderklub der Eisbären. Für die Kings war es also in gewissem Sinne ein Heimspiel, das allerdings verloren ging. Mit 4:2 setzte sich Buffalo durch. Kleiner Trost für Anschutz: Während die damals hoch gelobten Sabres über die Jahre einen schlimmen Absturz erlebten, holten sich die Kings zwei Mal den Stanley Cup. Einmal davon am Ende der Saison, die für sie unter anderem mit der Partie in der O_2 World begonnen hatte. Der ganze Aufwand, den Anschutz für die NHL in Berlin betrieben hat, lohnte sich also.

GRUND 80

Weil die Eisbären ihr eigenes Turnier hatten

Wer sein eigenes Turnier hat, der hat was. Das wissen sie beim HC Davos nur zu gut. Der Spengler Cup ist eine Institution im Eishockey, jeder fährt dort gern hin. Wenn er denn eingeladen wird von den Davosern.

Früher, da hatten die Berliner auch mal so etwas wie eine Institution. Nicht so toll gelegen im Kalender wie bei den Schweizern zwischen Weihnachten und Silvester. Nach Berlin wurde im Sommer eingeladen. Zweifelsfrei die schönere Jahreszeit in einer Großstadt. Von der Qualität des Eishockeys her vielleicht nicht ganz so glücklich. Sommerhockey ist ja mehr ein Schimpfwort als ein Gütesiegel. Egal, die Berliner liebten ihre Spielwiese, die als »Internationales Sommerturnier« firmierte. Es kamen auch viele gern vorbei, vor allem Russen und Tschechen. Die meist korrekter als Sowjets und Tschechoslowaken anreisten. Schließlich fand der größte Teil zu Zeiten der DDR statt, also beim SC Dynamo Berlin.

Im Jahr 1970 wurde die erste Auflage des Turniers ausgetragen. Die Gegner damals hießen Dynamo Moskau, Dukla Jihlava, SG Dynamo Weißwasser und ASK Vorwärts Crimmitschau. Als Dritter schnitten die Berliner ab, mussten sich nur den Auslandsklubs geschlagen geben, allerdings deutlich. Gegen Moskau hieß es 2:10, gegen Jihlava 2:7. Für die Moskauer war es der Beginn einer Serie von ersten Plätzen, fast immer, wenn sie kamen, gewannen sie. Das änderte sich erst nach der Wende.

Westklubs kamen aber schon viel früher. Anfangs aus Schweden (ab 1976), später auch aus der Schweiz. Über die Jahre nahmen 39 verschiedene Mannschaften in Berlin teil. Also meistens, denn dreimal wurde das Turnier in Halle ausgetragen. Zweimal davon sogar ohne den Klub aus der Hauptstadt. Aber dafür mit Hauptstädtern. Nur als Nationalspieler verkleidet. Die Auswahl musste sich auf ein folgendes Turnier vorbereiten, deshalb die Umstände.

Fast hätten es die Berliner 1977 schon geschafft, die Dynamo-Kollegen aus Moskau am Siegen zu hindern. Mit einem 3:3 trennten sie sich, und letztlich wurden die erstmals ohne Niederlage bleibenden DDR-Dynamos toller Zweiter. Dafür setzte es im ersten richtigen Finalspiel in der Geschichte des Turniers zwei Jahre später mit 1:9 wieder eine heftige Klatsche von den Sowjets.

Die dominierten auch noch bei der 21. Auflage, der ersten nach der Wende. Mit dabei waren 1990 erstmals auch Klubs aus dem Westen Deutschlands, einmal Eintracht Frankfurt, und einmal, sicher nur wegen der kurzen Anreise, der BSC Preussen. Für die damals als EHC Dynamo antretenden Gastgeber blieb nur der letzte Platz in einem Achterfeld. Und jede Menge Enttäuschung. Sowie ein Vorgeschmack auf die erste Bundesliga-Saison, die schließlich mit dem Abstieg endete. Auch die großen Dynamos aus Moskau erlebten einen solchen. Beim nächsten Turnier. Als Abonnement-Sieger wurden sie durchgereicht auf Platz vier. Zum ersten Mal siegten die Berliner. Leider nur die falschen, die aus dem Westteil der Stadt. Doch die Geschichte des »Internationalen Sommerturniers« wäre nicht perfekt ohne Happy End. Oder etwas in der Art, denn endlich gewonnen haben die damals schon als Eisbären auflaufenden Hohenschönhauser erst bei der 26. Auflage. Durch einen 4:3-Finalsieg gegen die Schweden von Rögle BK.

Ein Jahr später gab es die letzte Ausgabe dieser Hohenschönhauser Institution. Beim 27. Mal gewann, irgendwie passend, ein Team aus Russland. Lada Togliatti setzte sich im Sommer 1996 vor dem EHC durch. An internationalen Wettbewerben fehlte es danach erst einmal nicht, doch als die dann rar wurden, fehlte den Eisbären offenbar das Sommerturnier nicht mehr. Nach inzwischen wieder vielen Jahren im internationalen Geschäft mussten die Eisbären nach der Saison 2016/17 aber überlegen, wie sie den nächsten Sommer verbringen wollten. Es gab sogar Gedanken, wieder ein Turnier auszurichten. Im Stile der einstigen Institution wurde dann 2017 tatsächlich ein Sommerturnier aufgelegt, mit dem EHC als Sieger. Mal sehen, ob nur als einmalige Wiederbelebung oder als neue Traditionsveranstaltung.

GRUND 81

Weil drei verbriefte Indianer für den EHC spielten

Nein, ums Lagerfeuer ist keiner von ihnen leicht beschürzt getanzt. Zumindest ist das nicht überliefert. Obwohl, die Vorstellung hat natürlich etwas Drolliges. Doch die alten Bräuche der Ureinwohner Nordamerikas, wir nennen sie nur der Einfachheit halber Indianer, werden schließlich nicht mehr so gepflegt wie früher. Mancher, dessen Wurzeln in dieser Kultur liegen, kam nicht einmal richtig mit den Gepflogenheiten des einstigen Lebens in Berührung, geschweige denn wusste er viel darüber.

Genauso war es bei Julian Talbot. Der langjährige Stürmer der Eisbären gehört zu den drei Profis in der Klubgeschichte, die als echte Indianer firmierten. Die sich auch nicht scheuten, das zu einem Thema zu machen. Talbot wirkte dabei etwas unbedarft, weil er wirklich kaum etwas zu tun hatte mit der Thematik. Doch plötzlich twitterte er einst stolz ein Foto seines frisch gedruckten Ausweises, der ihm die Zugehörigkeit zum Stamme der Algonkin attestierte.

Die familiären Wurzeln waren da, keine Frage, wenn auch lange in der Vergangenheit verschollen und erst umständlich wieder ins Bewusstsein der Familie befördert. Bei Talbot selbst beschlich einen aber ab und zu das Gefühl, dass der kulturelle Hintergrund weniger wichtig sein könnte als die Annehmlichkeiten, die mit so einem Dokument verbunden sind. Ein paar kleine Freiheiten, mehr Fischen und Jagen zu dürfen, ein paar Steuervorteile zu haben. Aber zumindest wollte er sich mit der Geschichte auseinandersetzen.

Von 2011 bis 2017 spielte der Stürmer für die Berliner, gewann zwei Meistertitel. Der Erste von seinem Stamm war er aber nicht bei den Eisbären. Gut zehn Jahre vor ihm kämpfte schon einmal ein Algonkin für den EHC. Der hieß John Chabot, hatte anders als Talbot eine ordentlich Karriere in der NHL hinter sich. Für die Eisbären lief der Angreifer nur eine Saison lang auf, von 2000 bis 2001. Für einen fast 40-Jährigen absolvierte er die sogar mit erstaunlich guten Werten, mit elf Toren und 24 Vorlagen verabschiedete sich Chabot in den Ruhestand.

Chief nannten sie ihn oft, Häuptling. Immerhin war er der Urenkel eines Häuptlings. Auch Indianergebrüll hörte er oft in den

Hallen der Republik. Kein Problem. Chabot ging mit seiner Kultur sehr verantwortungsvoll um, half Kindern als Beauftragter für Ureinwohner in seiner Stammes-Region in Quebec. Er gründete eine Initiative, die Ureinwohnern Sportangebote unterbreitete. Chabot, der sich später als Trainer versuchte und es bis zum Assistenten bei den New York Islanders in der NHL brachte, zeigte Engagement.

Brandon Smith kümmerte sich weniger um seine Herkunft. Der Verteidiger, der 2008 und 2009 mit den Eisbären Meister geworden war, gehörte dem Stamm der Gitxsan an. Seine Mutter lebte sogar noch in einem Reservat in British Columbia und beherrschte die Stammessprache. Sie hatte ebenso einen indianischen Namen. Smith selbst interessierte sich vorwiegend für Eishockey und weniger für die Geschichten der Mutter. Er schaffte es auch für ein paar Spiele in die NHL.

In Berlin wurde Smith aber wahrscheinlich mit so viel Geschichte konfrontiert wie selten zuvor. Mit mir als Begleitung machte er sich mal auf den Weg ins Ethnologische Museum in Dahlem, um dort eine Indianer-Ausstellung anzuschauen. Er nahm sogar Material für seine Tochter mit. Es ist also nie zu spät, sich der eigenen Herkunft ein wenig zu nähern.

GRUND 82

Weil Weltmeister und Olympiasieger das Eisbären-Trikot trugen

Im Eishockey nimmt die Flut an Turnieren kein Ende. Große Namen, die bei diesen Turnieren große Rollen spielen, so sollte man meinen, laufen einem da im Vereinsleben recht häufig über den Weg. Mit Teilnehmern an diesen Turnieren verhält es sich tatsächlich so. Fast jeder Klub kann in der DEL Profis aufbieten, die schon mal eine Weltmeisterschaft gespielt haben. Doch gewinnen konnten dort die wenigsten etwas. Kein Wunder, sind doch meist dieselben Landsmänner vorn. Kanadier, Russen, Schweden, Tschechen, Finnen.

Während Russen, Schweden, Tschechen und Finnen nur selten in die DEL kommen, was die Suche nach potenziellen Medaillengewinnern doch arg einschränkt, sind Kanadier und auch US-Amerikaner zwar reichlich vorhanden. Wer von denen in der DEL spielt, schafft es aber nur selten in die Turnieraufgebote. Die werden eher mit unbekannteren NHL-Spielern gefüllt oder Cracks, die in finanzkräftigeren europäischen Ligen ihre Kunst zeigen. Nichtsdestotrotz konnten die Eisbären immer wieder Spieler nach Berlin holen, die mit ihren Nationalmannschaften unvergessliche Stunden erlebten und sich große Titel sicherten.

Gleich in der ersten Saison warteten die Berliner, wenn auch eher zufällig, mit einem Mann mit imposanter Vita auf. Sergei Jaschin kam dank guter Kontakte nach Moskau nach Berlin, nachdem es für ihn in der NHL nicht gepasst hatte. Der Stürmer konnte darauf verweisen, mit der UdSSR bei der WM 1986 und 1989 die Goldmedaille gewonnen zu haben. Selbiges galt für die Olympischen Spiele 1988. Zwar reiste der glänzende Schlittschuhläufer und begnadete Techniker nach nur einer Saison und starken 27 Toren, mit denen er den Abstieg der Berliner nicht verhindern konnte, weiter. Doch so viel war damals schon klar: Viel mehr Meriten dürfte kaum je ein Spieler mitbringen.

Aber mit fast Ähnlichem konnte Andrei Lomakin aufwarten. Der nächste Russe mit einem Olympiasieg aus Sowjetzeiten, errungen gemeinsam mit Jaschin 1988, tauchte 1995 in Hohenschönhausen auf. Mit im Gepäck hatte er auch einen dritten WM-Platz. Einer großen ersten Saison ließ der Stürmer noch eine weitere folgen, die allerdings davon geprägt war, sich in der durch das Bosman-Urteil veränderten Lage beim EHC nicht mehr zurechtzufinden.

Nach diesen beiden dauerte es eine ganze Zeit, bis erneut ein Spieler mit Großtaten bei Titelkämpfen richtig glänzen konnte.

Jeff Friesen kam 2009 nach Berlin – als zweifacher Weltmeister mit Kanada, 1997 und 2004. Dazu hatte er bereits 1996 die Silbermedaille gewonnen. Seine Zeit bei den Eisbären verlief ähnlich wie bei Lomakin. Trotz seines am Ende schwierigen Aufenthalts in Berlin war er einer der Erfolgreichsten, die je für den Klub aufliefen, wie sich später zeigen wird.

Letzteres gilt auch für Daniel Brière, den nächsten Kanadier mit zwei WM-Titeln. Er schloss sich den Berlinern in der Saison 2012/13 für ein paar Partien an, in denen die NHL wegen Gehaltsverhandlungen aussetzte. Ihm zuzuschauen war ein Genuss, anders als Friesen befand sich Brière noch nicht in den allerletzten Zügen seiner Karriere.

Bei Petri Vehanen trifft genau das wieder zu, er kam nach Berlin und wusste irgendwann, dass er seine Laufbahn hier zu einem Ende bringen würde. Allerdings tat der Finne das auf einem Niveau, das nie daran denken ließ, dass es mal irgendwann so weit sein könnte, dass auch er seine Schlittschuhe an den Nagel hängen und seinen Fanghandschuh ausziehen würde. Drei Jahre nach dem Gewinn des WM-Titels 2011 stieß er zum EHC und dürfte wohl als der Torhüter mit den insgesamt besten Leistungen nach der Wende in die Geschichte eingehen. Was sich aufgrund der schwächeren Vordermannschaft allerdings nicht mit Titeln unterlegen ließ. Dafür hatte er ja schon 2008 Bronze bei der WM und 2010 den Titel in der panrussischen KHL gewonnen. Auch nicht schlecht.

Fünf Profis also sind es, die bei WM und Olympia bereits Titel feiern durften, als sie bei den Eisbären anheuerten. Nicht viel, aber immerhin. Hinzu kommen ja auch noch einige, die mit Medaillen winken konnten. Zuletzt etwa Vehanens Landsmann Antti Miettienen (Olympiasilber, WM-Bronze und -Silber). Früher Spieler wie Thomas Steen (Schweden/zweimal WM-Silber), Mike Bullard (Kanada/WM-Bronze), Derek Mayer (Kanada/WM-Silber, Olympiasilber) und Richard Žemlička (Tschechien/dreimal WM-Bronze, Olympiabronze).

Bei Žemlička fallen ein paar Medaillen schon in die Zeit nach den Eisbären. Auch keine uninteressante Kategorie. Denn mit seinem Landsmann Jiří Dopita hatten die Berliner Anfang der 1990er einen in ihren Reihen, der später international enorm auf sich aufmerksam machte. Drei WM-Titel gewann der Stürmer (1996, 2000, 2001). Neben zwei Bronzemedaillen bei der WM durfte er sich 1998 sogar olympisches Gold umhängen. Auch der Kanadier Claude Giroux, zeitgleich mit Brière bei den Eisbären, konnte sich später als Weltmeister feiern lassen (2015). Nicht nur auf dem Eis, auch an der Bande durfte sich ein Trainer nach seinem Engagement in Berlin mit WM-Plaketten schmücken. Andy Murray führte Kanada drei Mal zum Gold (1997, 2003, 2007). Kent Forsberg hatte Schweden 1998 schon vor dem kurzen Berliner Intermezzo zum Weltmeister gemacht.

Über die Jahre betrachtet eigentlich ein ganz ansehnlicher Haufen an WM- und auch Olympia-Edelmetall, der da zusammenkommt bei den Eisbären.

GRUND 83

Weil NHL-Stars für die Berliner aufliefen

Bei diesem Grund fällt die Auswahl nicht ganz leicht. Der Begriff des Stars ist doch sehr dehnbar. Zwar bietet die NHL-Zugehörigkeit ein Kriterium, aber doch eben auch ein mehr subjektives als objektives. Oder würde etwa jemand behaupten, dass Jon Sim als einer der NHL-Stars in der Geschichte der Eisbären durchgeht? Na? Sicher nicht, doch wann ist ein Star ein Star? Spieler, die in der NHL spielten, haben sich im Eishockey zweifelsfrei einen Traum erfüllt, den alle Profis träumen. Und wer lange dort sein Geld verdienen konnte, darf sich gegenüber anderen mit Recht privilegiert fühlen. Aber ein Star im eigentlichen Sinne muss er dennoch nicht gewesen sein.

Wir wollen hier daher eine klare Definition vornehmen. Als herausragend gilt, wer eine veritable Karriere in der NHL vorweisen kann, der besten Liga der Welt. So viele Spieler sind das gar nicht, und mancher wird überrascht sein, dass eben ein Jon Sim es doch schaffte, sich 484 Partien dort zu zeigen. Viele Punkte, 140 waren es, sammelte der Stürmer zwar nicht für Dallas, Nashville, Los Angeles, Pittsburgh. Sie merken schon, er ist ganz schön rumgekommen. Oder konnte vielleicht nicht immer überzeugen. Aber irgendetwas sahen alle in ihm. Florida, Atlanta, die New York Islanders. Mit Dallas darf er sich 1999 sogar als Stanley-Cup-Sieger feiern lassen. Auch mit den Eisbären gewann er die Meisterschaft, 2012 verbrachte er ein paar der letzten Spiele seiner Karriere bei den Berlinern.

Letzteres kam häufiger vor bei den Profis, die früher mal ihr Zuhause in der NHL hatten. Vom Star war da nicht mehr viel zu sehen in Berlin, aber die Karriere blieb dennoch eine mehr als ordentliche. Dazu ausreichend, um eben doch von NHL-Star im Trikot der Eisbären zu sprechen. John Chabot, der Ex-Preusse, gehörte zu dieser Gruppe von Spielern mit großer Vergangenheit. Lange nach seinen 541 Partien mit stolzen 338 Punkten für Montreal, Pittsburgh und Detroit verbrachte der Angreifer 2000/2001 seine letzte Profisaison beim EHC. Auch Darryl Shannon (2003/04) ist so einer, 573 Partien spielte der Verteidiger für Toronto, Winnipeg, Buffalo, Atlanta, Montreal und Calgary. Dabei verbuchte er 150 Punkte. Drake Berehowsky kam für Toronto, Pittsburgh, Edmonton, Nashville, Vancouver und Phoenix auf 153 Punkte in 571 Partien. Für die Eisbären absolvierte der Verteidiger seine letzten Profispiele, 19 waren es, am Ende feierte er 2006 den Titel. Den einzigen seiner Karriere.

Ein gutes halbes Dutzend Profis können außerdem mehr als 400 Partien in der NHL nachweisen. Einigen von ihnen gelang es anders als den bisher Genannten, in Berlin sogar ihren Status als Stars zu leben. Stürmer Denis Pederson etwa, der es auf 462 NHL-Spiele brachte und 134 Punkte für New Jersey, Vancouver, Phoenix sowie Nashville. Oder Verteidiger Deron Quint, der auf 145 Punkte für Winnipeg, Phoenix, New Jersey, Columbus und Chicago kam in 470 Spielen. Beide schlossen sich nicht erst am Karriereende den Berlinern an, sondern noch in ihren besten Jahren. Und sie gewannen viele Meistertitel mit dem EHC. Dies gelang Ian Moran nicht in seinen neun Partien beim EHC als später Noteinkauf in der schwachen Saison 2006/07, in der NHL durfte der Stürmer aber 555 Mal ran für Pittsburgh, Boston und Anaheim (78 Punkte). Auch Angreifer Antti Miettinen, 20014/15 in Berlin, war jemand in Nordamerika, 563 Spiele bei 235 Punkten für Dallas, Minnesota und Winnipeg belegen das. Mark Bell kam wie die Herren zuvor erst in den späten Karrieretagen zum EHC, dazu war er viel verletzt und zeigte daher in den drei Jahren von 2013 bis 2016 selten das, was ihn als Stürmer in Chicago, San Jose, Toronto und Anaheim in 459 Partien bei 182 Punkten wertvoll machte. Peter John Lee war auch so ein Karrierendler mit reichlich NHL-Erfahrung, 450 Partien für Pittsburgh und 253 Punkte sind mehr als anständig. Im Prinzip ist er der größte Star, denn fast alle der hier genannten Spieler holte der Stürmer, der seine letzten beiden Jahre als Aktiver im EHC-Trikot verbrachte, als Manager nach Berlin. So auch die Verteidiger Milan Jurčina, der nach 451 Spielen und 83 Punkten für Boston, Washington, Columbus und die New York Islanders 2015/16 kurz in Berlin weilte, und Bruno Gervais, der 423 Partien für Islanders und Tampa absolvierte und dabei 89 Punkte markierte. Hätte er sich 2016 nicht einen Kreuzbandriss zugezogen, hätten die Berliner an ihm sicher viel mehr Freude haben können.

Das waren schon viele Namen und Orte, die echten Stars fehlen aber noch. Der erste war der Schwede Thomas Steen. Auch einer, der seine Laufbahn zwischen 1996 und 1999 in Berlin ausklingen ließ. »Allein vor seinem Namen hat man schon Respekt gehabt«, sagte Sven Felski einst.[39] 1006 Spiele in der NHL, alle für Winnipeg. Dazu 861 Punkte. Das hat Größe. Genau wie die 795 Partien und 722 Punkte von Mike Bullard für Pittsburgh, Calgary, Philadelphia, St. Louis und Toronto. Beide gehören in die erste große Zeit des EHC in der DEL. Steen, dessen Sohn Alexander ebenfalls eine große NHL-Karriere durchläuft, beeindruckte vor allem mit seiner Ausstrahlung, Angreifer Bullard wurde seiner Vita als Topscorer in Berlin problemlos gerecht.

Die zweite große Phase des EHC wurde ebenfalls von NHL-Spielern begleitet, die wirkliche Stars waren. Während des Lockout in der NHL in der Saison 2004/05 verpflichtete Lee in Olaf Kölzig und Erik Cole besondere Spieler, die in Berlin zum Gewinn der ersten DEL-Meisterschaft beitrugen. Kölzig stand in 764 Partien im Tor von Washington und Tampa, war als bester Torhüter der NHL ausgezeichnet worden, hatte im Finale dort gestanden und in Berlin für einen enormen Medienrummel gesorgt. Etwas ruhiger war es um den Stürmer Cole, der damals noch keinen ganz so hohen Bekanntheitsgrad hatte, aber immerhin auch schon auf eine Final-Teilnahme mit Carolina stolz sein durfte. Nach dem Titel in Berlin gewann er auch den in der NHL. Auf 938 Partien kam er dort und 546 Punkte, später auch für Edmonton, Montreal, Dallas und Detroit.

Jeff Friesen war der nächste große Name: 977 Partien, 549 Punkte, gespielt für San Jose, Anaheim, New Jersey, Washington und Calgary. Stanley-Cup-Sieger 2003 mit New Jersey. In Berlin schien er sich 2009 sofort wohlzufühlen. Doch verschiedene Probleme, die ihn schon vorher begleitet hatten, hemmten den Stürmer in seiner zweiten Saison, in der er kaum wiederzuerkennen war. Es wurde die letzte Spielzeit seiner Karriere, immerhin endete sie mit einem Meistertitel 2011.

Die Ringe für die Meisterschaft 2013 erhielten nachträglich auch Daniel Brière und Claude Giroux. Zwei der fraglos herausragendsten Eishockeyspieler, die je das Trikot der Eisbären getragen haben und bei denen niemand über den Star-Status diskutieren muss. Es war ein Mega-Coup von Lee, diese beiden gemeinsam während des Lockout 2012/13 nach Berlin lotsen zu können. Die

Medien überschlugen sich, eine bis dato tranige Mannschaft erhielt einen enormen Schub, mit dem sie sich zum siebten und letzten Titel der großen Ära schoss. Brière mit seinen 1.097 Partien für Phoenix, Buffalo, Philadelphia, Montreal und Colorado, in denen er 812 Punkte markierte, spielte sich in die Herzen der Berliner. In nur 21 Partien brachte es der Angreifer bei den Eisbären auf 34 Zähler und stand damit nach der Hauptrunde auf Platz fünf der Scorerliste. Die Zahlen von Giroux beeindruckten nicht minder, 19 Punkte sammelte er in neun Spielen. Wegen einer Verletzung und der Angst, in der harten DEL seine NHL-Saison zu gefährden, beließ es der Stürmer, der bis Mitte 2017 für Philadelphia in 700 Partien auf dem Eis stand und dabei 650 Punkte erbeutete, bei den wenigen Auftritten. Die Fans in Berlin werden für jeden einzelnen ewig dankbar bleiben.

GRUND 84

Weil Stanley-Cup-Sieger beim EHC arbeiteten

Kaum zu glauben, dass das Beste erst noch kommt, wenn die Zeit bei den Eisbären der Vergangenheit angehört. Kann eigentlich gar nicht sein. Unmöglich. Erik Cole hat es trotzdem geschafft, der Teufelskerl. Sogar die größte Ehre wurde ihm zuteil, als er nach seinem Zwischenstopp in Berlin zurückkehrte in seine Heimat. Der US-Amerikaner durfte seinen Namen in den Sockel des Stanley Cups eingravieren lassen. Als Beleg dafür, dass er Teil einer Mannschaft war, die die begehrteste Trophäe im Eishockey gewonnen hat.

Cole war eine Ausnahme, das muss hier gesagt werden. Dass er nach dem Engagement in Berlin noch mehr leisten konnte als vorher, hängt vor allem damit zusammen, dass er nie an die Spree gekommen wäre – also zumindest nicht beruflich –, wenn sein normales Arbeitsleben in normalen Bahnen verlaufen wäre. In der NHL kann aber immer mal etwas schieflaufen zwischen der Liga und der Gewerkschaft, sodass ein gewisser Leerlauf entsteht. Lockout nennt es sich, wenn die Klubbesitzer ihre Spieler nicht mehr aufs Eis lassen und die Liga den Spielbetrieb aussetzt. Genau solch ein Ereignis führte Cole 2004 nach Berlin.

Dort kam er schon mit der Empfehlung einer Final-Teilnahme mit den Carolina Hurricanes an, aber ein Stanley-Cup-Sieger war er noch nicht. Solche Spieler in der DEL zu erleben, die den für die meisten NHL-Profis wichtigsten Pokal bereits in Händen gehalten haben, ist ein sehr seltenes Vergnügen. Als echte Stanley-Cup-Gewinner kamen letztlich auch nur zwei Spieler zu den Eisbären. Beide vereint, dass sie ihre besten Tage längst hinter sich hatten und der Besuch in Deutschland die Karriere quasi abrundete. Was der normale Gang der Dinge ist in diesem Geschäft. Was Jon Sim und Jeff Friesen jedoch deutlich trennt, ist ihr Anteil am Erfolg.

Sim stand gerade am Anfang seiner Karriere, als sich die Dallas Stars in der Saison 1998/99 auf den Weg zum Titel in der NHL machten. Sieben Mal kam Sim in der Punkterunde zum Einsatz, seine ersten sieben Partien in der NHL, inklusive erstem Tor. Im Play-off durfte er vier weitere Spiele absolvieren, zwei davon sogar im Finale. Mit elf Partien und einem Tor schaffte es der junge Stürmer, sich Stanley-Cup-Sieger nennen zu dürfen. Kein schlechter Start für eine Laufbahn, die ihn im nächsten Jahr gleich wieder ins Finale führte. Diesmal ohne Titel, aber mit sechs Finaleinsätzen und einem Tor. Dem Ende seiner Karriere war das irgendwie nicht unähnlich. Zwar spielte Sim noch zwei Saisons, nachdem er in Berlin vor allem durch seine kleinen Unterredungen mit gegnerischen Torhütern auf sich aufmerksam gemacht hatte. Doch bei den Eisbären holte er mit 27 Partien, zwei Toren und sechs Vorlagen in der Saison 2011/12 noch einmal einen Titel.

Friesen dagegen gehörte zu den Leistungsträgern. Er war gerade aus Anaheim zu den New Jersey Devils gewechselt zur Saison

2002/03. In der Hauptrunde traf er in 81 Spielen 23 Mal und bereitete 28 Tore vor. Im Play-off absolvierte der Angreifer 24 Partien, in denen er vier Vorlagen verbuchte und zehn Tore erzielte. Fünf davon in der Finalserie, in der die Devils ausgerechnet gegen Anaheim spielten. Offenbar war die Motivation groß bei Friesen, kein anderer Kollege traf so oft wie er in der Serie, die über sieben Spiele ging. Bei den Berlinern war sein Beitrag zum Meistertitel 2011 nicht ganz so ausgeprägt aufgrund von Verletzungen. Doch in der Spielzeit zuvor hatte er noch einmal gezeigt, warum er eine große Karriere verlebt hatte, die beim EHC ihr Ende fand.

Cole war ein ähnliches Kaliber wie Friesen, 40 Punkte, 16 davon Tore, markierte er in der ersten Finalsaison der Hurricanes in der Hauptrunde. Im Play-off kamen sechs Treffer hinzu. Noch viel wertvoller war er nach dem Titel-Intermezzo in Berlin. 60 Spiele, 30 Tore, 29 Vorlagen lautete die Bilanz, ehe er sich schwer verletzte. Erst im Finale konnte er wieder zurückkehren, durfte als wichtiger Teil der Mannschaft zwei Spiele bestreiten und sich anschließend Cup-Gewinner nennen.

Mehr Spieler, denen diese Ehre zuteil geworden ist, trugen das Trikot der Eisbären bislang nicht. Ein paar Finalisten, die gab es schon noch etwa in Olaf Kölzig (1998 mit Washington), Daniel Brière und Claude Giroux (beide 2010 mit Philadelphia) oder Darryl Shannon (1999 mit Buffalo). An der Bande wiederum können die Berliner mit weiteren Cups glänzen, nicht gewonnen als Trainer, aber als Spieler. Sowohl Don Jackson als auch Uwe Krupp sind Ringträger.

Jackson gewann seine beiden Titel in der NHL in einer der größten Mannschaften aller Zeiten um Superstar Wayne Gretzky 1984 und 1985. Als robuster Verteidiger konnte Jackson sogar respektabel punkten und selbst im Play-off ein Tor erzielen.

Allein dabei beließ es Krupp nicht. Er war der erste Deutsche mit dem Cup in der Hand, als er 1996 mit Colorado Avalanche triumphierte. In 22 Play-off-Spielen sammelte er als Verteidiger damals

16 Punkte. Eines seiner vier Tore wird unvergessen bleiben, denn es war das Tor zum Titel.

Anders als Krupp konnte Jackson seine Titelsammlung als Trainer noch deutlich übertreffen. Vielleicht nicht in der Wertigkeit, aber in der Menge. Und das überwiegend bei den Eisbären. Krupp immerhin hat noch die Chance. Womöglich kommt das Beste für ihn noch. Zumindest in seiner Zeit bei den Eisbären.

GRUND 85

Weil die Los Angeles Kings mehr als nur ein Bruderklub sind

Fast die komplette Geschäftsstellenbelegschaft der Eisbären ließ am 20. Februar 2017 die Arbeit am Nachmittag mal Arbeit sein. Die Angestellten pilgerten geschlossen zu einer Pressekonferenz. Eigentlich nicht das Metier der meisten, aber die Neugier trieb sie an. Ganz sicher auch ein bisschen Ungewissheit nach dem Aus der Hamburg Freezers gut ein dreiviertel Jahr zuvor. Freezers? Ja, die waren nämlich mal der deutsche Bruderklub der Berliner, Teil des Imperiums der Anschutz Entertainment Group. Und eben jene machte den Klub dicht, weil sich der Aufwand nicht mehr als wirtschaftlich sinnvoll erwies.

Und was erwartete die Eisbären nun? Schließlich waren Vertreter aus Los Angeles anwesend, und offensichtlich gab es Wichtiges zu verkünden, sonst wäre keine Pressekonferenz anberaumt worden. Als Quintessenz dessen, was erzählt wurde, lässt sich zusammenfassen, dass die Los Angeles Kings, der Anschutz-Klub in der NHL, nun kein reiner Bruderklub mehr sind, sondern deutlich mehr. Sie haben seit jenem Tag das Sagen bei den Eisbären.

Grundsätzlich lässt sich das erst einmal so betrachten: Kooperieren kann jeder. Das taten die Berliner früher mit den Kings.

Aber eher auf niedrigem Niveau. Ab und zu durften ein paar Spieler dort vorbeischauen, ein bisschen von der Atmosphäre der besten Eishockeyliga der Welt aufnehmen. Grundsätzliche Effekte für die Berliner hatte das nicht. Auch andere Klubs wie Mannheim brüsteten sich mit tollen Kontakten in die NHL, in diesem Fall Toronto. Doch das ging auch kaum über dieses Maß hinaus.

Das sollte sich für die Eisbären fortan grundlegend verändern. Bislang waren sie der Anschutz-Sportabteilung unterstellt, erhielten von dort ihren Finanzrahmen, konnten ansonsten aber recht frei entscheiden, was sie mit dem Geld tun. Doch Anschutz setzte die Kings nun als Führungsetage für die Eisbären ein. Der NHL-Klub stellt seither den Aufsichtsratschef mit Luc Robitaille. Alles, was die Eisbären anstellen, unterliegt nun der Kontrolle der Kings, denen die Eisbären direkt unterstellt sind. Wichtige Entscheidungen bezüglich Etat, Transfers und Spielerauswahl bei den Eisbären gehen nun über den Tisch der Kings, müssen dort abgesegnet werden. Der Spielraum für eigene Entscheidungen für EHC-Geschäftsführer Peter John Lee wurde damit eingeschränkt.

Zwar wollten das die Kings-Vertreter nicht so deutlich sagen bei der Pressekonferenz, aber die Intentionen waren klar. »Die Ergebnisse der vergangenen Jahre waren nicht auf dem Meisterschaftsniveau, das wir erwarten«, so Robitaille.[40] Nach Jahren der Abwärtsentwicklung seit dem letzten DEL-Titel 2013 sah Anschutz sich gezwungen, etwas zu verändern. Wobei der Besitzer mit Etat-Einsparungen seinen Teil zum Niedergang der Berliner, die 2017 hart um das Erreichen des Pre-Play-off kämpfen mussten nach zuvor einer Viertelfinal-Teilnahme in drei Jahren, beitrug. Die Eisbären hatten sich auf mehreren Ebenen von der Ligaspitze entfernt.

Fürs Erste eine ganz positive Sache, diese neue Form der Partnerschaft. Die Berliner sollen auf alle Ressourcen der Kings zurückgreifen können. Bei einem Klub, der 70 Millionen Dollar für einen Kader zahlt und damit allein für seine Spieler gut achtmal mehr Geld ausgibt, als die Eisbären insgesamt in einer Saison zur Verfügung haben, sollte sich das für den EHC lohnen. »Für uns besteht die Verantwortung zu helfen, hier eine Umgebung für das Gewinnen von Meisterschaften zu schaffen. Wir sind Teamplayer«, erklärte Kelly Cheeseman, einer der Geschäftsführer der Kings und auch Aufsichtsratsmitglied der Eisbären. Von Trainingssteuerung über Spielersichtung und -entwicklung bis hin zu Transfers soll alles eng abstimmt werden in intensiver Kommunikation. Wöchentlich sollen Informationen ausgetauscht werden, die Kings, zweifacher Champion in der NHL (2012 und 2014), sind ambitioniert an das für sie neue Projekt herangegangen.

Wenn sie dieses Aufmerksamkeitsniveau halten, kann daraus mehr werden als nur große Worte. Geredet wurde im Februar 2017 ja schon wieder von der besten Organisation in Europa, zu der man die Eisbären machen wolle. Was aufgrund verschiedener Umstände ohnehin mehr ein Lippenbekenntnis bleiben wird. Die beste Organisation in Deutschland würde den meisten Fans schon reichen. Vielleicht können die Kings die Eisbären an diesen Punkt führen. Eines dürfte sicher sein: Die langen Verträge, die zuletzt beim EHC abgeschlossen wurden, zum Teil aus übertriebener Dankbarkeit gegenüber manch einst verdientem Spieler, dürften für diese kein Ruhepolster mehr sein. In der NHL ist Emotionalität, die in Berlin keine geringe Rolle spielte, ein Fremdwort. Dort geht es nur um Leistung, wer die nicht bringt, ist ganz schnell draußen. Mit diesem Hintergrund könnte aus der Wohlfühloase des EHC wieder ein wettbewerbsorientiertes Verhalten in der Mannschaft entstehen. Und zwar auf einem Niveau, das nötig ist, um Titel zu gewinnen.

Als die Berliner einst in einer Phase des Misserfolgs mit Pierre Pagé einen Heilsbringer präsentierten, versprach dieser die Meisterschaft in drei Jahren. Er hielt sich daran. Auf konkrete Zahlen ließ sich Robitaille nicht ein. Mal sehen, wie lange die Kings brauchen, um die Eisbären wieder zu Königen auf dem ewigen Eis zu machen.

GRUND 86

Weil die Eisbären die Champions Hockey League mit aufgebaut haben

Mit den kontinentalen Wettbewerben im Eishockey war es immer so eine Sache, es gab sie zwar, so richtig geliebt wurden sie allerdings nicht. Sonst hätten sie wohl nicht so oft ein bitteres Ende erlebt, gefolgt von einem neuen Anfang, einem Ende, einem Anfang. Nur der jüngste Übergang von der European Trophy zur Champions Hockey League (CHL) gestaltete sich mehr fließend, basierte das Neue doch auf dem Alten und stellte nur die Fortentwicklung dar.

Mit der sind auch die Eisbären aus Berlin eng verbunden. Sie haben die CHL mit aufgebaut. In Berlin mochte man die Vergleiche mit Klubs aus anderen Nationen eigentlich immer, den 3. Platz von 1999 in der European Hockey League trug man stolz vor sich her. Danach tat sich international nur wenig, es fehlte meist an umfassenden Wettbewerben.

Da wollten die Berliner anpacken, Klub-Chef Peter John Lee krempelte die Ärmel hoch und schaltete sich ein. Das war quasi verpflichtend, schließlich hatte ein Trainer die Klubziele in neue Dimensionen geschraubt. Vielleicht nicht immer im Einvernehmen mit dem Verein, aber eben doch zum Besten und in guter Absicht. »Wir wollen die Besten in Europa sein«, wurde Pierre Pagé nie müde zu betonen, seit er 2002 das Amt des Cheftrainers beim EHC übernommen hatte. Anfangs klang das ziemlich weit hergeholt, Pagé wurde gern belächelt.

Visionen sind das eine, man muss sie aber auch angehen und probieren, sie wahr werden zu lassen. Da fühlte sich Lee angesprochen. Als der erste Versuch der Champions League nach nur einer Saison schon wieder Geschichte war, tat er sich mit den Nordländern und Red Bull Salzburg zusammen, die jeweils eine Spielserie beziehungsweis ein Turnier unterhielten. Nach vielen Gesprächen hinter den Kulissen der normalen Ligawelten und des Weltverbandes führte dies zur European Trophy. Es war ein Anfang, ein semioffizielles Turnier weil auf Einladungsbasis, aber eben eine erste wichtige Vergleichsebene. Dass die Eisbären die Erstauflage 2010 sogar gewannen, gab dem einstigen Ansinnen von Pagé eine neue Ernsthaftigkeit - obwohl der längst weg war aus Berlin. Mit den vielen Meisterschaften der Eisbären, die sich gerade als der FC Bayern des Eishockeys definiert hatten, in dieser Zeit harmonierte der europäische Ansatz ohnehin bestens, schien doch national die Konkurrenz etwas zu dünn zu werden.

Obwohl jedes kontinentale Wettbewerbsmodell seither immer ein bisschen darunter leidet, dass die russischen Klubs sich dem verschließen, trübte das die Ambitionen der anderen nicht: Die Trophy wurde immer weiter ausgebaut. Stets war Lee mit Gremienarbeit daran beteiligt. Der Berliner entwickelte so das Konzept der CHL mit, ebenso deren Aufbau. Er war ein Befürworter dessen, dass ein Teil der Klubs sich als Gründungsmitglieder zunächst nicht sportlich qualifizieren mussten für die Teilnahme, sondern diese durch einen Mitgliedsstatus erkaufen konnten. So sollte die CHL auf solide Beine gestellt werden, mit Partnern, die ein großes Interesse an der Weiterwicklung der neuen Liga hatten.

Das funktionierte gut. Doch Verbesserungsmöglichkeiten wird es immer geben. Um die effizient umzusetzen, erfolgte der nächste Schritt im europäischen Eishockey – und zwar in Berlin. Dort wurde im Sommer 2016 die Allianz der europäischen Eishockeyklubs gegründet. Die Aufbauarbeit der Eisbären in den vergangenen Jahren auf internationaler Ebene ist also beträchtlich. Zeitweise kam der eigene Klub bei Peter John Lee durch all den übergeordneten Einsatz fast ein bisschen zu kurz. Doch wer sich einem Ziel verschrieben hat, der möchte es eben gern erreichen. Der Berliner zeigte sich da vorbildlich. Sein Einsatz hat sich gelohnt.

KAPITEL 8

Die unter den Dächern hängen

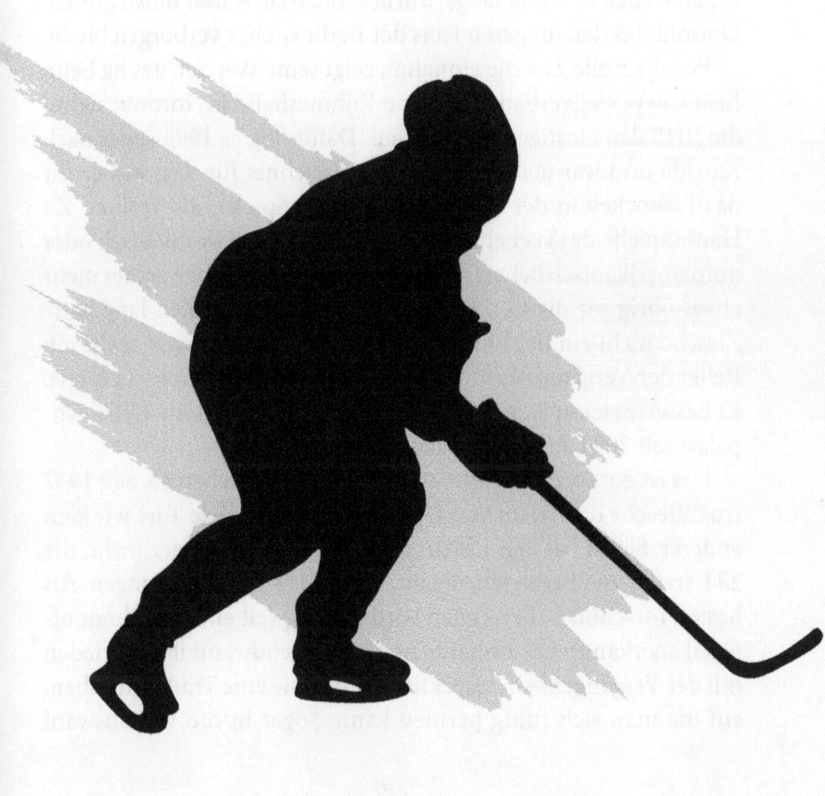

GRUND 87

Weil Joachim Ziesche die Bestenliste immer anführen wird

Was soll man noch sagen? Wir haben hier schon so manchen Spieler als Legende angepriesen. Bei Joachim Ziesche tun wir das natürlich auch. Doch steht dieser Mann, den alle nur den »Langen« nennen, nicht wirklich auf der gleichen Stufe, wenn es um die Geschichte der Eisbären geht. Ziesche hat es noch ein bisschen höher geschafft, ihn Ikone zu nennen, ist wohl keine Übertreibung. Seine Verdienste liegen vielleicht schon länger zurück, doch sie waren umso größer. Obwohl das den jüngeren Fans der Berliner eher verborgen bleibt.

Welche Rolle Ziesche einnahm, zeigt seine Wertschätzung beim Eishockey-Weltverband. In seine Ruhmeshalle in Toronto nahm die IIHF den einstigen Stürmer auf. Dafür flog er 1999 sogar nach Kanada und war mächtig stolz. Ausgezeichnet für das, was er für das Eishockey in der DDR getan hat, als Spieler, als Trainer. Zu Hause spielte das ja eher selten eine Rolle. In der westdeutsch oder nordamerikanisch beherrschten Klubspitze hatte lange keiner mehr etwas übrig für die Geschichte, für Dynamo. Eine Zeit lang hatte Ziesche nicht einmal Ehrenkarten für die Spiele. Er war mehr ein Relikt der Vergangenheit. Kein guter Stil, den der Verein da zeigte. Es besserte sich später, in Hohenschönhausen hängt im Wellblechpalast seit 2004 auch sein Trikot unter der Decke.

Das ist gut so, dort spielte sich sein Eishockeyleben ab. Seit 1957 trug Ziesche das Trikot von Dynamo, schoss so viele Tore wie kein anderer. Selbst bei den Eisbären schaffte es kein Spieler mehr, die 284 Treffer zu überbieten, die ihm in nur 179 Partien gelangen. Als bester Torschütze aller Zeiten wird Ziesche seit einigen Jahren offiziell anerkannt. Die Eisbären machten irgendwann ihren Frieden mit der Vergangenheit, respektierten, dass sie eine Tradition haben, auf die man sich ruhig berufen kann. Sogar in die Weltauswahl wurde er 1963 bei der WM gewählt. Ziesche war ein einzigartiger Spieler, für den auch 112 Länderspieltreffer in der Statistik stehen. Der die Nationalmannschaft dreimal mit seinen Toren zu Platz fünf der WM führte.

Womöglich war sein Beitrag, der ab 1970 folgte, sogar noch wertvoller. Das DDR-Eishockey wurde mehr oder minder abgewickelt, als Ziesche den Trainerposten bei Dynamo und der Nationalmannschaft übernahm. Zu wenig Chancen auf Medaillen, deshalb strich die Führung die Liga zusammen, nur die Dynamos aus Berlin und Weißwasser durften weitermachen. Dank Ziesches Eishockeyverstand und seinem Können, dieses Wissen auch weiterzuvermitteln, konnte die DDR auf internationaler Ebene immer noch ansehnliche Erfolge erringen. Bei nur etwa 40 Spielern, die insgesamt zur Verfügung standen. Als bitterste Stunde seines Sportlerlebens hatte er die damalige Entscheidung der DDR-Oberen einst beschrieben. Ziesche aber gab alles, um diesen Sport nicht ganz dahinsiechen zu lassen in der DDR.

Manchmal muteten die Vorgaben kurios an, da durfte nicht aufgestiegen werden in die A-Gruppe. Da erhielten alle sogar Prämien, wenn sie den Aufstieg wie geplant verpassten. Doch das änderte sich auch, dann durften alle zeigen, was in ihnen steckt. Wozu man fähig sein kann, wenn es ein paar Leute gibt, die einfach unglaublich viel Ahnung und Enthusiasmus besitzen. Die internationale Konkurrenz staunte immer nur, wie Ziesche es schaffte, aus so wenig so viel herauszuholen.

Deshalb wurmte es den Fachmann auch immer, dass nach der Wende die Ausbildung der jungen Spieler überall vernachlässigt wurde. Dass man lieber Ausländer einsetzte, als Talente zu fördern. Am eigenen Leib erfuhr Ziesche, wie sich das anfühlt. Nach zwölf Meistertiteln als Trainer (zuvor drei als Spieler) mit Dynamo hatte er mit der Wende zunächst aufgehört, heuerte dann aber 1991 für eine Saison beim SC Riessersee an. Im Dezember 1994 übernahm er sogar die Eisbären in der DEL. Nach gut zwei Monaten aber war schon wieder Schluss, fünf Siege glückten nur in 23 Spielen. Der Rauswurf war bitter für den großen Mann von Dynamo, ihm wurde übel nachgeredet vom Klub.

Ganz vergessen wird er das wohl nie. Etwas Verbitterung lässt sich öfter noch heraushören, wenn Joachim Ziesche zum Klub befragt wird. Als lebende Legende gilt er manchem als Instanz in vielen Dingen, als Kritiker erweist er sich dann meist. Als konstruktiver allerdings, denn die Eisbären liegen ihm genauso am Herzen, wie es Dynamo einst tat.

GRUND 88

Weil Dietmar Peter Rekordnationalspieler der DDR ist

Berlin ist Geschichte, die Zeit dort taucht nur noch im Rückspiegel auf. Nach 46 Jahren in der großen Stadt zog es Dietmar Peters vor ein paar Jahren als Rentner wieder zurück in die Heimat. In eine kleinere Stadt, nach Rostock. Das Zuhause dort war ihm immer nah gewesen, es stand auch immer fest, dass er nicht ewig in Berlin bleiben würde. Er wäre ohnehin nie dort gelandet, wenn eines nicht über allem für ihn gestanden hätte: das Eishockey.

In der DDR durfte es nur in Berlin und Weißwasser auf höchstem Niveau gespielt werden. Peters sorgte stets dafür, dass dieses Niveau tatsächlich so hoch war. Über Jahrzehnte gab es kaum bessere deutsche Verteidiger, selbst im Westen nicht. Offiziell bestritt Peters 315 Länderspiele für die DDR, inoffiziell waren es noch ein paar mehr. Unerheblich, die Zahl allein macht seinen Wert nicht aus, Peters war immer Garant für die Qualität des Spiels seiner Mannschaften. In der DDR-Auswahl und bei Dynamo in Berlin.

Mit 20 Jahren musste er die Heimat verlassen, um weiter spielen zu können. So waren die Bedingungen in der DDR. Immerhin, sein Bruder Roland ging mit ihm in die Hauptstadt, die Trennung von daheim fiel so leichter. Vielleicht wäre sie auch nicht notwendig gewesen, wenn er sich für den richtigen Sport entschieden hätte. Denn Peters bestritt sogar zwei Länderspiele für die Fußball-Schülerauswahl der DDR. Doch das Eishockey hatte es ihm angetan. Dort sorgte der Abwehrspieler trotz seiner eher schmächtigen Figur immer für Aufmerksamkeit, brillant auf den Schlittschuhen, überragend am Stock. Technisch ein Genuss.

Schon 1968 bei den Olympischen Spielen in Grenoble zeigte er sein außergewöhnliches Talent, kam auf sieben Punkte. Zwar bedeutete das Turnier eine der ersten großen Stationen seiner Karriere, Peters betrachtete es aber immer auch als den absoluten Höhepunkt. Es folgten natürlich noch viele andere erinnernswerte Momente. Als Spieler, als Trainer. Eine Station verpasste er auch. Zu einer B-WM in Japan etwa durfte er 1979 nicht mitfahren. Denn die Disziplin zu halten gelang Peters nicht immer. Jähzornig konnte er werden, wenn er sich nicht richtig behandelt fühlte. Dann setzte er schon mal einen Schlagschuss nicht ganz aus Versehen in Richtung der Schiedsrichter. Nicht gerade die feine Art.

Seine Leistungen auf dem Eis aber waren darüber erhaben. Als er mit 36 Jahren aufhören wollte, überredete ihn Joachim Ziesche zu einem Comeback bei Dynamo und im Nationalteam. Ein Jahr später sollte tatsächlich Schluss sein. Wieder aber konnte Peters nicht ablehnen, als er um Hilfe gebeten wurde. Aufbauhilfe, denn in Halle an der Saale wollten sie das Eishockey 1999 wiederbeleben. Peters machte mit, mit ihm ein paar alte Weggefährten aus Dynamo-Zeiten. Mit 49 Jahren also zurück in die Landesliga, gemeinsam mit Wolfgang Plotka, Rainer Patschinski, Thomas Graul und Harald Kuhnke ging es wieder los. Bis 2001 spielte Peters, und er stieg jede Saison auf mit dem Team.

Zwischendurch hatte er längst die Seiten gewechselt, war vom Athleten zum Förderer geworden. Bei den Eisbären bildete er im Nachwuchs aus. Ein paar Wochen durfte er sogar als Cheftrainer des EHC in der DEL wirken. Gemeinsam mit Klaus Schröder war er nach dem Rauswurf von Walter Köberle vom 17. September bis zum 5. Oktober 1993 das Gespann an der Spitze. Sechs Spiele absolvierten sie, gewannen eines, verloren vier und spielten einmal unentschieden. Marshall Kennedy wurde ihr Nachfolger.

Peters ging in den Nachwuchs zurück, dort fühlte er sich wohler. Schon vor der Wende hatte er junge Spieler trainiert bei Dynamo, bei den Eisbären tat er das ebenso über viele Jahre und wurde sogar Meistertrainer. Mit der Rückkehr in die Heimat ist das Kapitel Berlin nun abgeschlossen. Im Wellblechpalast jedoch erinnert das Trikot von Dietmar Peter noch lange an seine Zeit im Klub.

GRUND 89

Weil René Bielke alle verhexte

Zu den Staatsorganen der DDR darf jeder seinen eigenen Standpunkt haben. Glorreich war deren Vergangenheit im Allgemeinen sicher nicht, deshalb haben sie ja weder Gegenwart noch Zukunft. Allerdings sorgten sie ungewollt ab und zu auch dafür, dass sich die Dinge in bestimmter Weise doch zum Guten fügten. Sonst wären die Fans bei Dynamo beziehungsweise den Eisbären nämlich nie in den Genuss eines ganz besonderen Zaubers gekommen – und zwar den des Hexers.

Der Mann ist legendär, sein Trikot hängt im Wellblechpalast, der Kultstätte für die Helden von einst. René Bielke ist froh, dass sich ein paar Leute dafür eingesetzt haben. Es war ja auch mal anders. »Als ich 1992 nach Ratingen gewechselt bin, haben die Fans mir Rubelscheine hinterhergeworfen, weil dort viele russische Spieler waren«, sagte er einmal.[41] Verraten fühlten sich die Fans von einem ihrer Besten. Dem Besten, der bis dahin je im Tor des Klubs gestanden hatte. Längst vergessen, Legenden verstößt man eben nicht.

Zu Dynamo war er einst von Dynamo gekommen, aus Weißwasser nach Berlin. In der Lausitz hatte die Armee seinen Vater stationiert. »Ich habe direkt gegenüber dem Eisstadion gewohnt. Und was sollte man sonst schon in Weißwasser machen?«, so Bielke.[42] Weil er mit sechs Jahren gleichermaßen »lang wie breit«[43] war, stellten sie ihn ins Tor. Drei Jahre später besuchte er schon die Sportschule in Berlin, der Vater war von der Armee erneut versetzt worden.

Ein Glück für die Berliner, Bielke zeigte früh, welche Anlagen er besitzt. Zwar wirkte er immer ein bisschen unorthodox, ein bisschen sperrig in seinem Stil. Seine guten Reflexe ließen ihn jedoch enorm viele Pucks wegfangen. Schnell avancierte er zum Helden, stand für die DDR auch in der Nationalmannschaft im Tor. Langweilig wurde ihm in der Mini-Liga nicht: Sommerturnier, Europapokal (mit sechs Meistertiteln war er fast immer international dabei), Nationalteam. Es hätte immer so sein können, wäre da nicht die Wende gewesen.

Zwei Jahre blieb Bielke noch, stieg ab und wieder rauf. Das waren Lehrjahre in der neuen Welt. »Keiner kannte so richtig die Spielregeln«, erzählt Bielke.[44] Das galt vor allem für die Selbstvermarktung. Die Spieler wollten die neuen Möglichkeiten nutzen, viele aus dem Osten wurden über den Tisch gezogen. »Wir kannten die Preise nicht«, so Bielke.[45] Aber die Eisbären hatten ohnehin kein Geld. Das musste er anderswo verdienen. In Ratingen (ein Jahr) und Krefeld (vier Jahre) stimmte das Gehalt für die letzten Karrierejahre. Eine Saison hängte er dann noch in Berlin dran, beim Schlittschuhclub in der dritten Liga.

Zu Hause noch ein bisschen spielen nach einer Laufbahn, die ihn mit zwei verschiedenen Nationalmannschaften, der der DDR und der der BRD, zu Weltmeisterschaften geführt hatte, das passte. Beruflich ging es dann eher in eine andere Richtung, zusammen mit Frau Kerstin generierte er als Hotelier mit seiner Pension in Weißensee seine wichtigsten Einnahmen. Beim Eishockey blieb er trotzdem. Nicht nur durch Sohn Dominik, der es als Verteidiger auf vier Meistertitel mit den Eisbären brachte. Seine Karriere musste der Junior wegen eines Hüftschadens allerdings bereits mit 23 Jahren beenden.

Bielke ist dabei, neue Helden und Hexer zu entwickeln. Nicht mit seinem Nachnamen, aber durch seinen Einfluss. Über Jahre trainierte er die Frauen des OSC Berlin, gewann Meistertitel und Pokale. Dann schloss er sich wieder den Eisbären an, in der Nachwuchsabteilung, bei den Juniors. Als Assistenz- und Torwarttrainer bildet er dort junge Spieler aus. In der Saison 2004/05, da betreute er gerade die Kleinschüler des EHC, zog er sogar noch einmal die komplette Ausrüstung an, für ein Drittliga-Spiel gegen die Preussen half er aus und stellte sich ins Tor. Das hatte fast etwas von dem Zauber früherer Jahre. Nur ganz so gut hexen wie einst, das konnte der Hexer erwartbarerweise nicht mehr.

GRUND 90

Weil es Papa Eisbär gibt

Es war nicht der erste Abschied, aber der bewegendere. Don Jackson, sein alter Chef an der Bande, trat als Überraschungsgast auf und sagte die ersten Worte. Die Fans in der mit über 11.000 Menschen gefüllten Mercedes-Benz Arena bedankten sich mit einer großen Choreografie für viele Jahrzehnte toller Arbeit. Und am Ende gab es sogar eine Kreuzfahrt geschenkt. Den 23. September 2016 wird Hartmut Nickel also so schnell nicht vergessen.

An diesem Tag trat Nickel mit 71 Jahren in den endgültigen Ruhestand. Gut zwei Jahre zuvor hatte er ja schon einmal »Adieu« gesagt. In kleinerem Rahmen. Und hauptsächlich trat er damals von der vordersten Front zurück. Seine Trainertätigkeit gab er auf, als Berater war er immer noch präsent.

Nun also wirklich – Schluss. Einer wie Nickel wird aber auch als offizieller Rentner weiterhin in die Halle kommen. Als Klublegende stehen ihm alle Türen offen. Kabine, Logen, Zuschauertribünen – Nickel ist immer ein gern gesehener Gast. Ihn mögen alle. Irgendwie schon immer. Oder eben weil er schon immer dabei war. Gefühlt zumindest. Sicher, der Klub, aus dem die Eisbären hervorgingen, der SC Dynamo Berlin, den gibt es seit 1954. Nickel kam erst 1963 nach Berlin. Die große Zeit begann jedoch erst danach. Mit dem ersten Meistertitel 1966. Einen Treffer beim 2:1 im entscheidenden Spiel in Weißwasser schoss Nickel.

Weißwasser, das ist seine Heimatstadt. Mit 19 Jahren verließ er sie. In Berlin wurde er zur größten Identifikationsfigur des Klubs neben Stürmer Sven Felski. Nickel hat alles erlebt. Die 15 Titel zu DDR-Zeiten, die bangen Tage, als das Eishockey wegen nicht vorhandener Medaillenaussichten als Leistungssport abschafft werden sollte, die zähen Jahre mit dem immer gleichen Gegner aus Weißwasser im ewigen Dynamo-Duell in der kleinsten Liga der Welt mit zwei Klubs. »Die aus Weißwasser waren ja froh, so oft nach Berlin zu kommen. Da waren die Kaufhallen voll, die haben immer schön was mitgenommen«, sagte Nickel mal mit Hinweis auf die spezielle Versorgungslage seinerzeit.[46] Nach der Wende musste der EHC erst einmal einstecken. »Wir haben so viele Hiebe bekommen, aber wir sind immer wieder aufgestanden.«[47] Nach der Wende zitterten jahrelang alle beinahe täglich vor dem Bankrott des Klubs. Doch alles kam anders. Die Eisbären mauserten sich zu einem Spitzenverein. Zum ersten Titel 15 Jahre nach der Wiedervereinigung fällt ihm bis heute nur ein Wort ein: »Unglaublich!«[48]

Ein Schelm war er oft, immer einen flotten Spruch auf den Lippen. Damit machte er den Profis schon mal Feuer. Jeder im Klub weiß stets eine Anekdote zu Nickel zu erzählen. Er war der Liebling der Spieler, für viele eine Vater-Figur, die schon mal Papa Eisbär genannt wurde. Ein sanfter Typ, der viel von dem Druck des Profisports auf einer sehr persönlichen Ebene abfederte. Das lag ihm viel mehr, als selbst Chef zu sein. Er hat das hin und wieder probiert. Von 1993 bis 1996 sogar in Hannover, dem einzigen Intermezzo seiner Berliner Zeit. Aber in der zweiten Reihe fühlte sich Nickel, der Volksmusikfreund, wohler. Nickel war der Mann im Hintergrund, die gute Seele des Vereins, der Reiseorganisator und Trainingsplaner. Als Diplom-Sportlehrer kannte er sich bestens auf diesem Gebiet aus. Nach seiner Zeit als Spieler übernahm er 1974 den Nachwuchs von Dynamo, wurde später Assistent im Klub und in der Nationalmannschaft. In Berlin arbeitete er sogar als Cheftrainer, wie schon erwähnt kurz vor und kurz nach der Wende. In diese Episode fällt eine seiner wohl größten Leistungen für den Verein, der direkte Wiederaufstieg in die Bundesliga.

Für seine Taten erhielt Nickel einen Platz in der Hall of Fame des deutschen Eishockeys. Wichtiger wird ihm aber sein, nach 50 Jahren im Verein in den Herzen der Fans einen ganz besonderen Platz einzunehmen. Als ewiger Eisbär.

GRUND 91

Weil mit Steve Walker alles begann

Eigentlich war alles nur ein Missverständnis. Seinen Traum von Berlin wollte Steve Walker in Charlottenburg leben. Und wenn es das Problem mit der Krankenversicherung bei den Capitals nicht gegeben hätte, würde uns jetzt vermutlich ein Grund fehlen. Aber weil die Eisbären damals schnell einsprangen und alles boten, was ein Eishockeyprofi so braucht, wurde aus Charlottenburg im Sommer 2000 eben Hohenschönhausen. Und eine Liebe fürs Leben.

So darf man doch die Liaison zwischen einem Klub und einem Spieler bezeichnen, der mit 27 Jahren zum ersten Mal nach Europa kommt. Ohne zu wissen, was ihn erwartet. Und dann elf Jahre bis zu seinem Karriereende in derselben Stadt, beim selben Klub bleibt. Ein Wink des Schicksals also, die Sache mit der Krankenversicherung. Irgendwer wollte, dass dieser Walker ganz bestimmt sein ganz besonderes Glück findet.

In der Heimat war ihm das nicht vergönnt. Was bei Kanadiern immer heißt, dass sie mit der NHL nicht viel zu tun hatten. Walker sogar gar nichts, nicht einmal gedraftet hatten sie ihn als jungen Spieler. Da lag es nah, sich in Europa zu probieren. Das hat ja dann auch bestens funktioniert, außerordentlich gut sogar. Walker gehörte zu den ersten Mosaiksteinen des Aufschwungs der Berliner. Er kam als Erster von der Gruppe ausländischer Spieler bei den Eisbären an, die später als die Top-Importprofis der DEL galten und die wichtigste Säule des EHC-Erfolgs wurden.

Seine Fähigkeiten blitzten gleich in der ersten Saison auf, mit 58 Punkten schoss er sich direkt an die Spitze der Scorerliste der Eisbären. Mit 85 Punkten in der Hauptrunde stellte er später einen Klubrekord auf. Walker wurde zum besten Vorlagengeber aller Zeiten der Berliner, zum besten Play-off-Scorer auch. 592 Punkte, davon 213 Tore und 379 Beihilfen, in 593 DEL-Spielen bezeugen die enorme Bedeutung, die der Stürmer für seinen Klub erlangte.

Sie war so groß, dass das Trikot mit der Nummer 27, das Walker trug, im Dezember 2014 unter das Hallendach gezogen worden ist. Kein anderer Spieler wird nunmehr mit dieser Nummer auflaufen können. Eine gerechte Ehrung, denn Walker gab den Eisbären viel. Nur wenige Profis in der Historie der DEL spielten so konstant auf höchstem Niveau. Weil er nie ganz vorn war in den Liga-Scorerlisten der Saison, wuchs er dennoch nie in diesen Star-Status, den andere erreichten. Als meist unterschätzter Spieler der Liga wurde er oft bezeichnet. Und da hatte er auch gar nichts dagegen, in der Masse fühlte er sich am besten aufgehoben. »Ich mag es, unter dem Radar zu fliegen«, sagte er häufiger.[49] Es spiele sich leichter, wenn man nicht so auffällt.

Wer sich allerdings mal mit ihm beschäftigte, unterschätzte ihn sicher nicht mehr. Walker sah sich immer als Teamspieler. Nur deshalb übernahm er das Kapitänsamt beim Klub. Sich in den Vordergrund zu stellen, lag ihm nicht. Aber der Mannschaft tat es gut, dass er das »C« trug. Also tat er es. Gesagt hat er trotzdem nie viel in der Kabine. Nur dann, wenn es nötig war. Seine große Autorität im Team speiste sich vor allem aus Leistung. Sein Wille und Kampfgeist zeichneten ihn ebenso aus wie sein Torinstinkt und seine Übersicht. Walker wurde zum Prototypen für das, was die Eisbären in ihren besten Jahren immer suchten: hoch qualifizierte Importprofis mit einer tadellosen Arbeitsmoral, mit dem Willen, sich nicht über sich selbst, sondern über das Team zu definieren und sich mit dem Klub zu identifizieren.

Mit seiner Einstellung trug Walker dazu bei, dass die Eisbären mit ihm fünf Titel in der DEL gewannen zwischen 2005 und 2011. Sein Vorbild beeinflusste die Entwicklung vieler junger Spieler, sodass auch nach seinem Karriereende immer noch ein wenig von dem Geist des einstigen Vorzeigeprofis bei den Eisbären erhalten blieb.

Eigentlich wollte sich Walker nach der Laufbahn aus dem Eishockey zurückziehen und in Kanada einem Job nachgehen. Lange ließ sich dieser Vorsatz nicht einhalten. Er fing im Nachwuchs als Trainer an. Wie der Zufall so spielte, erhielt er 2015 ein Angebot, sich bei einem Profiklub als Assistenztrainer zu profilieren. Er nahm an und stand plötzlich in Mannheim an der Bande. Bei dem Klub, der in Walkers Zeit in Berlin zum größten Rivalen der Eisbären wurde. Das konnte eigentlich auch nur ein Missverständnis sein. Im Sommer 2017 klärte sich das auf, er ging als Cheftrainer nach Klagenfurt in Österreich.

GRUND 92

Weil Mark Beaufait der Erste war, dessen Trikot in der neuen Halle unterm Dach hing

Dass nicht jede Saison gleich verläuft, ist an sich klar. Höhen und Tiefen gehören dazu, die ereilen irgendwann jeden einmal. Stürmer treffen eine Weile das Tor nicht, Verteidiger haben eine Zeit lang ihr Stellungsspiel nicht im Griff. Es findet sich in einer langen Karriere sicher eine kleine Delle, Phasen, in denen ein Trainer nicht mehr nur seine Zufriedenheit mit den Leistungen eines Spielers artikuliert. So ist der Sport nun mal, die große Konkurrenz macht es einem nicht einfach.

Ausnahmen von dieser Regel gibt es wirklich eher selten. Meist gehören die dann zu den ganz Großen, zu den Superstars. Manchmal aber finden sich auch im Kleinen die Spieler, die etwas Magisches zu haben scheinen, die keine Krisen kennen, die immer ihr Soll erfüllen. Vielleicht nicht in jedem einzelnen Spiel in gleicher Weise, die doch aber über die gesamte Saison betrachtet nie enttäuschten oder nach Erklärungen suchen mussten, warum es nicht mehr so lief wie früher.

Zu diesen Ausnahmespielern gehört Mark Beaufait. Ohne Zweifel. Der Mittelstürmer personifizierte die Konstanz. Schwache Jahre? Ach, die kannte der US-Amerikaner nicht. Als er bei den Eisbären 2002 anfing, wurde er gleich zum Topscorer. Unter den besten Punktesammlern hielt er sich sieben Jahre lang permanent, kein anderer Spieler der Berliner traf so gleichmäßig und legte so regelmäßig auf wie Beaufait. Selbst Steve Walker hatte ein paar, wenn auch wirklich nur sehr wenige Ausreißer nach unten, die es bei Beaufait nie gab.

Selbst nicht, als er noch in der Heimat spielte. Seine Zahlen sind einfach beeindruckend. Erstaunlich, dass er seine Fähigkeiten nur in der zweiten Liga unterhalb der NHL zeigen konnte. In der NHL selbst erhielt er nach fünf Partien für die San Jose Sharks mit einem Tor gleich zu Beginn seiner Profikarriere nie wieder eine Chance. Dafür fand er ein Zuhause in Florida, in Orlando. Als wäre es eine Vorahnung des Schicksals gewesen, führte ihn seinen Weg zu den Solar Bears. Ein Wortspiel, ein witziges sogar. Sonnenbären gibt es schließlich keine, dafür aber Polar Bears, wie die Eisbären im Englischen genannt werden. Doch die sieht man im warmen Florida eher selten.

Wäre die Liga, die IHL, in der die Solar Bears spielten, nicht aufgelöst worden, hätte Beaufait seine Karriere dort wohl beendet, sagte er mal. Nach sechs Saisons dort versuchte er sich noch ein Jahr in Nordamerika, dann kam das Angebot von den richtigen Eisbären, denen aus Berlin. Schicksal eben. Bei denen beendete er seine Karriere tatsächlich. Zuvor spielte er allerdings sieben Jahre lang so gut, dass die Fans ihm einen eigenen kleinen Gesang widmeten. »Olé, olé, olé, Mark Beaufait«, hallte es oft durch die Arenen in Hohenschönhausen und Friedrichshain (auch bei Marc Fortier übrigens, dem einstigen Kapitän, fand das »olé, olé, olé« schon intensive Anwendung). Bescheiden mit einem Lächeln quittierte er das. So war er eben, zurückhaltend, ruhig. Der Mittelstürmer liebte seinen Job, für den hielt er sich unglaublich fit, sodass er sich fast nie verletzte. Mit einem unglaublichen Auge für die Mitspieler wurde er zu einem der besten Vorbereiter, zu einem der besten Ausländer der Liga und zu einem der Gründe, warum es den Eisbären gelang, die DEL zu dominieren.

Vier Titel feierte Beaufait mit den Berlinern, nach der Meisterschaft 2009 kehrte er nach Nordamerika zurück und legte den Eishockeyschläger beiseite. Für seine Leistungen wollten ihn die Berliner jedoch noch einmal auf spezielle Weise feiern. Beaufait hatte als Erster die Ehre, dass sein Trikot mit der Nummer 19 unter das Dach der neuen Großarena gezogen wurde (alle anderen, die später folgen, waren deutlich länger aktiv). Am 2. Januar 2011 war es so weit. Seitdem wird seine Rückennummer nicht mehr vergeben.

Diese Ehre ist mehr als verdient für jemanden, der immer nur auf höchstem Niveau gespielt hat.

GRUND 93

Weil mit Stefan Ustorf ein großer Spieler den Sprung ins Management schaffte

Stefan Ustorf war immer ein Mann des Wortes, einer, der sich gut ausdrücken und auch verkaufen kann. Einer, der manchmal auch eine ganze Menge erzählt und, wenn es sein muss, dabei möglichst wenig sagt. Letztere Eigenschaft ist vor allem dann von Vorteil, wenn jemand in verantwortlicher Position Dinge vertreten muss, die weniger erbaulich sind. In den ersten Jahren seiner Amtszeit als Sportlicher Leiter der Eisbären traf genau das zu.

In den Augen vieler Fans trug Ustorf daran Mitschuld, denn in seiner Funktion oblag ihm die sportliche Weiterentwicklung der Mannschaft. Die verlief, na ja, sagen wir mal schleppend. Da leidet schnell das Ansehen beim Anhang, wenn nicht so permanent Spitzenklasse geliefert wird, wie sich das alle wünschen. So, wie es war, als Ustorf noch selbst auf dem Eis stand. Da wurde er an jedem Spieltag mit dem Namenszusatz »Hooligan« begrüßt von den Eisbären-Fans. Da war er einer, den die Masse mochte. Wegen seines Einsatzes, seiner vorbildlichen Arbeitsmoral, seiner Führungsstärke.

Mit diesen Attributen – ganz gut Eishockey spielen konnte er natürlich auch – hat Ustorf es weit gebracht. Bis in die NHL nach Washington zu den Capitals. Zwar dauerte die Episode nicht lange, doch er traf dort auf den Torhüter Olaf Kölzig, von dem niemand wusste, dass er Deutscher war, und sorgte letztendlich dafür, dass Kölzig später für die deutsche Nationalmannschaft spielte. Dort hatte Mittelstürmer Ustorf, der viele Jahre in Amerikas zweiter Liga verbrachte, lange das Kapitänsamt inne. Spielführer war er auch in Mannheim und bei den Eisbären, zu denen er 2004 kam.

In dieser Zeit legten die Berliner den Grundstein für große Erfolge, Ustorf spielte eine wichtige Rolle in diesem ausgeklügelten Plan. Als Anführer, als Vorbild, als Mann, der viel Qualität in das Team brachte und zudem gut zwischen Nordamerikanern und Deutschen vermitteln konnte. Denn seit er dort spielte, war die USA sein Lebensmittelpunkt. Das änderte sich auch nicht, als er wieder in der Heimat dem Beruf nachging. Mit Ustorf wuchs das Team, bald sogar über sich hinaus. Sechs Meistertitel zeugen davon. Seine sportlichen Meriten ordnen ihn weit vorn in der Ahnenreihe des deutschen Eishockeys ein.

Ganz vorn aber, und damit ist er am Ende wohl auch allgemein noch bekannter geworden, liegt Ustorf als Mann der Schmerzen. Er gehörte zu denen, die viel leiden mussten. Irgendetwas war immer kaputt bei ihm. Beide Schultern, die Knie, der Knöchel, die Hand, Fußbruch im Play-off. Ein unglücklich geblockter Schlagschuss führte einst zu einem Kieferbruch und später acht neuen Zähnen. Bei seinen vielen Zusammenstößen mit gegnerischen Spielern nahm er die Folgen aber oft nicht ernst. Bis dann im Dezember 2011 ein Check in der Folge vieler nicht diagnostizierter Vorverletzungen zum Karriereende wegen eines Schädel-Hirn-Traumas führte.

Kein einziges Spiel konnte Ustorf mehr absolvieren, lange konnte er eigentlich gar nichts machen, weil Licht und Schall schmerzten, weil der Kopf zu platzen drohte vor Schmerzen. Monaten der Untätigkeit folgten Monate der Rehabilitation, und irgendwann reifte die Erkenntnis, dass eine vollständige Heilung aufgrund der im Laufe der Karriere erlittenen Schädigungen nicht möglich ist.

Ustorf, der viel soziales Engagement beim EHC etablierte und dessen Trikot mit der Nummer 14 an Weihnachten 2016 unter die Decke der Arena gezogen wurde, lebt mit den Folgen, er wollte sich davon nicht abschrecken lassen bezüglich seiner Zukunft. Dass die mal bei den Eisbären liegen könnte, erschien nie abwegig. Dennoch hatte es viele überrascht, als er im Sommer 2014 sein Amt als Sportlicher Leiter antrat. Mit großen Hoffnungen, denn er wurde als Spieler geliebt, der »Hooligan«, der den Spitznamen übrigens nicht seines Hangs zum Faustkampf wegen trug, sondern weil sein Vater Peter sich als Trainer der Preussen mal mit einem Fan, übrigens einem Fan der Eisbären, der bei einem Spiel der Caps gegen Köln zuschaute, geprügelt hatte.

Doch Ustorfs Aufgabe war nicht leicht. Nach drei Meisterschaften in Folge litt nicht nur die Moral, sondern auch die Substanz des Teams. All das wieder aufzubauen, geht nicht immer von heute auf morgen. Als Sportlicher Leiter, das stand im Sommer 2017 fest, wird Ustorf den Status zumindest vorläufig nicht erreichen, den er als Spieler schon hatte. Als Sportchef löste der Klub ihn ab, setzte ihn dafür als Leiter für Scouting und Spielerentwicklung ein. Viele Worte muss er da nicht mehr machen, sondern schauen, dass der Nachschub an Talenten nicht versiegt.

GRUND 94

Weil Denis Pederson die Arbeitsmoral auf ein neues Niveau hob

Bei vielen Spielern fallen einem zuerst ein paar besondere Aktionen ein, wenn man an sie denkt. Tore, Tricks oder so. Bei Denis Pederson ist es der Gesichtsausdruck, der bei den meisten ganz sicher die erste Assoziation bildet. Der Mann schaute immer grimmig drein, so als wollte er einen gleich auffressen. Als würde er ganz gewiss keinen Spaß verstehen. Und überhaupt nur ungern lachen.

Gut, ich kann bezeugen, ihn auch mal mit einem freundlichen Gesicht erwischt zu haben. Die Momente halten sich jedoch in Grenzen. Sein finsterer Blick, die leicht zusammengepressten Lippen – das war schon ein Markenzeichen, keine Frage. Zusammen mit seiner Statur von gut 1,90 Meter und über 90 Kilogramm, aufgeteilt auf viele Muskelberge, flößte Pederson seinen Mitmenschen doch schon etwas Angst ein.

Eine seiner ersten Aktionen in der DEL passte gut in dieses Bild. Die Eisbären spielten im Herbst 2003 in Nürnberg, wo ein gewisser Steve Larouche, zwei Saisons zuvor für ein Jahr in Berlin, dem Liga-Neuling Pederson wohl mal zeigen wollte, wer hier der Platzhirsch ist. Die ganze Szene dauerte nicht lange. Larouche mühte sich, Pederson zu treffen. Der aber visierte Larouches weit hervorstehendes Kinn an und schickte den Kontrahenten mit einem harten und platzierten Hieb sehr unsanft auf das Eis. Es brauchte einige Zeit, bis sich der Nürnberger davon erholte.

Mit diesem Moment gab Pederson seine Visitenkarte in der DEL ab. Sehr effektvoll und zum besten Zeitpunkt. Der Schlag war ein Statement. Hier kam nicht irgendwer zu den Eisbären, sondern Denis Pederson, 462 Spiele in der NHL und sehr stolz darauf. Sein Ziel war es, mit den Berlinern Titel zu holen. Sein Beitrag dazu waren über die Jahre nicht nur etliche Tore und Punkte, sondern er brachte den Eisbären den Respekt der Konkurrenz. Mit seiner Kompromisslosigkeit, seiner Einstellung und Arbeitsmoral. Pederson gab nie klein bei, sondern versuchte immer alles, um das Beste für sein Team herauszuholen.

Mit seinem Arbeitsethos hob er das interne Niveau bei den Eisbären auf eine neue Stufe, denn was er von sich verlangte, wollte er auch von anderen sehen. Und das musste er nicht unbedingt sagen, nein, Pedersons Gesicht sagte genug. Ihm stellte man sich nicht in den Weg oder handelte gegen seine Interessen. Der Typ machte allen Beine, wenn er sie nur anschaute. Das machte ihn so wertvoll, er war ein Vorbild und natürlich auch einer der Faktoren, die den EHC so erfolgreich werden ließen. Kein reiner Künstler wie manche der Kollegen, sondern mehr ein Arbeiter – hart wie Stahl.

Fast immer, denn auch für Pederson gab es Momente, in denen er nicht mehr so unverletzlich wirkte. Im Sommer 2006 wollte er es noch einmal in der NHL probieren, löste den Vertrag beim EHC auf und ging in ein Camp der St. Louis Blues. Die schickten ihn aber in das Farmteam. Ein Spiel machte Pederson, dann haute er ab. Auf zweite Liga hatte er keine Lust. Nach einer kurzen Auszeit kehrte er zurück zum EHC. Etwas eigentümlich mutete auch der Sommer 2010 an. Nach dem vierten Titel mit den Eisbären erklärte Pederson sein Karriereende, verabschiedete sich von den Fans – um dann festzustellen, dass er noch nicht reif für die Rente ist. Pünktlich zur Saison 2010/2011 stand er wieder auf dem Eis.

Der Klub freute sich, Spieler wie Pederson finden sich nicht an jeder Ecke. Doch noch vor dem Ende der Hauptrunde nahm die Karriere eine jähe Wendung. Bei einem Check gegen das Knie erlitt Pederson einen Kreuzbandriss, von dem er sich nicht mehr genügend erholte. Ein kurzes Comeback für drei Spiele in der Saison 2011/12 gelang noch, aufgrund der Schmerzen hörte Pederson in der neunten Saison bei den Berlinern aber schließlich zwangsweise auf. An fünf Meistertiteln war er maßgeblich beteiligt, was zu Weihnachten 2015 dazu führte, dass sein Trikot als viertes unter die Decke der Arena gezogen und seine Trikotnummer 20 verrentet wurde. Bei diesen feierlichen Szenen hatten viele noch einmal das Bild vor Augen, als Larouche zu Boden ging und Pederson ein krachendes »Hallo« in die DEL schickte.

GRUND 95

Weil es einen Bürgermeister gibt

Seit Mai 2016 kann er sich Geschäftsführer nennen. Geschäftsführer Sport. Klingt doch richtig gut. Der Weg, der vorgezeichnet war, der wird also auch eingehalten. Schließlich haben sie mit Sven

Felski bei den Eisbären einst abgesprochen, dass sich für ihn immer eine Aufgabe im Klub findet. Vorerst ist es der Nachwuchs-Sektor der Berliner, die Eisbären Juniors, in dem Felski der Chef ist. Die meisten fangen halt mal bei den Kleinen an.

Felski war sogar schon als Kleiner im Klub. Einmal Eisbär, immer Eisbär. Für viele ist das vielleicht nur ein Spruch, keiner füllte ihn derart mit Leben wie der Stürmer. Kein anderer Spieler symbolisierte vor ihm den EHC in gleicher Weise wie er, danach wird es sicher auch keiner mehr tun. »Ich habe viel für den Verein gegeben, nicht nur auf dem Eis, auch drum herum«, sagt er.[50]

Seine Karriere vor dem Geschäftsführer kann man getrost einzigartig nennen. Immer nur für einen Klub gespielt, 20 Jahre als Profi aufgelaufen, schon im Nachwuchs als Kind dort angefangen. Wo gibt es das noch? Wer so für seinen Verein lebt, wird irgendwann zum Bürgermeister. So nannten sie ihn in Hohenschönhausen, als die Eisbären noch dort spielten. Als Mitspieler hatte Jeff Tomlinson ihm diesen Spitznamen mal verpasst. Felski war Nationalspieler (159 Partien), vor allem aber immer der personifizierte Eisbär, die Integrationsfigur, das Gesicht des Klubs, das auch außerhalb des Sports ein Begriff war. Felski kann heute noch durch die Arena laufen und in jeder Loge anklopfen, er würde immer einen Platz angeboten bekommen, ihn kennen alle. Von vielen Spielern unten auf dem Eis ließe sich das nicht mit Sicherheit behaupten.

Der sportliche Schlusspunkt bleibt unvergesslich. Im 1.000. Profispiel für den EHC gewann er mit dem EHC 2012 den Titel, im fünften und entscheidenden Spiel gegen Mannheim. Ein perfektes Drehbuch. Nach nun sechs Meisterschaften wollte er zwar nicht freiwillig abtreten, doch das Knie ließ nichts anderes mehr zu. Kein Problem mit damals 37 Jahren, die Zeit war reif. 233 Tore und 373 Vorlagen waren genug. Und zu den 1.806 Strafminuten in der DEL (1.903 insgesamt) mussten auch keine mehr hinzukommen, die waren eh schon Rekord. Sie werden es auch noch lange bleiben. Vielleicht auch ewig, wie Felski Eisbär.

Unweit vom Sportforum in Hohenschönhausen beheimatet ging Sven Felski mit vier Jahren aufs Eis, erst einmal als Eiskunstläufer. Ab elf dann mit anderen Schlittschuhen, Ausrüstung und Schläger. Seine feine Laufkunst nahm er mit, garnierte sie später oft mit einem eineinhalbfachen Axel nach guten Spielen. Nach einem Kreuzbandriss wurde das Risiko dafür zu groß. Mittlerweile hängt seine Nummer 11 unter dem Dach der Arena, sie wird nicht mehr vergeben.

In seinem Klub musste er einiges aushalten. Noch zu Dynamo-Zeiten, vor der Wende also, wäre er fast mal von der Sportschule geflogen, weil er von einem Schweizer Trainer Schläger und Handschuhe bekommen hatte. Verhör bei der Staatssicherheit, zusammen mit Vater Günter. »Ich konnte dann doch bleiben, weil sie wohl gesehen haben, dass aus mir mal einer werden kann«, so Felski.[51] Später spielten deutsche Spieler beim EHC kaum eine Rolle, der Stürmer musste oft auf der Bank schmoren. Deshalb wollte er tatsächlich mal weg. 1996 war es fast so weit, die Eisbären standen mal wieder kurz vor dem Ende, und Lokalrivale Preussen wollte ihn haben. Der Vertrag war unterschriftsreif, nur die im letzten Moment vom EHC aufgerufenen 250.000 Mark Ablöse verhinderten den Transfer. Zum Glück.

Das Geld war auch immer so eine Sache, bis zu einem halben Jahr musste er manchmal auf sein Gehalt warten. Da lebte die Familie vom Einkommen von Frau Manuela. Als diese Phase überstanden und Geld kein Sorgenfaktor beim EHC mehr war, da kam in Pierre Pagé doch tatsächlich ein Trainer, der seine Zeit im Klub beenden wollte. Doch Pagé konnte sich nicht durchsetzen mit dem Wunsch, Felski auszusortieren. Ein Klub ohne Bürgermeister, was hatte der sich eigentlich gedacht?

Und ein Bürgermeister vielleicht ohne Titel? Irgendwie hatte Felski da schon nicht mehr dran geglaubt, dass er mal Deutscher Meister wird. Deshalb blieb der erste Titel 2005 auch der emotionalste. Schön waren die anderen natürlich genauso. Der sechste wurde wieder ganz besonders, wegen des letzten Spiels, der 1.000.

Wer so viel erlebt hat, der hat gewiss viel zu erzählen. Schon vor dem Karriereende brachte Felski seine Biografie heraus. Die gestaltete sich auch dann nicht langweilig, als er nicht mehr spielte. Fernsehexperte, zeitweise eine eigene Radiosendung, dazu das Studium – Sport und angewandte Trainingswissenschaften. Letzteres ergänzte sich gut mit den Juniors. Als wäre das geplant gewesen. Zunächst erledigte Felski, der auch einen Trainerschein besitzt, im Ehrenamt die Aufgaben des Vorstandsvorsitzenden. Nun ist er hauptamtlicher Geschäftsführer der Juniors. »Ich bin ja auch ein Glückskind gewesen«, sagte er einmal.[52] Vielleicht führt ihn sein Glück irgendwann in die Profiabteilung. Ewig wird Peter John Lee seinen Posten dort sicher nicht bekleiden.

KAPITEL 9

Einfach nicht zu fassen

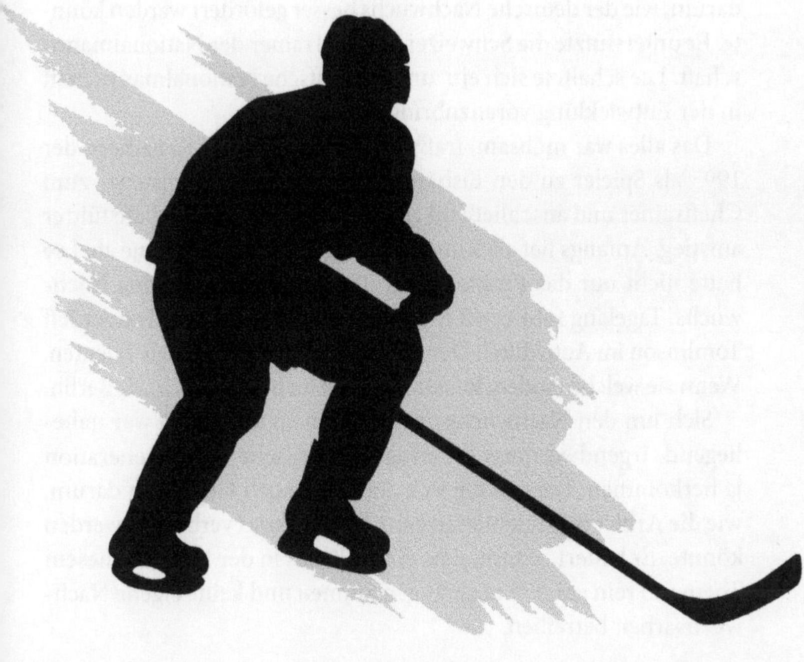

GRUND 96

Weil der Chef sich für mehr als nur die Eisbären interessiert

Es ist ruhiger geworden. Mit nun über 60 Jahren hat er sich das auch verdient. Ohne Hektik läuft es in diesem Geschäft ja ohnehin nie ab, aber das, was Peter John Lee seinem Körper über Jahre abverlangte, würde nun wohl ein bisschen zu viel sein. Mit dem heruntergefahrenen Tätigkeitslevel kann er sich also arrangieren. Das bringt ihm auch wieder mehr Zeit für das Kerngeschäft, die Eisbären.

Bei denen war der Manager zeitweise ja kaum noch zu sehen. Stattdessen immer im Dienst höherer Sachen. Ein kontinentaler Wettbewerb wollte aufgebaut werden. Lee machte sich Gedanken darum, wie der deutsche Nachwuchs besser gefördert werden könnte. Er unterstützte die Schweizer als Co-Trainer der Nationalmannschaft. Lee schaltete sich ein, um die deutsche Nationalmannschaft in der Entwicklung voranzubringen.

Das alles war mühsam, fraß viel von der Zeit des Kanadiers, der 1995 als Spieler zu den Eisbären kam, dann vom Assistenz- zum Cheftrainer und anschließend zum Manager sowie Geschäftsführer aufstieg. Anfangs lief alles noch vorrangig auf Vereinsebene ab. Lee hatte nicht nur das Profiteam im Blick, sondern auch den Nachwuchs. Tagelang fuhr er oft mit dem damaligen Juniors-Trainer Jeff Tomlinson im Auto durch Deutschland auf der Suche nach Talenten. Wenn sie welche fanden, lotsten sie diese im besten Fall nach Berlin.

Sich um den Nachwuchs der Eisbären zu kümmern war naheliegend. Irgendwo muss die nächste heimische Spielergeneration ja herkommen. Lee machte sich aber stets auch Gedanken darum, wie die Arbeit mit Talenten in ganz Deutschland verbessert werden könnte. Er haderte damit, dass einige Klubs in der DEL mit diesem Thema so rein gar nichts anfangen können und keine eigene Nachwuchsarbeit betreiben.

Nebenher steigerte sich die Reisetätigkeit mit dem Engagement für die Schweiz. Weil Ralph Krueger, sein alter Kumpel aus Düsseldorfer Zeiten, dort das Nationalteam betreute, machte Lee als sein Assistent mit. Gemeinsam feierten sie einige Erfolge, sorgten dafür, dass die Schweiz Deutschland auf Dauer in der Weltrangliste überflügeln konnte. Mit seiner Arbeit dort erfüllte er sich zudem einen Traum, Lee konnte an Olympischen Spielen teilnehmen. So wie sein Vater. Der hatte allerdings für England Fußball gespielt. In England ist Lee geboren, später wanderte die Familie nach Kanada aus. Und er repräsentierte bei Olympia nun eben die Schweiz.

Die guten Beziehungen in das Nachbarland halfen Lee auch für den eigenen Klub, er hatte dadurch einen Wissensvorsprung bezüglich der Schweizer Liga. Spieler wie Deron Quint fanden auf diese Weise den Weg nach Hohenschönhausen. Weniger ergiebig, sondern mehr frustrierend verliefen oft die Bemühungen, sich bei der deutschen Nationalmannschaft einzubringen. Im Reibungsfeld zwischen Verband und Liga verloren sich viele gute Vorsätze. Lee wollte immer die Nationalmannschaft stärken, helfen, sie erfolgreicher zu machen. Doch Leute aus der DEL weckten beim DEB lange eher Misstrauen. Zwar gehörte der Manager dem Kompetenzteam Nationalmannschaft an. Das war jedoch mehr ein Alibi als eine echte Ideenschmiede. Lee investierte viel Zeit, doch es kam nur wenig dabei heraus. Zu viele Leute wollten mitreden, oft spielte eine politische Ebene in das Sportliche hinein.

Als furchtbar aufreibend und uneffektiv empfand das der Manager. Manchmal auch als Zeitverschwendung. Zumal er parallel schon den Aufbau eines internationalen Klub-Wettbewerbs vorantrieb und auch dort viele Leute zu treffen waren, viele Ideen zu präsentieren und viele Leute zu überzeugen. Hier kam Lee deutlich besser voran. Über die European Trophy entstand die Champions Hockey League, immer mit dem Eisbären-Chef an vorderster Front der Administration. Das führte dazu, dass er sich kaum mehr in der Lage sah, die Auswärtsspiele seines Teams zu besuchen. Nun ließe sich das wieder organisieren, die Gremienarbeit auf anderen Ebenen hat der EHC-Chef aufgegeben. Langweilig wird ihm trotzdem nicht, im Kerngeschäft gibt es auch genug zu tun.

GRUND 97

Weil der Physio mal aufs Eis ging

Hin und wieder ärgern einen Dinge. Man versucht, dagegen anzukämpfen. Vielleicht sogar mit den gleichen Mitteln. Sein alter Kumpel Chris Valentine trieb Peter John Lee jedenfalls mal zur Weißglut, ein bisschen zumindest. Davon hatte Lee, damals Trainer der Eisbären, irgendwann genug. Valentine, mit dem ihn viele Jahre in einer Sturmreihe in Düsseldorf verbinden, schickte als Trainer der Landshut Cannibals 1998 bei einem Spiel gegen die Berliner immer wieder Arzt und Physiotherapeuten auf das Eis, wenn einer seiner Spieler ein kleines Wehwehchen hatte. Mit dem Ziel, eine große Strafe herauszuholen. Das wollte Lee genauso machen. Der Rest der Geschichte wurde zur Legende.

Noch ganz frisch beim EHC stand Thomas Wöhrl damals an der Bande. Vom Fußball zog es ihn zum Eishockey. Da will man natürlich alles ganz toll machen. Inzwischen wissen Generationen von Profis, welch magische Hände er hat. »Bommel«, so nennen ihn alle, knetet jeden in Form. »Meine Zimmernummer ist 150, wenn du eine Massage brauchst«, lautete immer sein Angebot an die Spieler, wenn sie mal wieder auswärts unterwegs waren. Mit wechselnden Nummern natürlich. Welche er 1998 in Landshut hatte, ist nicht überliefert, spielt aber auch keine Rolle. Bommel war jung und wollte zeigen, was er kann.

Eigentlich gut also, dass ein Fernsehspiel anstand. Obwohl man natürlich schlecht sieht, ob ein Physio gut arbeitet. In dem Fall aber lohnte es sich schon, dass das Fernsehen diese Partie übertrug, denn sie bot, ja, Einzigartiges. Lee erzählte Wöhrl, dass er jetzt wie Valentine versuchen wolle, große Strafen herauszuholen. Bommel machte sich also bereit, sofort auf das Eis zu springen. Dass er den Pfiff für die Spielunterbrechung abwarten soll, hatte Lee wohl vergessen, ihm zu sagen. Es kam, wie es kommen musste. Niklas Hede lag nach einem Zweikampf verletzt auf dem Eis, ein Spieler fuhr bereits zum Wechseln. Da rief Trainer Lee nur »Thomas«. Tatsächlich, Thomas sollte raus, aber eben Thomas Steen für den zum Wechsel kommenden Stürmer. Der hatte aber nicht sofort geschalten, noch bevor er aufstehen konnte, sprang der andere Thomas, nämlich Wöhrl, auf das Eis. Mitten hinein in das laufende Spiel.

Ebenjenes bewegte sich umgehend auf ihn zu. Während das Landshuter Publikum pfiff und Rick Amann als Kommentator nicht mehr wusste, was er sagen sollte, liefen zwei Profis im Kampf um die Scheibe auf den Physio zu. Alle geraten ineinander, die Spieler fallen, Bommel steht. Eine göttliche Szene. Bommel sieht ein bisschen durcheinander aus, aber einen wie ihn haut so schnell nichts um, wie gerade bewiesen worden war. Er kehrte zurück auf die Bank, ohne dass es eine Strafe gegeben hätte. Vielleicht lag das am Glück, dass mit Gerhard Müller ein Berliner, ein alter Dynamo, an der Pfeife war.

Das Video davon kursiert noch immer bei Facebook und YouTube. Was dort nicht rüberkommt, ist der Gag, den sich Mike Bullard anschließend mit dem Physio erlaubte. »Meine Zimmernummer ist 123, wenn du eine Massage brauchst«, sagte der Stürmer der Überlieferung nach zu Wöhrl nach dessen Kurzeinsatz als Prellbock. Ohne Garantie bei der Zimmernummer. Eine Geschichte, die man sich noch lange erzählen wird bei den Eisbären.

GRUND 98

Weil es ein Radiogesicht gab

Die Sendungen gehörten fast schon zum Kulturgut. Wenn Eisbären Live über den Äther ging, schaltete eine ganze Reihe von Fans das Internetradio ein. Zwar bekam man die Informationen gefiltert aus Vereinssicht, denn Eisbären-Pressesprecher Daniel Goldstein moderierte. Das tat er allerdings so leidenschaftlich, dass weniger ein Kluboffizieller am Mikrofon vermutet werden konnte, sondern eher ein Fan. Genau das gab den Spielreportagen ihre spezifische Note.

Das fehlt ein bisschen, aber mit der TV-Übertragung aller Spiele im Internet hat sich das Radio ein wenig überholt. Obwohl es als kostenfreies Angebot sicher weiter seine Fans gehabt hätte. Auch die veränderten Pläne beim Berliner Rundfunk, der sich an der Produktion beteiligte, führten zum vorläufigen Aus der Radioshow, die besonders bei Auswärtsspielen eine große Anhängerschar auf sich vereinte. Es fehlte eben ein Sponsor. Ein paar Leute können die Spiele nun entspannter verfolgen, weil sie nicht mehr alles auf dem Eis und daneben kommentieren müssen. Ein paar mehr müssen auf Liebgewonnenes verzichten, das ihnen in über zehn Jahren ans Herz gewachsen war.

Den größten Teil der Arbeit erledigte Pressesprecher Goldstein, leichter machte es ihm ab und zu die Begleitung durch Chefanalytiker und Radiogesicht. Moritz Hillebrand und Detlef Müller assistierten Goldstein, beschrieben Spielzüge und verteilten Seitenhiebe. Ja, es war ab und an recht lustig mit der Kombo. Mehr Spannung als das eine oder andere Spiel erregte hier und da, vor allem in Iserlohn, die Frage, ob die Berliner Radiogang, untergebracht meist nah am gegnerischen Fan, von diesem ungeschoren davonkommt. Leicht provokativ, das muss man sagen, verhielten sie sich mitunter. Vor allem wenn der Schiedsrichter gegenteilige Meinungen vertrat. Mit Wunschbriefkasten und Pausengespräch war das Radio immer nah am Fan. Nah am Team ebenso, denn mancher verletzte Athlet des Klubs schnappte sich Kopfhörer und Mikro und reportierte fröhlich mit. Später wurde Tickethannes zum ständigen Begleiter des Chefreporters.

Noch immer aktiv trotz Telekom und Geldmangel ist Overtimeradio, das von Fans gemachte Internetradio mit den Eisbären als Inhalt. Anders als die Klubvariante berichtet Overtimeradio nur von Heimspielen. Dafür aber, und das ist ziemlich einzigartig, auch von Partien der Nachwuchs-Mannschaft aus der DNL.

Obwohl es für die Hörer umsonst ist, ist auch dieses Radio nicht kostenneutral. Die Macher um René Jenke standen bereits kurz vor dem Aus. Ein Aufruf an die Fans, für Overtimeradio zu spenden, wirkte zumindest derart nach, dass Overtime noch immer sendet. Vielleicht nicht ganz so kultig wie einst Eisbären Live, aber nicht minder wichtig.

GRUND 99

Weil es den Profis ziemlich gut geht bei den Eisbären

Natürlich, alle träumen von der NHL. Die Frage, was sich ein Eishockeyspieler für seine Karriere wünscht, muss eigentlich niemand stellen. Die Antwort ist sowieso immer die gleiche. Die besten Spieler, die höchste Qualität, das meiste Geld, das beste Arbeitsumfeld – all das und viel mehr bietet die NHL. Glauben zumindest alle. Und ja, spielerisch ist es wirklich das Größte, dort zu sein.

Doch es gibt eine Ebene, bei der selbst gestandene NHL-Profis sich wundern, wenn sie nach Berlin kommen. Wir reden mal ausnahmsweise nicht von den Fans; die sind erwiesenermaßen in ganz Europa viel beeindruckender als in Nordamerika. Es geht darum, wie Spieler behandelt werden. Darum, was sie tun müssen.

Vor allem darum, was der Klub für sie tut. Diesbezüglich haben die Eisbären über die Jahre ein Niveau erreicht, das dem in Nordamerika kaum nachsteht.

Mag sein, dass das ein wenig forsch klingt. Behaupten würde dies auch kaum jemand, der irgendwann im Laufe seiner Karriere hier landet in der Hoffnung, es doch noch einmal zurück in die NHL zu schaffen. Von Zeit zu Zeit aber gibt es Profis, die nur kurz aus der NHL ausscheren, weil diese sich gerade im Arbeitskampf befindet, so wie Daniel Brière 2012. Sein Engagement war generell nur für eine geringe Dauer angelegt, aber mit Erstaunen stellte Brière schnell fest, wie gut es den Spielern bei den Eisbären geht.

Sicher, Brière war ein Star, Top-Scorer im NHL-Play-off, zweifacher Weltmeister – er erfuhr eine noch etwas exklusivere Betreuung als andere. Zuallererst war Brière aber ein sehr ruhiger, bescheidener Mensch, der es zu schätzen wusste, was ihm geboten wurde. Der genau sah, wie seine Kollegen, die ständig hier spielen, umsorgt werden. Kurz vor dem Ende seines Ausflugs zu den Eisbären bedankte er sich bei einem derjenigen im Klub, die im Hintergrund arbeiten und sich darum kümmern, dass für die Spieler alles so angenehm wie möglich abläuft. Eben mit dem Verweis darauf, dass diese Behandlung das Niveau in der NHL erreiche.

Das geht dann in die Richtung einer Wohlfühloase. Den Spielern der Eisbären wird vieles abgenommen. Auto und Wohnung (bis zu einer bestimmten Summe) zahlt ohnehin der Klub, alles, was damit verbunden ist, übernimmt der Verein auch weitgehend. Behördengänge, Buchung von Reisen – die Spieler müssen fast keinen Finger rühren. Sie müssen an sich nur trainieren, spielen, teilweise Zeit mit ihren Familien verbringen.

Wenn das der Weg ist, um tolle Spieler zu ködern, dann muss man ihn als Klub gehen. Nur brauchen diese Spieler dringend einen ausgeprägten Ehrgeiz. So eine Kultur durchzog das Eisbären-Team mal vom ersten bis zum letzten Profi. Deshalb entwickelte sich dieses Betreuungsmodell auf eine solche Stufe. Die latente Gefahr, dass dieses Verhätscheln etwas zu zufrieden macht, manifestierte sich erst, als diejenigen, die jenen Ehrgeiz vorlebten, nach und nach ihre Karrieren beendeten. Von den Nachfolgern war zu oft zu hören, wie toll die Organisation bei den Eisbären sei. Dabei ging es nicht nur um den Bezug zu den vielen Titeln.

Begünstigt durch den Hang des Klubs, gern auch langfristige Verträge zu verteilen, und der bis Sommer 2017 nicht vorhandenen Gefahr eines Rausschmisses, der bei anderen Vereinen schon immer ganz schnell erfolgen konnte, erweckten so einige Profis in den vergangenen Jahren den Eindruck, dass die übergroße Fürsorge der Eisbären sie träge macht. Dass der Antrieb, den andere haben in der DEL, bei einigen Berlinern nicht dringlich genug ist. Spielerisch, um es mal so auszudrücken, waren von der NHL nach Brière alle weit entfernt. Ansonsten durften sie sich aber fühlen wie ein NHL-Spieler.

GRUND 100

Weil Buschi im Fernsehen immer bairisch redet

Ja mei, der Buschi. Was der alles gewonnen hat, seit er in Berlin lebt. Das tut er schon eine ganze Weile. Mit 17 Jahren kam er aus der bayerischen Provinz in die große Stadt. Ja, man kann sogar sagen, dass er ein Stadtmensch wurde. Einer, der in jungen Jahren vor allem die Vorzüge der kulturellen Vielfalt, geschickt für sich zu nutzen wusste. Berlin, das lässt sich auch angesichts seiner Laufbahn behaupten, war für ihn ein Hauptgewinn. Aber eines, das ist klar, der Buschi, der bleibt im Herzen immer Bayer.

Buschi, das ist der Busch, Florian, Stürmer, anfangs nur schwer zu verstehen mit seinem Tegernsee-Miesbach-Slang. »Wenn ich den Mund aufgemacht habe, schauten mich die Leute mitleidig an nach dem Motto: Was ist denn mit dir los?«, sagte er mal.[53] Mit der Zeit eignete er sich in Berlin einen besser zu vernehmenden Zungenschlag an. Nah am Hochdeutschen, aber immer noch mit latenter Heimatprägung. Die brach in den vergangenen Jahren immer dann richtig durch, wenn die im Fernsehen mal wieder was von ihm wissen wollten. Und das war ja nicht selten.

Denn beim Fernsehen haben sie es schon lieber, wenn die Protagonisten des Deutschen mächtig sind. Geht ja auch darum zu zeigen, dass wir unsere eigenen Helden haben in einer Sportart, die doch eher nordamerikanisch geprägt ist in der DEL. Also stellen sie lieber die Deutschen vor die Kamera. Vor dem Spiel, dazwischen, danach. Zu erzählen und einzuschätzen gibt es ja immer etwas. Ganz oft war und ist dabei die Meinung vom Buschi gefragt.

Der hat sich das zunutze gemacht und offenbart dort, sooft er die Chance hat, dass er sein Herz auf der Zunge trägt. In tiefster bajuwarische Mundart fangt's er do zum Erzölen o. Für den Großteil der Landesbevölkerung wären dann Untertitel notwendig, doch die wurden bislang ebenso wenig eingeblendet, wie es hernach eine Übersetzung in Hochdeutsche gab. »Na klar bin ich ein Lausbub. Ich habe einfach keinen Bock, mein ganzes Leben nur ernst zu sein«, sagt der Buschi, dem der Wechsel in den urigen Heimatdialekt einfach Spaß macht.[54] Der Buschi, so isser halt.

Zugegeben, lustig klingt's. Trotz mangelnden Erkenntnisgewinns für den überwiegenden Teil des Publikums bedingt durch Verständnisschwierigkeiten. Übel nimmt es ihm keiner, der Buschi hat seinen Ruf weg. Ein paar ungeschickte Dinge sind ihm passiert in seiner Laufbahn, ein paar Sachen hat er hier und da zum Besten gegeben, die er vielleicht besser für sich behalten hätte. Bei den Fans erlebte er daher in der Beliebtheit über die Zeit einen Wandel vom liebenswerten Chaoten hin zu einer zwiespältigen Figur. Die sich als Spieler etwas launenhaft gibt. Zu selten zeigt, was er einst zeigte, als er das Tor zur Meisterschaft schoss (2008), als er Top-Scorer des Klubs wurde in der Hauptrunde (2011).

Missen mag ihn trotzdem keiner wirklich. Er bringt schon Humor in das sonst bieder ergebnisorientierte Sportgeschäft. Während andere penibel jede Übung in der Saisonvorbereitung auswerten, haut der Buschi raus, dass ihn Treckerfahren so richtig gut in Form bringt. Sein bayerischer Humor kommt nicht nur oft durch, sondern auch an. Ohne Buschi wird es irgendwann zu viel vom selben geben bei den Berlinern. Denn obwohl der Buschi ein Bayer ist, darf er auch als ein Eisbären-Original durchgehen. Und eigentlich ist er da derzeit das einzige. Der Buschi eben.

GRUND 101

Weil Bully ein perfektes Maskottchen ist

Klar, für Maskottchen hält sich der Spielraum in engen Grenzen, wenn der Verein einen Tiernamen trägt. Ein Klub, der sich in dieser Hinsicht neutral gibt, kann sich irgendetwas aussuchen, überlegen, was denn so am besten gefallen würde. Doch die Kühlungsborner Piepmatzen (Name frei erfunden) wären einfach nicht authentisch, wenn sie mit einem böse blickenden Adler als Maskottchen ankämen.

Bei den Eisbären Berlin musste also auch niemand lange nachdenken, um auf eine geeignete Erscheinung zu kommen. So gesehen konnte es also immer nur ein perfektes Maskottchen geben, und die Überschrift hier erscheint damit ein wenig obsolet. Doch die Perfektion ergab sich in diesem Fall aus einer anderen Komponente. Die hat mit dem Hauptsponsor zu tun.

Aber erst einmal wollen wir ihn vorstellen. Am 27. November 2016 feierte der große weiße Stoffbär namens Bully in der Mercedes-Benz Arena seinen 15. Geburtstag. Also offiziell, denn eigentlich wurde er schon 16 Jahre alt. Irgendwer, so der Kommentar des Jubilars, hatte einen kleinen Fehler eingebaut – 15 Saisons, 16 Jahre, so lautete wohl die richtige Rechnung. Ist ja auch alles ein bisschen kompliziert. Denn 2000 erblickte Bully das Licht der Welt, das des Wellblechpalastes als echtes Maskottchen aber erst in der Saison 2001/2002. Damals zwar gleich in voller Größe, aber noch im Baby-Gelb. Und erst zur Saison 2002/03 trat er mit Trikot an. Vorher lief Bully also nackt herum. Nein, so was aber auch.

Komisch an sich, einen Eisbären gelb zu färben. Natürlich, manche Tiere wirken gerade in Zoos eher schmutzig-gelb als strahlend weiß. Doch so ein Vorbild sollte hier nicht nachgeahmt und dem stolzen König des hohen Nordens vorgezogen werden. Vielmehr drückte die Farbe des Maskottchens die enge Symbiose des Klubs mit der Gasag aus, die seit ein paar Jahren der wichtigste Geldgeber der Berliner war. Das warme Gelb stand für Energie, mit welcher der Versorger sein Geld verdient. Über viele Jahre bestimmte ein gelber Eisbär unter dem Motto »Fühl die Energie« sogar den Markenauftritt der Gasag. Erstaunlicherweise entstand erst daraus auch die Idee für das Maskottchen des Klubs. In diesem Sinne muss Bully also als die absolut perfekte Verkörperung zweier Dinge verstanden werden. Die Inkarnation der Symbiose. Selten kann ein Maskottchen seinen Klub und dessen Geldgeber so eng miteinander vereinen, wie dieser Bär es getan hat.

Vor ein paar Jahren wurde Bully wieder reingewaschen, gebleicht oder was auch immer. Er stand jedenfalls plötzlich ganz in Weiß vor dem Publikum. Mitten in der Saison. Die Gasag änderte ihren Markenauftritt hin zu ökologischer Nachhaltigkeit. Da passte der weiße Eisbär besser. Mit einer großen Aktion wurde Bully 2011 durch eine Auto-Waschstraße gejagt – und kam weiß heraus. Plausible Erklärung also für die neue Farbe. Die trägt er inzwischen längst nicht mehr allein. Bully hat Nachwuchs, Bully Bambini heißt der und unterstützt den weißen Riesen bei seiner Arbeit. Die hat es in sich. Bully muss Autos waschen, jawohl, nämlich als Teil eines Gewinnspiels. Er muss Spieler abklatschen, Fans, Ordner. Eigentlich jeden, der ihm über den Weg läuft. Er läuft über das Eis, durch die Arena, turnt auf dem Geländer herum, schreibt Autogramme, läuft nach Siegen die Ehrenrunde, feuert zum Anfeuern an. Wenn in der Halle mal nichts zu tun ist, wird er auch häufiger bei Hochzeiten von Fans gesehen. Bully, der als erstes Maskottchen der DEL einen eigenen Internetauftritt und eine eigene Facebook-Seite hatte, ist ganz schön beliebt.

Zu tun hat er auch sehr viel im Kids Club der Eisbären, er hilft, die Fans von morgen heranzuziehen. Dafür ist er ganz schön viel unterwegs, organisiert Feste oder zeigt sich bei vielen Festen, um Kindern das Eishockey näherzubringen. Das hält jung, deshalb sieht Bully immer noch so gut aus wie am ersten Tag, nur eben nicht mehr so gelb.

GRUND 102

Weil ein Psychologe die Spieler begleitet

Es ist ein Thema, das nicht immer weit oben auf der Agenda steht. Das selten richtig greifbar ist für diejenigen, die nichts damit zu tun haben, die es nur von außen betrachten. Doch im Sport gehört es inzwischen dazu, auch bei den Eisbären spielt die Sportpsychologie eine große Rolle. Markus Flemming verkörpert sie im Klub.

Anfangs wurde dieses Fach eher als Schabernack abgetan, als mentaler Hokuspokus. Die Sichtweise hat sich inzwischen stark verändert. »Akzeptanz und Anerkennung der Sportpsychologie im Spitzensport sind viel größer geworden«, erzählt Flemming.[55] Dazu musste viel Aufklärungsarbeit geleistet werden bezüglich dessen, was Sportpsychologie bringen kann. Als »Instrument zur Optimierung der Leistung«, als Mosaikstein, wenn es darum geht, das Beste aus einem Sportler herauszuholen, ordnet Flemming sie ein.[56]

Diese Denkweise brachte einst Jürgen Klinsmann in seiner Zeit als Bundestrainer zum Deutschen Fußball-Bund. Er holte den

Psychologen Hans-Dieter Hermann Ende 2004 zum Nationalteam. »Mit dem, was dann bei der WM 2006 passiert ist, wurde der große Boom der Sportpsychologie ausgelöst«, erzählt Flemming.[57] Klinsmann öffnete sich neuen Wegen und Ansätzen, die Sportpsychologie war einer davon. Dies vertrat er auch sehr offensiv nach außen. Der Erfolg bei der WM mit Platz drei, mit dem infolgedessen auch Hermann verbunden wurde, bereitete dieser Disziplin den Weg.

In Berlin arbeitet Flemming seit 2006 mit den Eisbären zusammen, er berät die Eishockey-Nationalmannschaft, ebenso das Basketball-Nationalteam. Mit dem »Tschakka«-Image, das Sportpsychologen ab und an noch haben, kann er nichts anfangen. Das mag er nicht, weil es nicht stimmt. »In der Kabine stehen und brüllen, das machen wir nicht«, so Flemming, der gemeinsam mit Hermann und weiteren Kollegen ein Institut führt.[58] Motivation liegt vor allem in der Verantwortung eines jeden Sportlers selbst. Sportpsychologen arbeiten daran, diese »Motivation umzuwandeln in Vertrauen und Stärkenorientierung«.[59]

Flemming weiß, wovon er spricht. Er war schließlich selbst Profisportler, Eishockey-Torwart, und er hatte eine Zeit lang erhebliche Probleme damit: »Es geht in vielerlei Hinsicht um Druck und Stress. Es fällt nicht jedem immer leicht, vor so vielen Zuschauern seine Leistung abzurufen. Ich habe früher darunter gelitten.«[60] Als Flemming in Mannheim spielte, in der Saison 1994/95 war das, lernte der Goalie Hermann kennen. Er half ihm, alles besser einzuordnen. Durch ihn kam er auch dazu, sich in diese Richtung zu orientieren und selbst Sportpsychologe zu werden.

Ziel der Arbeit ist, den Mensch hinter dem Athleten zu erreichen, ihn zu begleiten. Dafür greifen die Sportpsychologen auf bestimmte Instrumente zurück. Die gezielte Gedankenregulierung etwa zählt dazu. Normal laufen die Gedanken unbewusst ab, man erkennt nicht unbedingt dabei, dass man sich im Kopf mit Dingen beschäftigt, die einen hemmen. Weil man Misserfolg vermeiden will und darüber nachdenkt, was man hoffentlich gleich nicht tut, fokussiert man sich voll auf das Negative, so Flemming. Durch die Regulierung wird einem das bewusst gemacht und daran gearbeitet, das umzutrainieren. »Das geht nicht schnell, weil es schwieriger ist, etwas umzulernen als neu zu lernen.«[61] Erkennen, verändern, trainieren – von kleinen Situationen bis hin zu kritischen. Wenn es sitzt, wird ein Athlet ruhiger, gelassener. Er kann besser mit Stress umgehen, Leistung zuverlässiger abrufen.

Ein nicht unbedeutender Punkt ist, dass ein Spieler auch mal loslassen können muss, von Sorgen erzählen, die vielleicht mit dem Sport nichts zu tun haben. Flemming bemängelt, dass nicht immer gesehen wird, dass es immer auch Menschen sind, die diesen Sport betreiben. »Weil sie viel verdienen, denken die Leute, sie haben ein tolles Leben. Aber so einfach ist es nicht, es ist nicht nur ein toller Job, sondern auch ein harter«, sagt Flemming, der bei den Eisbären viel mit den jungen Spielern zu tun hat, ihnen beim Einstieg in das Profileben behilflich ist.[62] Ab und zu muss er jedoch auch erkennen, dass Probleme nicht einfach zu lösen sind. Mit Spielern, die unter Depressionen leiden, hatte er bei den Eisbären ebenso bereits zu tun. Gerade in dieser Hinsicht ist es wichtig, dass Spieler rechtzeitig Hilfe bekommen. Die Eisbären arbeiten diesbezüglich sehr verantwortungsvoll und sehen die Sportpsychologie als Teil ihrer Erfolgsgeschichte.

GRUND 103

Weil mancher Spieler das Gegenteil eines tumben Eishockeyprofis darstellt

Die Schlüsse sind oft schnell gezogen. Und ja, man kommt wohl nicht umhin, den Kritikern ein ausreichendes Maß an Material für ihre voreiligen Entscheidungen zubilligen zu müssen. Im Eishockey fliegen die Fäuste nicht viel langsamer als im Boxen. Was dann natürlich zu dem Urteil führt, da wären kleingeistige Prügler am Werk. Leute, die nicht viel denken, sondern lieber rustikal handeln. Das Bild vom eher einfach gestrickten Eishockey-Profi hat sich bei vielen festgesetzt.

Klischees haben oft einen wahren Kern, meist passt aber eben längst nicht alles so einfach zusammen, wie es dargestellt wird. Im Eishockey laufen nicht nur tumbe Schläger rum. Genau wie überall findet sich auch in diesem Sport der Durchschnitt der Gesellschaft wieder. In der treffen ganz verschiedene Typen aufeinander. Sicher im Eishockey auch welche mit einem leichten Hang zum körperlichen Ausbruch, aber deshalb nicht ohne Köpfchen.

Beispiele dafür gab es auch bei den Eisbären, eines davon steht bei den Heimpartien meist hinter der Spielerbank. Früher lief Dr. Jens Ziesche für Dynamo auf, später wurde er Teamarzt der Eisbären und begleitete die Mannschaft über etliche Jahre. Als Kniespezialist konnte er in vielen kniffligen Fällen helfen, durch seine Hände gingen fast alle Profis der Berliner irgendwann einmal.

Ebenfalls nicht ohne Studium blieb Sven Felski. Die Klubikone des EHC widmete sich nach der aktiven Karriere einem Abschluss in Sport und angewandter Trainingswissenschaft. Damit schuf er nicht unähnliche Voraussetzungen, wie sie einst Hartmut Nickel als Diplom-Sportlehrer und Bernd Karrenbauer, der ein Trainer-Studium absolvierte, mitbrachten.

Andere frühere Spieler kümmerten sich ebenfalls beizeiten um die Zukunft. Während Rob Zepp in Berlin spielte, zog der Torhüter ein Fernstudium an der Universität in Liverpool durch. Ein Management-Studium, in dem er sich zum Experten für Teamfragen entwickelte. Ausgerechnet ein Torhüter, möchte man meinen, einer dieser Eigenbrötler. Für seine Abschlussarbeit griff Zepp sogar auf die Teamkollegen in Berlin zurück, befragte Steve Walker und Andy Roach zu Teamprozessen. Klub-Chef Peter John Lee ließ sich die Arbeit sogar kopieren. Dazulernen lohnt sich immer.

Ein weiterer Torhüter arbeitete später am renommierten Massachusetts Institute of Technology in Cambridge in der Krebsforschung. Oliver Jonas heißt der Mann, erster Meistertorhüter nach der Wende, Absolvent der Universität in Havard und Träger eines Doktortitels. Zwar war Nils Antons nicht lange bei den Eisbären, eine Saison nur, dafür wusste er aber damals schon, dass für ihn die Sportmedizin die Zukunft ist und weniger das Eishockey. Das machte er wahr, beendete wie Jonas seine Karriere schon ungewöhnlich früh und wurde Arzt. Genau wie sein Vater es einst tat nach der Laufbahn als Eishockeyprofi. Antons schaffte später sogar wie Ziesche den Sprung zurück in das Team hinter dem Team und betreute beim DEB Auswahlmannschaften, wo er auf den zuvor erwähnten Markus Flemming traf. Der ehemalige Torhüter spielte zwar nicht beim EHC, ist aber dennoch ein gutes Beispiel.

Wie man sieht, haben einige Eishockeyspieler deutlich mehr im Kopf, als es das Gehabe auf dem Eis manchmal erwarten lässt.

GRUND 104

Weil einige Profis offen mit ihren Problemen umgehen

Profisportler sind ziemlich normale Menschen. Die meisten jedenfalls. Deshalb haben sie ziemlich normale Probleme. Nur ist es im Profisport eben nicht normal, sich öffentlich mit diesen Problemen auseinanderzusetzen. Dafür gibt es gute Gründe. Zum einen kann jeder selbst entscheiden, was für ihn zur Privatsphäre gehört und was nicht. Zum anderen passen alltägliche Sorgen selten in die auf Leistung getrimmte Welt des Sports, in der nur der Stärkere der Sieger sein kann.

Ab und zu aber bricht ein Sportler mit den Konventionen, er durchbricht die Mauer des Schweigens, bringt Privates auf die große

Bühne. Bei den Eisbären ist das gleich mehrfach passiert, das Leben von Spielern wie Deron Quint, Mark Bell oder Constantin Braun verlief nicht immer wie eine Einbahnstraße in Richtung Erfolg. Sie hatten Probleme, die sich auf ihre sportliche Karriere auswirkten. Und damit gingen sie offen um.

Für Braun beriefen die Eisbären im August 2013 sogar eine Pressekonferenz ein, um mitzuteilen, dass der Verteidiger eine Auszeit nimmt. »Ich befinde mich aktuell in einer tiefen persönlichen Krise, aus der ich mich ohne professionelle Hilfe nicht herausarbeiten kann«, ließ der damals 25-Jährige mitteilen.[63] Seit längerer Zeit litt er unter psychischen Problemen, die letztlich in einer akuten Depression mündeten. Braun begab sich in stationäre Behandlung. Er tat dies so öffentlich, um beizutragen dazu, dass »Depression als Krankheit akzeptiert wird«.[64] Nach fast vier Monaten kehrte er zurück auf das Eis. Im September 2017 teilte der Klub mit, dass Braun einen Rückfall erlitten habe und erneut ausfalle.

Deron Quint brauchte länger, um seine Probleme anzugehen. Fünf Monate verbrachte er im Sommer 2000 in einer Reha-Klinik. Ein Programm der NHL für suchtkranke Profis hatte ihn dorthin geführt. Quint vertrug seinen steilen Aufstieg in jungen Jahren nur schlecht. Alkohol war allgegenwärtig. Lange erwies sich das als frei von Konsequenzen. Also trank Quint weiter, unverhohlen, ohne Problembewusstsein, ohne zu merken, dass er mehr und mehr die Kontrolle verlor. Mit seinem Wechsel nach New Jersey im Frühjahr 2000 änderte sich das. Der Klub warf ihn nach nur vier Spielen wieder raus wegen des Alkohols. Das brachte ihn in die Klinik, danach rührte er nie wieder Alkohol an. »Ich muss jeden Tag damit umgehen, das will ich nicht schüchtern tun, sondern die Leute wissen lassen, dass Sportler oder andere Stars Probleme haben wie jeder andere auch«, sagte der Verteidiger, als er bei den Eisbären spielte.[65]

Mark Bell hatte vor seiner Etappe beim EHC ebenfalls eine Schwäche für Alkohol. Als großes Talent wurde er einst gedraftet, ließ sich aber hinreißen und erlebte irgendwann den großen Crash.

Betrunken fuhr er in Kalifornien in einen Laster, beging Fahrerflucht. Sechs Monate Gefängnis lautete das Urteil, zwei Monate Sozialarbeit musste er letztlich dort ableisten. Ein schwerer Einschnitt in das Leben eines Profis. Der Unfall habe ihn aufgeweckt, erzählte er. Sein Leben habe sich damals verändert.

Die drei gehören zu den wenigen, die hinter die Fassade des unverletzlichen Profisportlers blicken lassen. Selbst beim EHC gab es schon andere Beispiele, einige. Alkohol und Depressionen begleiten die Athleten nicht selten. Erfolgsdruck und Erwartungshaltung kann nicht jeder in gleichem Maß so gelassen handhaben, dass es ihn als Menschen nicht an den Rand der Belastbarkeit treibt. Ihre Offenheit lässt Quint, Bell und Braun sehr normal erscheinen, als jemand, der nicht auf einer höheren Stufe steht als die Fans. Das macht sie sympathisch, das macht sie authentisch. Ganz einfach zu Menschen.

GRUND 105

Weil die Eisbären in der zweiten Liga gute Fänge gemacht haben

Es ist nicht das, was Fans in Ekstase versetzt. Nicht mal in ein bisschen Aufregung. Spieler, zumal ausländische, aus der zweiten Liga zu holen, das lässt eher die Vermutung aufkommen, dass nicht genug Geld da ist, um sich anderswo nach Verstärkung umzuschauen. Das wird sehr skeptisch beäugt: Ist der gut genug für die DEL? Auch für die Eisbären? Und was haben die Zahlen, die Tore und Vorlagen, aus der zweiten Liga schon zu bedeuten?

Nun, bezüglich der letzten Frage ist zu sagen, dass die Statistiken aus der zweiten Liga schon ein Indiz dafür waren, dass da kein Blinder geholt wurde. Dieses Fazit erlaubt die Leistungsbilanz bei den Eisbären. Sie haben ein paar ganz gute Fänge gemacht eine Etage tiefer. Erwartet hatte das niemand mit Bestimmtheit – außer den Verantwortlichen im Klub natürlich.

Zahlreich sind die Beispiele logischerweise nicht. Doch hin und wieder taucht in der zweiten Liga ein Spieler auf, in dem mehr Potenzial steckt, als in jungen Jahren sichtbar ist. Der vielleicht einfach einen längeren Anlauf braucht, um seine Fähigkeiten so zu schulen und einzusetzen, dass sie großen Einfluss auf das Spiel seiner Mannschaft erlangen. Der vielleicht einfach ein anderes Umfeld braucht, um sich entfalten zu können.

Tyson Mulock war so ein Typ. In Nordamerika konnte er sich nicht durchsetzen, doch die deutschen Vorfahren ermöglichten ihm eine Karriere in Deutschland. Weil er das schon früh erkannte, in seiner kanadischen Heimat aber nichts vorzuweisen hatte, was hiesige DEL-Manager interessieren könnte, musste er von ganz unten anfangen. Dritte Liga, zweite Liga, DEL. Ein harter Weg, vier Jahre dauerte es, bis er ganz oben mitmachen durfte. Bei den Eisbären. 50 Tore und 50 Vorlagen in einer Hauptrunde in der DEL2 überzeugten die EHC-Chefs. 2007 kam er, gewann fünf Titel und blieb sechs Jahre. Die ersten drei davon mit tollen Statistiken. Die sackten dann ab, doch mit äußerst wichtigen Toren im Play-off wie dem 5:5 in Mannheim 2012 im vierten Finalspiel rettete er sich öfter in den nächsten Vertrag.

Mulock war ein Profi, der vor allem im Überzahlspiel seine Vorzüge hatte, der nicht unbedingt durch Handlungsschnelligkeit auffiel, aber Zielsicherheit, wenn er Platz hatte. Sein Bruder dagegen gehörte mehr in die Abteilung der kreativen Passgeber. Ihm erging es ganz ähnlich wie Tyson, Travis James brachte in der Heimat wenig Verheißungsvolles auf das Eis, was ihn in die dritte deutsche Liga führte. Drei Jahre tobte er sich dort aus, eines noch in der zweiten, dann waren die Eisbären von 22 Toren und 38 Vorlagen in 42 Spielen überzeugt. Mit dem Bruder-Bonus konnten sie ihn 2009 ködern. Gar nicht so einfach, denn in Travis' Vita stand schon als Zweitligaspieler eine Berufung in die deutsche Nationalmannschaft. Der damalige Bundestrainer Uwe Krupp hatte sich seinetwegen sogar Zweitligaspiele angeschaut. Er nahm ihn 2010 auch nach Vancouver zu den Olympischen Spielen mit. In Berlin zeigte sich Krupp, mittlerweile Eisbären-Trainer, allerdings nicht mehr so angetan von Travis. Nach sieben Jahren, drei Titeln und deutlich eingebüßter Torgefährlichkeit ließ man ihn ziehen.

Nicht ohne in der zweiten Liga erneut fündig zu werden auf der Suche nach Ersatz. Jamie MacQueen erhielt nun seine Chance. Ohne deutschen, dafür mit einem für das Profi-Eishockey nicht immer förderlichen College-Hintergrund verschlug es ihn irgendwann nach Crimmitschau. Über Kassel führte sein Weg nach zwei Spielzeiten und 111 Partien mit 82 Treffern sowie 83 Vorlagen nach Berlin. Beim EHC konnte er sich in seiner ersten Saison als einer der besten Scorer behaupten.

Als Sprungbrett nutzte auch ein anderer Eisbären-Profi das Unterhaus. Fast direkt vom College kam einst Darin Olver nach Deutschland, auch weil er hier wegen seiner Vorfahren gute Aussichten auf eine langfristige Profi-Perspektive sah, die er in seiner kanadischen Heimat eher nicht gehabt hätte. Ein Jahr spielte er in der zweiten Liga, in Bremerhaven. Drei Jahre später war er Top-Scorer der DEL. Zwar nicht als Eisbär, sondern als Augsburger. Doch mit dieser persönlichen Ehrung holten die Berliner ihn 2011. Seither punktete er weitgehend zuverlässig auf ansprechendem Niveau. Ein richtiger Fan-Liebling, das wurde er dennoch nie. Wegen seiner selbstverliebten Spielweise, seinem lange rein offensiv ausgerichteten Interesse und dem nicht immer erkennbaren Kampfgeist. Aber gut genug für Klub und Liga, das war er mit seinen Punkten ganz sicher. Das hat den Klub bis 2017 viel Geld für seine Verträge gekostet.

GRUND 106

Weil sie coole Trailer drehen

Das Dach bleibt jetzt heil. Das kann man gut finden, muss man aber nicht. War doch echt spektakulär, dieser donnernde Einschlag. Und kaputtgegangen ist ja schließlich auch nichts. Aber gut, ein bisschen Veränderung darf ruhig sein, sonst wird es doch langweilig. Allerdings – und das darf ich hier ruhig sagen, ist ja Geschmackssache – war der erste Introfilm der Eisbären schon der beste. Da flog der Puck so toll durch die Stadt und krachte dann durch das Dach der neuen Arena. Damit das Spiel endlich beginnen konnte.

Seit Mitte 2015 schon fliegt kein Puck mehr. Nach sieben Saisons ein vertretbarer Wechsel, aber auch schade um die coole Nummer. Das war schon ein Hingucker, als der Trailer das erste Mal lief. Die schöne neue Eishockeywelt in der modernen Arena machte es möglich. Mit dem drehenden Puck samt Eisbären-Logo am Anfang, der dann seinen Weg durch die Stadt nahm. Der die Wahrzeichen der Stadt begleitet von kerniger Musik passierte, in einem Mega-Tempo. Vorbei an Reichstag, Siegessäule, Fernsehturm, kurz vor dem Brandenburger Tor an einer Kreuzung geblitzt. Im offenen Cabrio-Bus fuhren die Fans durch die Stadt, schauten der Scheibe hinterher auf ihrem Weg hin zur Oberbaumbrücke, bis zur Halle, wo sie quasi von oben durch die Decke auf das Eis donnerte. Bevor das Donnern des Feuerwerks losbrach.

Ganz gleich blieb dieser Trailer nicht über all die Jahre. Anfangs war Torhüter Youri Ziffzer in das Intro integriert. Der wurde später ausgetauscht, Sven Felski durfte seine Brille abnehmen. Noch etwas später tauchte Jeff Tomlinson als neuer Trainer in dem Filmchen auf.

Die neue Idee, die hatte auch etwas, aber sie wirkte nicht ganz so gut. Ab der Saison 2015/16 konnte der Zuschauer im ersten komplett neuen Trailer den Weg des Spielers aus der Kabine auf das Eis nachvollziehen. Allerdings nur eine Saison lang, dann wurde wieder etwas Neues gesucht. Und in gewisser Weise zum Bewährten zurückgegangen. Zwar fehlte der fliegende Puck weiter, aber die Symbole der Stadt tauchten wieder auf, nur anders präsentiert. Schnelle Schnitte für mehr Lebendigkeit, alles eingetaucht in Blau, Weiß, Rot, die Farben des Klubs.

Im hinteren Teil verarbeiteten die Berliner viele Spielszenen. Alte, aktuelle, je nach Bedarf wurde hier angepasst. Der Film war so aufgebaut, dass er mit den Szenen immer wieder verändert werden konnte. Gerade im Play-off fanden dadurch viele alte Bilder aus glorreichen Zeiten wieder Verwendung. Auch cool, dieser Film. Den die Eisbären allerdings nicht mehr allein produzierten. Ideen und Rohmaterial lieferten sie nach Los Angeles zu den Kings. Beim Partnerklub übernahmen sie den Schnitt, setzten alles zusammen. Mal schauen, ob aus dieser Kooperation auch solche Kracher entstehen, wie der erste Introfilm einer war.

GRUND 107

Weil Joko und Klaas bei den Eisbären zweimal kläglich scheiterten

Man muss die Typen nicht mögen, eigentlich nicht mal kennen. Aber sie sind nun mal erfolgreich, omnipräsent im Fernsehen. Gehört hat also fast jeder schon mal von ihnen. Ihr Gebiet ist der Humor, angeblich. Denn um den Spaß von Joko Winterscheidt und Klaas Heufer-Umlauf zu mögen, bedarf es schon eines eigentümlichen Geschmacks. Meinen trifft er nicht, gebe ich zu. Aber im Eisbären-Umfeld dürfte diese Meinung kein Alleinstellungsmerkmal sein. Schließlich haben die zwei für verschiedene Sendungen versucht, ihrer Ansicht nach lustige Aktionen beim EHC durchzuziehen. Hat zweimal nicht geklappt, und das war lustiger als der an sich geplante Witz. Die Jungs sind zweimal klar gescheitert bei den Eisbären. So wie viele Gegner auch.

Es gibt Videos davon. Also von der einen Aktion, die andere musste ja abgeblasen werden kurz vor dem vermeintlichen Gag. Zum ersten Mal tauchten die Pseudo-Komiker im September 2011 bei den Eisbären auf. Damals noch im Dienst des öffentlich-rechtlichen Fernsehens, was die Sache nicht besser macht. Für die Sendung *neoParadise* auf ZDFneo fanden sie es lustig, ein bisschen auf Jackass zu machen und sich irren Mutproben zu unterziehen. Diesmal sollte sich Joko von einem Eisbären-Spieler checken lassen.

Wie sich das auswirken kann, war bei der Vorbereitung, wenn überhaupt, dann eher ein Randthema. Im Vordergrund stand der Klamauk, deutlich untermalt von den roten, herzförmigen Kissen, die Winterscheidt als Aufpralldämpfer trug neben normalen Protektoren und Helm. Mal sehen, ob das tatsächlich schützt, dürfte sich EHC-Profi Florian Busch gedacht haben. Er durfte den Check ausführen, nahm reichlich Anlauf über alle Linien in der Mitte des Spielfeldes hinweg und rammte den Blödelbarden in das Eis. Minutenlang blieb der liegen, wurde behandelt. Mit Halskrause musste er schließlich abtransportiert werden in ein Krankenhaus.

Bleibende Schäden trug Winterscheidt nicht davon, zumindest keine, von denen wir wissen. Doch anscheinend ließ die, sagen wir mal, leicht missglückte Nummer Joko und Klaas nicht richtig los und in den beiden den Wunsch wachsen, es doch noch mal allen irgendwie zu zeigen in der Halle. Im März 2015 wollten sie den nächsten Versuch starten, beim EHC eine große Show abzuziehen. Doch dazu kam es letztlich nicht. Aus Sicherheitsgründen, aus Sorge vor wütenden Fans.

Vom öffentlich-rechtlichen waren die beiden inzwischen zum privaten Fernsehen gewechselt und blödelten für Pro7. In der Sendung *Mein bester Feind* mussten Freunde zeigen, wie weit sie füreinander gehen würden. Bei den Eisbären sollte ein Kandidat die Hymne *Hey, wir woll'n die Eisbärn sehn* vor der Fankurve singen. Im

Eisbärenkostüm. Der Anhang hatte davon aber Wind bekommen und wollte sich nicht pubertär veralbern lassen. In den sozialen Medien entlud sich ein Shitstorm, die Wut dabei richtete sich aber auch gegen den Klub, der das zulassen wollte. Sogar Flugblätter mit kritischen Worten wurden gedruckt.

Der eigentliche Witz, wir nennen es so, weil das zumindest so empfunden wurde von den Witzbolden, war den Fans da allerdings noch nicht bekannt. Die Hymne sollte leicht verändert gesungen werden, nicht mit Eisbären, sondern mit »Scheißbären«. Keine schlaue Idee. Für den schmerzfreien Kandidaten offenbar kein Problem, er stand im Kostüm nur wenige Meter vom Eis entfernt und wollte loslegen. Der Klub aber ahnte, dass dies kein gutes Ende nehmen würde, und untersagte den Auftritt in Absprache mit der Polizei schließlich.

Also wieder kein großes Finale für Joko und Klaas bei den Eisbären. Man darf gespannt sein, ob sie noch mal einen Anlauf nehmen. Richtig lustig würde das vermutlich aber auch nicht werden.

GRUND 108

Weil die Berliner eine interessante Informationspolitik betreiben

Dieser Grund entstand in der Endphase der DEL-Hauptrunde, Saison 2016/17. Eigentlich spielt diese Spezifikation keine entscheidende Rolle, denn es verhält sich doch am Ende aller Hauptrunden meist gleich. Eine Flut von Transferaktivitäten kommt über die Liga, da mischen manchmal auch die Eisbären mit und holen hoffnungsfroh noch einen oder zwei Spieler, die vielleicht noch einmal etwas bewegen, es aber selten tun. Neben den Neuen stehen aber auch überall die Alten im Fokus, munter werden Verträge verlängert, quer durch das Land. Nur eine Ausnahme fällt dabei ins Auge. Die Berliner halten sich auf dieser Ebene zurück. Nicht etwa, weil es nichts zu verkünden gäbe, sondern weil sie nichts verkünden wollen.

Damit heben sich die Eisbären deutlich ab vom Rest der DEL. Sie schweigen offiziell zu Verträgen ihrer bereits im Kader befindlichen Spieler, wenn die Saison läuft. Jüngst ereignete sich mal eine halbe Ausnahme. Die war aber wohl mehr der Situation geschuldet, viel Gutes gab es schließlich in den ersten Wochen des Jahres 2017 nicht zu verkünden beim Rekordmeister. Die Information zur Vertragsverlängerung von Marcel Noebels bestätigte der amtierende Sportliche Leiter Stefan Ustorf der *Berliner Morgenpost*, die als Erste darüber berichtete, daher mit einem knappen Satz. Der allerdings keine Details zur Laufzeit enthielt.

Die Länge von Verträgen ist generell eine Information, mit der die Eisbären nicht gern nach außen gehen, falls der Kontrakt nicht bis zum Saisonende begrenzt ist. Doch signifikanter für das Befinden bei den Berlinern ist eben die Verschwiegenheit während der Saison. Natürlich setzt Geschäftsführer Peter John Lee nicht die Mechanismen der Branche außer Kraft und führt während der Spielzeit keine Verhandlungen. Auch die Berliner reden und schließen neue Verträge, während die Hauptrunde läuft. Seit etwa Mitte der 2000er Jahre aber nur noch im Hintergrund. Der Leitgedanke dabei war mal der soziale Frieden in der Kabine. Alle Spieler sollen sich gleich wertgeschätzt fühlen und nicht durch offizielle Mitteilungen womöglich aufgeschreckt werden, in denen über einen längeren oder kürzeren Kontrakt eines anderen berichtet wird. Die Berliner wollen das Thema zumindest von Vereinsseite aus der Kabine heraushalten.

Eine hehre Absicht, verständlich allemal. Nur kommt das der Presse eher ungelegen. So wird natürlich trotzdem wo es nur geht über Vertragsverlängerungen geschrieben. Oft im spekulativen Bereich, aber meist nie ohne einen Funken Wahrheit. Das Gute an der Linie der Eisbären ist ja, dass sie auch Spekulationen nicht aufgreift, weil es von Vereinsseite eben nichts zu sagen gibt zu diesem Thema. Das macht es leicht, viele Überlegungen anzustellen. Erst nach der Saison erweist sich der tatsächliche Gehalt. Vielleicht aber eben nicht in voller Pracht, wenn bei Langzeitverträgen vom Klub keine Laufzeit genannt wird.

Zuletzt machten sich die Berliner jedoch Gedanken darüber, ob ihre Prämisse noch zeitgemäß ist. Mit Twitter und anderen sozialen Medien öffnete sich vielen Profis eine neue Spielwiese neben ihrem Beruf. Eine, auf der es neben der Verbreitung von alltäglichem Sinn und Unsinn auch um persönliches Marketing geht. Für die Klubs ist es kaum mehr kontrollierbar, wie sich die Spieler dort gebärden und was sie öffentlich preisgeben. Oft genug sind schon Vertragsabschlüsse dort kommuniziert worden, bevor der Klub sich dazu geäußert hatte. Selbst beim EHC. Von daher könnte sich der Ansatz des Schweigens während der Saison bald überlebt haben. Für die Fans sicher nicht schlecht, sie hören immer gern sofort, wenn es etwas Neues gibt im Kader. Nicht erst und nur im Sommer.

GRUND 109

Weil sie ihre Titel stilvoll feiern

Richtig feiern, das muss man schon können. Wir erinnern hier gern an den leicht verunglückten Autokorso des EHC Red Bull München nach der ersten Meisterschaft der Klubgeschichte im Frühjahr 2016. Eine Fahrt durch die Stadt endete bei den Bayern mit gleich zwei Zusammenstößen, kleineren zwar, aber mit einigem Blechschaden. Wer so versiert im Umgang mit Titelgewinnen ist wie die Eisbären, dem passieren solchen Sachen nicht. Da bekommt höchstens mal der Pokal eine Delle ab, weil der eine oder andere Spieler zur vorgerückten Morgenstunde in der Meisternacht nicht mehr gänzlich die Kontrolle über seine Sinne hat.

Egal, bei Autokorsos jedenfalls verlief immer alles ohne Zwischenfälle. Diffiziler war da die Planung der Strecke, von West nach Ost, quer durch die Stadt. Was anfangs gerade in Charlottenburg eher mit Staunen aufgenommen wurde und nur rudimentäre Begeisterung erfuhr, steigerte sich über die Zeit. Es gab ja auch fast jedes Jahr zwischen 2005 und 2013 einen Autokorso. Gestartet hatten die Eisbären ihn als Experiment, fortgesetzt wurde er mit Unterstützung von Hauptsponsor Gasag als lieb gewonnene Feiertradition. Erst nach Hohenschönhausen zum Wellblechpalast, später zur großen Arena an der Spree. Zum großen Feierfinale ein paar Tage nach dem Titelgewinn. Selbst im westlichen Berlin jubelten Jahr für Jahr mehr Passanten den Eisbären zu. Nicht nur ein Zeichen des Respekts für den Erfolg, sondern auch Indiz für die Eroberung eines neuen Marktes durch den Klub, der sich als einer für die ganze Stadt etablierte.

Überhaupt zeigte die Gasag nicht nur viel Engagement bei der Unterstützung des Klubs allgemein, sondern speziell auch dann, wenn es um das stilvolle Zelebrieren des Erfolgs ging. Anfangs immer im Hauptquartier der Firma, später an sehr besonderen Orten. Etwa dem alten Gasometer in Schöneberg, das als TV-Kulisse für den ARD-Sonntagstalk von Günther Jauch recht bekannt wurde. Das hatte schon etwas. Doch beeindruckender vom Ambiente war die Feier im alten Heizkraftwerk in Mitte. Das erinnerte etwas an die Anfänge der Techno-Szene. Düster, geheimnisvoll, knisternde Atmosphäre in von Stahlträgern und Rohren durchzogenen riesigen Räumen. Ein echtes Erlebnis.

Aber doch mehr etwas, bei dem alle Anstand bewahren, ein sehr offizieller Rahmen. Zwangloser fielen dafür die Feiern kurz nach den Titelgewinnen aus. Die starteten natürlich in der Kabine, gingen dann, vorausgesetzt ein letzter Sieg fand in Berlin statt, in Klubs weiter. Im Dante etwa, oder gern auch im AM to PM. Da konnte es tatsächlich sehr früh werden. Und meistens blieb Klub-Chef Peter John Lee bis zum Schluss, um die Rechnung für alle zu zahlen.

Meist blieb auch der Pokal bis zum Schluss, und irgendwer nahm ihn dann mit nach Hause. Wobei nicht immer allen klar war, wer denn nun tatsächlich mit dem Ding losgezogen ist.

Auch auswärts gewannen die Eisbären ein paar Mal das letzte Spiel. In Köln an einem Nachmittag, sodass abends in Berlin die Post abgehen konnte. In Düsseldorf erst am späten Abend, was in verschiedenen Klubs und Kneipen der Altstadt endete. In Wolfsburg auch erst spät, doch der vergleichsweise geringen Entfernung wegen ging es trotzdem zurück nach Berlin. Ab in die große Arena, wo noch etliche Fans bis nachts um zwei Uhr aushielten, um die Mannschaft zu empfangen. Die dann später noch weiterzog in einen Klub.

Im Frühjahr 2017, dem vierten in Folge ohne Meisterschaft, lässt dieses kleine Schwelgen gerade einen Gedanken aufkommen: Es wäre schön, mal wieder richtig zu feiern.

GRUND 110

Weil ehemalige Spieler das Funktionsteam anführen

Wie klingt das? Mit dem Kleinbus Montagabend nach Rostock, mit der Fähre nach Schweden, mit dem Auto noch mal 350 Kilometer nach Göteborg. Dort die übergroßen Eishockeytaschen der Profis ausladen, etwa 13 Kilogramm wiegen die vor dem Spiel. Nach der Partie sind die Klamotten durchnässt und zwei Kilo schwerer. Einpacken, sofort losfahren, Mittwochmorgen mit der Fähre zurück, gegen 18 Uhr in Berlin. Klingt nach Stress, oder?

Weiter geht's. Donnerstagnachmittag ab nach Nürnberg. Nach dem Spiel am Freitag dort direkt nach Köln. Sonntagnacht zurück nach Berlin, weil kein bezahlbares Hotel zu kriegen ist. Immer noch mit dem Kleinbus unterwegs, während die Mannschaft fliegt oder mit der Bahn fährt. Der Transporter wird Montagfrüh vor dem Training in Hohenschönhausen ausgeladen, nach dem Training wieder beladen. Auf nach Krefeld, heißt es am Nachmittag. Dienstagnacht zurück nach Berlin. Endlich mal Pause.

Vier Auswärtsspiele binnen einer Woche sind gewiss kein Spaß. Erst recht nicht, wenn man Teambetreuer des EHC Eisbären ist. Früher hieß das mal Materialwart, heute Equipment Manager. Die Arbeit ist die gleiche, und sie ist hart. Eine Woche hat Dirk Perschau seine Frau so gut wie gar nicht gesehen wegen des Jobs, war ständig auf Autobahnen unterwegs. Fast Food, viel Kaffee, wenig Schlaf im Beifahrersitz und jeden Tag woanders. Aber bloß nicht jammern. Für Perschau ist es trotzdem ein Traumjob, so ist er weiter beim Eishockey, beim Team.

Das war er fast immer. Früher spielte Perschau, zutätowiert und manchmal ziemlich finster blickend, selbst Eishockey, war Meister mit Dynamo, sogar Nationalspieler für die DDR, bis 1997 als Verteidiger für die Eisbären am Start. Nach der Karriere versuchte er mal eine Zeit lang etwas anderes, doch die Liebe zum Klub war größer. Und der Klub liebt es, ehemalige Spieler als gute Seele in der Kabine zu haben. Vor Perschau war Bernd Karrenbauer der Herr über das Material. Stürmer einst, Verteidiger auch, DDR-Meister, Nationalspieler, Trainer im Nachwuchs und als Assistent bei der ersten Mannschaft. Dann der Wechsel zum Material. Krisensicher, erfolgsunabhängig, aber eben so gar nicht stressfrei.

Trotzdem hat Karrenbauer, sogar Mitglied der deutschen Hall of Fame, lange durchgehalten. Bis zur Rente – und darüber hinaus. Offiziell wurde er gemeinsam mit Klublegende Hartmut Nickel im September 2016 verabschiedet. Doch auch danach trieb er sich noch oft in der Kabine herum. Wer einmal diese Luft geschnuppert hat, kommt davon eben nur schlecht los.

Klamotten schrubben, Schläger wickeln, Hosen nähen, Tonnen von Wäsche waschen, Schlittschuhe schleifen. Das bietet der Tag eines Equipment Managers im Allgemeinen. Viel Zeit geht auch für den Getränketransport von der Kabine zur Eisfläche drauf. Mädchen für alles, so ungefähr ließe sich die Aufgabe auch beschreiben. Mit Überstunden sollte man es nicht so genau nehmen, es kann schon mal gut das Doppelte der normalen Arbeitszeit zusammenkommen. Wer diese Arbeit nicht liebt, wer das Eishockey nicht liebt, der kann das also kaum machen. Karrenbauer und Perschau füllten und füllen ganz sicher den stressigsten Job aus in der Saison, den körperlich anstrengendsten noch dazu.

Das wird auch ohne permanente Auswärtsreisen binnen kürzester Zeit, und die gab es in den letzten Jahren wegen der Champions Hockey League reichlich, nicht wesentlich besser. Wenn die Eisbären daheim spielen, müssen die Materialwarte die ganze Ausrüstung ebenso ziemlich oft hin- und herkutschen. Denn Trainings- und Spielstätte liegen ein paar Kilometer auseinander. Langweilig wird es also nie. Das klingt doch gut.

GRUND 111

Weil es einen singenden Eisbären gab

Den Song kennt jeder, der schon mal in der Mercedes-Benz Arena war und nicht erst kurz vor dem ersten Bully in die Halle kommt. *Ich bin ein Eisbär in Berlin* wird ab und zu gespielt. Akustische Gitarre im Vordergrund, raue Stimme, sanft gleitet die Melodie dahin. Nicht die große Klubhymne, der Platz ist und bleibt auf ewig vergeben. Aber ein sehr ordentliches Stück, ein bisschen Kult sogar. Nur dürften die meisten in der Halle kaum wissen, was es mit dem Song auf sich hat. Dazu muss man schon etwas länger dabei sein. Den hat nämlich ein früherer Eisbären-Spieler komponiert und gesungen.

Er heißt Kraig Nienhuis – und wird mitunter als der singende Eisbär bezeichnet. Nicht ganz überraschend. Denn Eishockeyprofis, die über derart musikalisches Talent verfügen, sind die ganz große

Ausnahme. Nienhuis konnte beides wirklich gut. Er spielte in der NHL, er spielte als Vorband von ZZ Top oder den Beach Boys. Echt starker Typ. In Klagenfurt kriegen sie sich bis heute nicht ein, was für einer da mal beim AC war. Ein Stürmer, der den Klub zum Titel führte, nebenbei Platten aufnahm und Konzerte gab und mit seiner Musik sogar die Damen der Gegend zum Eishockey lockte.

Sportlich wollten sie ihm in Berlin kein Denkmal bauen, aber zur Feier des 50-jährigen Jubiläums des Eishockeys in Hohenschönhausen hätten sie ihn trotzdem gern dabei gehabt – als Showact. Er konnte zwar nicht, aber er wäre bestimmt gekommen, wenn er nicht wegen einer Operation verhindert gewesen wäre. Nienhuis rockte auf vielen Veranstaltungen, zu vielen NHL-Events wurde er eingeladen, um die Stimmung musikalisch zu bereichern, und trat dabei vor 70.000 Leuten und mehr auf. Er trat bei offiziellen Super-Bowl-Partys auf. Mark Messier, eine NHL-Legende, ist ein Fan von Nienhuis und seiner Band »9 House«, er engagierte ihn häufiger. Sogar zu einer Geburtstagsparty.

Im Jahr 1996 landete der Stürmer bei den Eisbären. Er hatte da schon einiges in Europa gesehen, sich in Klagenfurt einen Namen als Talent mit zwei Gesichtern gemacht. In Berlin wurde er Teil einer nach dem Bosman-Urteil erstmals nahezu kanadisch geprägten Truppe, die die Eisbären mit den Pässen der einstigen Herkunftsländer der Ahnen zu einem Multikultiklub machten. Nienhuis kam zwar aus Kanada, spielte aber als Österreicher. Das tat er mit zwölf Toren und 22 Vorlagen grundsätzlich nicht schlecht. Aber eben auch nicht so, dass die Verantwortlichen ihn noch länger dabei haben wollten als eine Saison. Sportlich blieb sein Hang zur einen oder anderen Rauferei wohl mehr im Sinn als sein Einfluss auf das Spiel der Eisbären.

Unvergessen aber machte sich Nienhuis mit seiner anderen Seite. Bald nach seiner Ankunft in Berlin schrieb er seinen Song *Eisbärn*. Es geht um sein Spielerleben in Berlin, erzählt weitgehend in Englisch, das im deutschsprachigen Refrain »Ich bin ein Eisbär in Berlin« kulminiert. Das sich von der akustischen Gitarre treiben lässt, mit elektronischem Gerät aber am Ende zu großer Kraft findet. Und das letztlich über den Refrain hinaus auf Deutsch schließt. Mit dem Song machte damals ein Radiosender Werbung (Energy/NRJ), der auch an der Entstehung einen Anteil hatte. Wie in Österreich zuvor gab Nienhuis auch in Berlin das eine oder andere Konzert, ließ Coversongs auf CD aufnehmen. Sein Weg war also vorgezeichnet. Nicht schlecht, wenn man mehr als eine Berufung hat, das macht es einem im Beruf doch deutlich leichter. Nach dem Leben als Eishockeyprofi gründete er seine Band. Und kommt nun als Musiker genauso viel rum wie einst als Sportler.

Literatur und Weblinks

- Berliner Morgenpost. www.morgenpost.de
- EHC Eisbären Berlin. www.eisbaeren.de
- DEL – Deutsche Eishockey Liga. www.del.org
- André Haase, Michael Lachmann, Matthias Mader et al: Wellblechpalastgeschichte(n). Die etwas andere Chronik des EHC Eisbären Berlin. I.P. Verlag Jeske/Mader, Berlin 1997.
- André Haase, Michael Lachmann, Matthias Mader et al: »Die besten Zweiten aller Zeiten«. Jahrbuch des EHC Eisbären Berlin 1998/99. I.P. Verlag Jeske/Mader, Berlin 1998.
- Michael Lachmann, Matthias Mader, Sven Wreh et al: Mehr Wellblechpalastgeschichte(n). Die etwas andere Chronik des EHC Eisbären Berlin Teil 2. I.P. Verlag Jeske/Mader, Berlin 2004.
- Steffen Karas: 100 Jahre Eishockey in Berlin. I.P. Verlag Jeske/Mader, Berlin 2008.
- »Eis-Dynamo« – Ein Fanzine des EHC Eisbären. I.P. Verlag Jeske/Mader, Berlin.

Quellen

1 Stein, Marcel: »Eisbären-Legende Harmut Nickel geht in den Ruhestand« (14.8.2014), in: Berliner Morgenpost. www.morgenpost.de/sport/eisbaeren/article131208770/Eisbaeren-Legende-Hartmut-Nickel-geht-in-den-Ruhestand.html (zuletzt abgerufen am 4.7.2017)

2 Haase, André; Lachmann, Michael; Mader, Matthias et.al.: Wellblechpalastgeschichte(n). Die etwas andere Chronik des EHC Eisbären Berlin. Berlin, 1997.

3 Haase, André: »Die Fans sind ein starker Dynamo« (21.4.2005), in: Berliner Morgenpost. www.morgenpost.de/printarchiv/sport/article104445181/Die-Fans-sind-ein-starker-Dynamo.html (zuletzt abgerufen am 4.7.20017)

4 Wolf, Klaus: »Eisbären sprechen Englisch« (24.4.1996), in: Berliner Zeitung. www.berliner-zeitung.de/das- neue-del-team-wurde-in-europa-und-uebersee-zusammengeholt-eisbaeren-sprechen-englisch-17266858 (abgerufen am 4.7.2017)

5 Stein, Marcel: »Als der Gerichtsvollzieher täglich zu den Eisbären kam« (28.3.2009), in: Berliner Morgenpost. www.morgenpost.de/sport/article104009613/Als-der-Gerichtsvollzieher-taeglich-zu-den-Eisbaeren-kam.html (zuletzt abgerufen am 4.7.2017)

6 Ebenda.

7 Ebd.

8 Ebd.

9 Ehrlich, Alfred: »Ein Brief an den neuen Geschäftsstellenleiter« (März 2017), in: Eis-Dynamo, Nr. 158, S.12.

10 Stein, Marcel: »Die Männer in Blau fallen immer auf bei den Eisbären« (3.4.2016), in: Berliner Morgenpost. www.morgenpost.de/sport/eisbaeren/article207359617/Die-Maenner-in-Blau-fallen-immer-auf-bei-den-Eisbaeren.html (zuletzt abgerufen am 4.7.2017)

11 Ebenda.

12 Ebd.

13 Ebd.

14 Ebd.

15 Ebd.

16 Ebd.

17 Stein, Marcel: »Ustorf: Wir machen das einfach alle gern« (9.1.2016), in: Berliner Morgenpost. www.morgenpost.de/sport/eisbaeren/article206897741/Ustorf-Wir-machen-das-einfach-alle-gern.html (zuletzt abgerufen am: 4.7.2017)

18 Ebenda.

19 Stein, Marcel: »Von wegen Hooligan, Legende« (28.12.2016), in: Berliner Morgenpost. www.morgenpost.de/sport/eisbaeren/article209097195/Von-wegen-Hooligan-Legende.html (zuletzt abgerufen am 4.7.2017)

20 Stein, Marcel: »Don Jackson beherrscht die Kunst des Loslassens« (15.4.2016), in: Berliner Morgenpost. www.morgenpost.de/sport/eisbaeren/article207426913/Don-Jackson-beherrscht-die-Kunst-des-Loslassens.html (zuletzt abgerufen am 4.7.2017)

21 Stein, Marcel: »Im Golf hätten wir sie geschlagen« (19.4.2004), in: Berliner Morgenpost. www.morgenpost.de/printarchiv/sport/article103477596/Im-Golf-haetten-wir-sie-geschlagen.html#modal (zuletzt abgerufen am 4.7.2017)

22 Stein, Marcel: »Heimspiele wie noch nie für die Eisbären« (24.2.2009), in: Berliner Morgenpost. www.morgenpost.de/sport/eisbaeren/article103895261/Heimspiele-wie-noch-nie-fuer-die-Eisbaeren.html (zuletzt abgerufen am 4.7.2017)

23 Ebenda.

24 Stein, Marcel: »Felles Hitparade« (5.9.2003), in: Berliner Morgenpost.

www.morgenpost.de/printarchiv/sport/article102421955/Felles-Hitparade.html (zuletzt abgerufen am 4.7.2017)

25 Stein, Marcel: »Ich habe jetzt keine Rachegelüste« (13.4.2005), in: Berliner Morgenpost. www.morgenpost.de/printarchiv/sport/article104221032/Ich-habe-jetzt-keine-Rachegelueste.html#modal (zuletzt abgerufen am 4.7.2017)

26 Stein, Marcel: »Demonstration der Eisbären« (18.4.2006), in: Berliner Morgenpost. www.morgenpost.de/printarchiv/sport/article104570245/Demonstration-der-Eisbaeren.html (zuletzt abgerufen am 4.7.2017)

27 Ebenda.

28 Stein, Marcel: »Die Eisbären sind der FC Bayern des Eishockeys« (16.4.2009), in: Die Welt. www.welt.de/sport/article3567858/Die-Eisbaeren-sind-der-FC-Bayern-des-Eishockeys.html (zuletzt abgerufen am 4.7.2017)

29 Ebenda.

30 Ebd.

31 Stein, Marcel: »Don Jackson: Ich muss mehr arbeiten« (16.9.2011), in: Berliner Morgenpost. www.morgenpost.de/sport/eisbaeren/article105102741/Don-Jackson-Ich-muss-mehr-arbeiten.html?service=amp (zuletzt abgerufen am 4.7.2017)

32 Stein, Marcel: »Berliner Eisbären bejubeln dritten Titel in Folge« (21.4.2013), in: Berliner Morgenpost. www.morgenpost.de/sport/eisbaeren/article115479243/Berliner-Eisbaeren-bejubeln-den-dritten-Titel-in-Folge.html (zuletzt abgerufen am 4.7.2017)

33 Ebenda.

34 Ebd.

35 Stein, Marcel; Lange, Jörn: »Was Herthas Haraguchi und Eisbär Kuji an Berlin lieben« (7.2.2016), in: Berliner Morgenpost. www.morgenpost.de/sport/article207014363/Was-Herthas-Haraguchi-und-Eisbaer-Kuji-an-Berlin-lieben.html (zuletzt abgerufen am 12.4.2017)

36 Stein, Marcel: »Eisbären-Spieler sorgt sich um Barack Obama« (26.3.2008), in: Die Welt. www.welt.de/regionales/berlin/article1837752/Eisbaeren-Spieler-sorgt-sich-um-Barack-Obama.html (zuletzt abgerufen am 4.7.2017)

37 Ebenda.

38 Stein, Marcel: »Nathan Robinson ist das Sorgenkind der Eisbären« (16.1.2009), in: Berliner Morgenpost. www.morgenpost.de/sport/eisbaeren/article103791786/Nathan-Robinson-ist-das-Sorgenkind-der-Eisbaeren.html (zuletzt abgerufen am 4.7.2017)

39 Stein, Marcel: »Felles Hitparade« (5.9.2003), in: Berliner Morgenpost. www.morgenpost.de/printarchiv/sport/article102421955/Felles-Hitparade.html (zuletzt abgerufen am 4.7.2017)

40 Stein, Marcel: »Die Könige herrschen jetzt in Berlin« (20.2.2017), in: Berliner Morgenpost. www.morgenpost.de/sport/eisbaeren/article209675717/Die-Koenige-herrschen-jetzt-in-Berlin.html (zuletzt abgerufen am 4.7.2017)

41 Stein, Marcel: »Ex-Torwart René Bielke: Die haben uns schon gehasst« (28.8.2014), in: Berliner Morgenpost. www.morgenpost.de/sport/eisbaeren/article131669079/Ex-Torwart-Rene-Bielke-Die-haben-uns-schon-gehasst.html (zuletzt abgerufen am 4.7.2017)

42 Ebenda.

43 Ebd.

44 Ebd.

45 Ebd.

46 Stein, Marcel: »Eisbären-Legende Hartmut Nickel geht in den Ruhestand« (14.8.2014), in: Berliner Morgenpost. www.morgenpost.de/sport/eisbaeren/article131208770/Eisbaeren-Legende-Hartmut-Nickel-geht-in-den-Ruhestand.html (zuletzt abgerufen am 4.7.2017)

47 Ebenda.

48 Ebd.

49 Stein, Marcel: »Steve Walker spielt sich in den Vordergrund« (4.12.2007), in: Die Welt. www.welt.de/regionales/berlin/article1428177/Steve-Walker-spielt-sich-in-den-Vordergrund.html (zuletzt abgerufen am 4.7.2017)

50 Stein, Marcel: »Jetzt geht Sven Felski in der O2 World an die Decke« (28.9.2014), in: Berliner Morgenpost. www.morgenpost.de/sport/eisbaeren/article132697109/Jetzt-geht-Sven-Felski-in-der-O2-World-an-die-Decke.html (zuletzt abgerufen am 4.7.2017)

51 Stein, Marcel: »Ich bin ja auch ein Glückskind gewesen« (15.3.2011), in: Berliner Morgenpost. www.morgenpost.de/printarchiv/sport/article104855396/Ich-bin-ja-auch-ein-Glueckskind-gewesen.html (zuletzt abgerufen am 4.7.2017)

52 Ebenda.

53 Stein, Marcel: »Na klar bin ich ein Lausbub – aber kein Hallodri« (10.9.2010), in: Berliner Morgenpost. www.morgenpost.de/sport/eisbaeren/article104609092/Na-klar-bin-ich-ein-Lausbub-aber-kein-Hallodri.html (zuletzt abgerufen am 4.7.2017)

54 Ebenda.

55 Stein, Marcel: »Gewinnen beginnt im Kopf« (2.7.2016), in: Berliner Morgenpost. www.morgenpost.de/sport/fussball-em/article207765455/Gewinnen-beginnt-im-Kopf.html (zuletzt abgerufen am 4.7.2017)

56 Ebenda.

57 Ebd.

58 Ebd.

59 Ebd.

60 Ebd.

61 Ebd.

62 Ebd.

63 Stein, Marcel: »Bei Eisbär Constantin Braun spielt der Kopf nicht mehr mit« (3.8.2013), in: Berliner Morgenpost. www.morgenpost.de/sport/eisbaeren/article118658839/Bei-Eisbaer-Constantin-Braun-spielt-der-Kopf-nicht-mehr-mit.html (zuletzt abgerufen am 4.7.2017)

64 Ebenda.

65 Stein, Marcel: »Deron Quints Sieg über die Alkoholsucht« (28.12.2007), in: Berliner Morgenpost. www.morgenpost.de/printarchiv/sport/article103366078/Deron-Quint-Sieg-ueber-die-Alkoholsucht.html (zuletzt abgerufen am 4.7.2017)

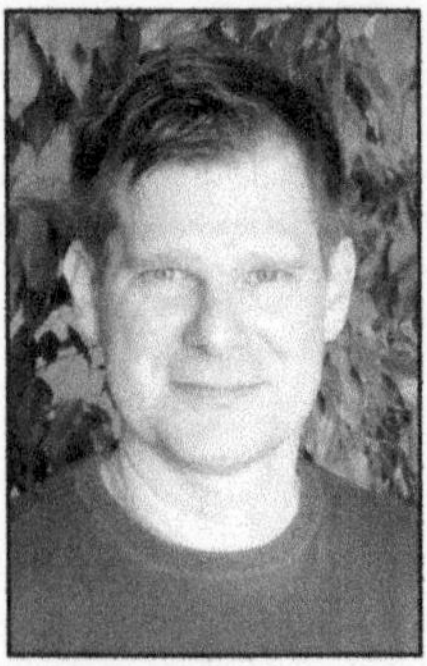

MARCEL STEIN, Jahrgang 1974, spielte als Kind auf den zugefrorenen Seen der Uckermark selbst Eishockey und schaute sich WM-Spiele leidenschaftlich gern im Fernsehen an. Mit der Arbeit als Journalist bei der »Berliner Morgenpost« und der »Welt« lernte er das Eishockey in Deutschland sehr genau kennen, reiste mit den Eisbären Berlin durch die DEL und berichtete selbst von Weltmeisterschaften.

Im Schwarzkopf & Schwarzkopf Verlag veröffentlichte er bereits »111 Gründe, Eishockey zu lieben« (inzwischen in der zweiten Auflage).

Marcel Stein

111 GRÜNDE, DIE EISBÄREN BERLIN ZU LIEBEN

Eine Liebeserklärung an den großartigsten Eishockeyclub der Welt

ISBN 978-3-86265-693-6

Vermittlung: Literaturagentur Brinkmann, München | Illustrationen im Innenteil: © bogalo; © angelp (www.depositphotos.com)

DER VERLAG
Schwarzkopf & Schwarzkopf Verlag GmbH
Kastanienallee 32, 10435 Berlin
Telefon: 030 – 44 33 63 00
Fax: 030 – 44 33 63 044

INTERNET | E-MAIL
www.schwarzkopf-schwarzkopf.de
www.facebook.com/schwarzkopfverlag
info@schwarzkopf-schwarzkopf.de